NOSTRADAMUS

JAHRTAUSENDWENDE

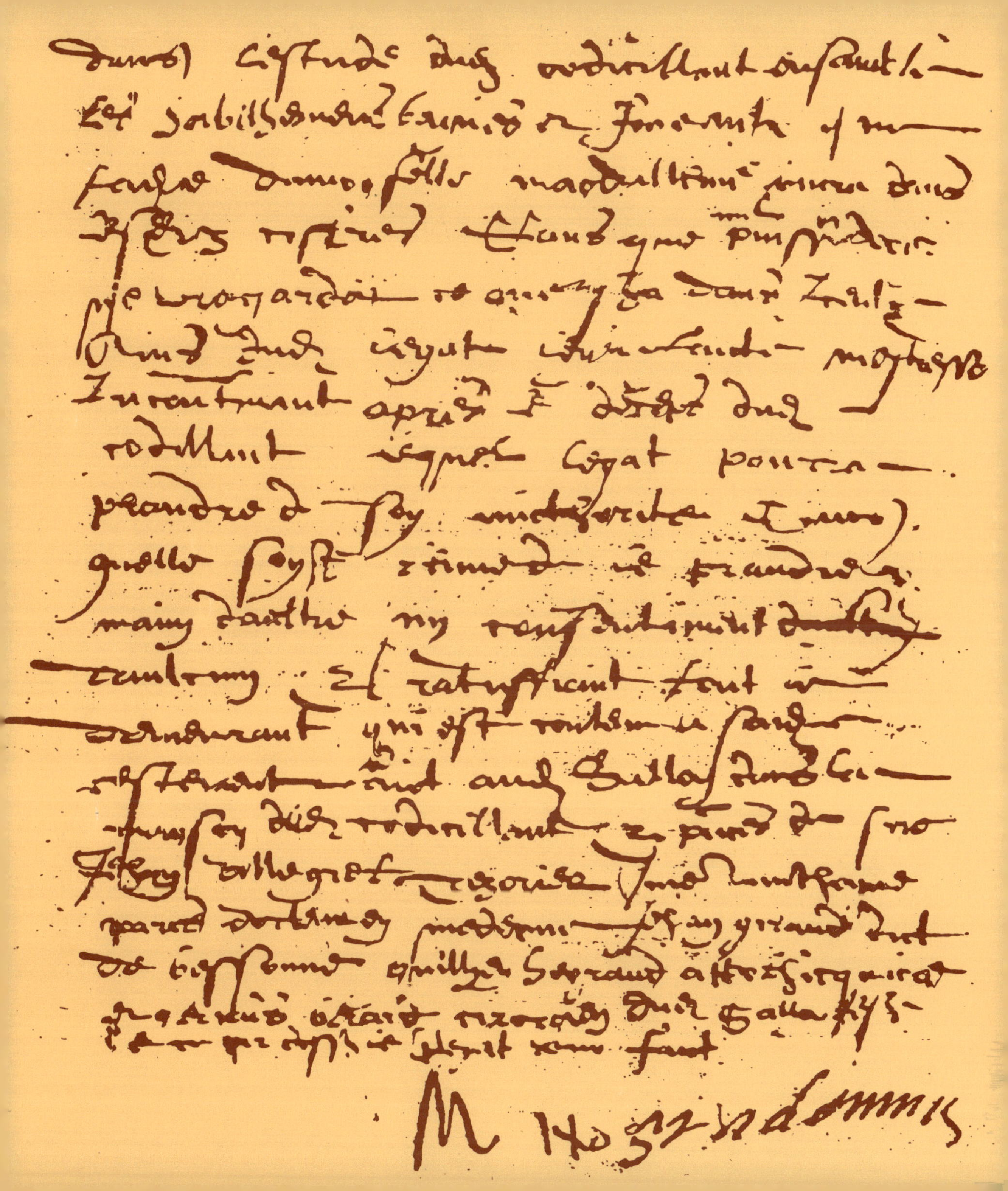

[illegible] lesdictes [illegible] ordonnant [illegible]
[illegible]
[illegible] damoyselle [illegible]
[illegible] que [illegible]
je [illegible] et [illegible]
[illegible]
Incontinent apres [illegible]
[illegible] pour ra-
prendre de [illegible]
quelle [illegible]
mais d'autre ny [illegible]
[illegible] Et ratiffiant tout [illegible]
[illegible] qui est [illegible]
[illegible]
[illegible]
[illegible] grand [illegible]
de [illegible] quelle [illegible]
[illegible]
[illegible] tout fait

M. Nostradamus

NOSTRADAMUS

JAHRTAUSENDWENDE

WAS BRINGT UNS DIE ZUKUNFT?

John Hogue

Weltrundschau Verlag AG

Nostradamus and the Millenium was produced by Labyrinth Publishing
S. A. Switzerland
Designer – Peter Cozijn
Photographic Editors – Manuela Dunn-Mascetti & Stephane Picard

Printed and bound in Barcelona, Spain by Cronion, S.A.
Color separation – Studio Leonardo Fotolito s.r.l., Italy.
Typesetting – Linograf, Florence, Italy.

ISBN 3-906556-40-9

INHALT

DER PROPHET

EINFÜHRUNG

Jedes Zeitalter hat seine Propheten, und zu allen Zeiten ziehen uns Menschen an, die es wagen, in die Zukunft zu blicken. Wir sehen sie in Mondnächten in den Schatten von Stonehenge stehen, Runen entschlüsselnd für die Gottheiten von Erde und Luft. Wir begegnen ihnen in weltlicheren Lebensbereichen, selbst in unseren Fernsehern, wo sie das Wetter vorauszusagen versuchen. Prophezeiungen regen unsere Phantasie und unseren Sinn für Romantik an, und die Wanderkarten unserer Zukunft verfehlen nie ihre Wirkung.

Viele von uns gewöhnlicheren Sterblichen haben schon Träume gehabt, die in die Zukunft schauen, und die Wissenschaft behauptet, einen Bereich im Hirn gefunden zu haben, der für Weissagung zuständig ist. Vielleicht ist ja die prophetische Gabe nichts weiter als eine alltägliche biochemische Reaktion, die uns allen zugänglich ist.

Es hat in unserer Menschheitsvergangenheit eine Handvoll einzelner gegeben, die ihre prophetische Gabe mit großer Kunst zu üben verstanden. Ein Name überragt hier alle anderen, und gerade in unserem Jahrhundert ist er zu ungeheurem Ruhm gelangt – ein Mann, der vor über vierhundert Jahren in Südfrankreich lebte und Michel de Nostredame hieß, bekannter unter seinem latinisierten Namen: Nostradamus.

Dieser Prototyp der Renaissance – Kenner der «scientia celestis», der «Wissenschaft vom Himmel», Prophet, Doktor der Medizin, Herbalist und Erfinder von Kosmetika und Eingemachtem – wirkt mit seiner ganz außergewöhnlichen, unverwechselbaren Individualität bis in unsere Tage hinein.

Sein zehnbändiges Werk «Die Centurien», das den Großteil seiner eintausend Prophezeiungen enthält, wird ständig neu gedruckt und bleibt bis auf den heutigen Tag unerklärlich. Wir wissen nicht, wie ein einzelner mit solcher Akkuratheit die Zukunft hat «sehen» können, und wir können nur ahnen, wie sich diese Erfahrungen konkret abgespielt haben müssen.

Nostradamus und die Jahrtausendwende ist das erste Buch, das diesen Mann und sein Werk mit einer Fülle von Bildmaterial dokumentiert. Zunächst sehen wir uns Nostradamus selbst näher an, seine Herkunft, seine Familie und seine Zeitumstände; seine frühen Lebensjahre, seine Qualifikationen und seine Gelehrtenrolle – und lernen die Menschen kennen, die seine prophetische Gabe entdeckten und ausbildeten. Später werden wir Zeuge einer glücklichen Ehe, die mitsamt ihrem Kindersegen jener Beulenpest zum Opfer fiel, die seine Zeit heimsuchte. Gleichzeitig konnte er als Arzt Tausende vor der Pest retten, durch eine Heilmethode, die auf Kräutern, frischem Wasser, frischer Luft und vielleicht auf medizinischen Kenntnissen beruhte, die er durch seine Einblicke in die Zukunft vorwegnahm. Das Scheitern seines Genies gerade bei denen, die ihm am nächsten standen, bei Frau und Kindern, trieb ihn noch tiefer in die Magie und die «himmlische Wissenschaft» hinein, was schließlich zu seinen legendären prophetischen Kräften führte.

Wir sehen ihn in der Gunst der französischen Krone und der besten Geister seiner Zeit stehen, aber zugleich gehaßt und gefürchtet von den unteren Klassen, den Abergläubischen und der Katholischen Kirche.

Die Prophezeiungen, die sich bereits zu seinen Lebzeiten erfüllten, machten ihn zur Legende der europäischen Höfe – die einen sa-

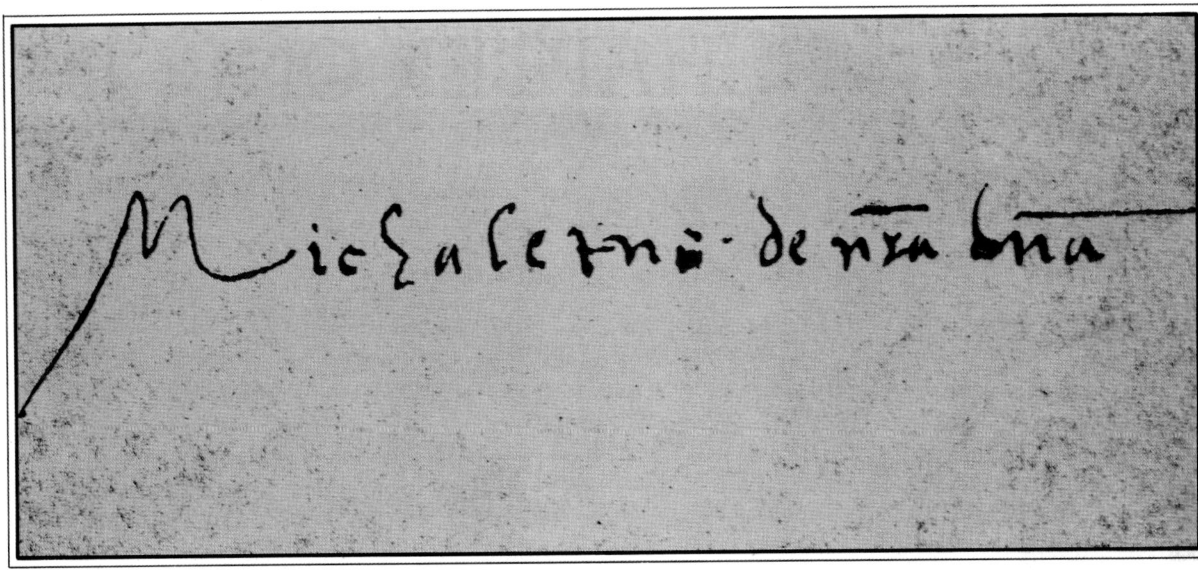

hen in ihm einen Hexer, die anderen die «Stimme Gottes». In den Kapiteln danach untersuchen wir die religiösen Überzeugungen und philosophischen Anschauungen des Propheten, aber wir führen uns auch genau und ausführlich seinen Charakter vor Augen, wobei wir die Einzelheiten seines Geburtshoroskops heranziehen.

Wir gehen auch den seltsamen Geschichten nach, die sich um seine Vorhersagen des eigenen Todes und um die rücksichtslosen Exhumierungen seiner sterblichen Reste ranken… um uns endlich seiner atemberaubenden Zukunft zuzuwenden, die für uns inzwischen Geschichte ist – wieder und wieder geweissagt mit unheimlicher Klarheit. Am Leitfaden seiner Vierzeiler verfolgen wir die Geschichte des Henri de Navarre, der Französischen Revolution, Napoleons, Hitlers, Hiroshimas und der Mordanschläge auf die Brüder Kennedy –, um nur einige von vielen Beispielen für das immer wieder bestätigte Prophetengenie dieses Mannes zu nennen.

Doch hat dieses Buch, Nostradamus und die Jahrtausendwende, weitaus mehr mit unserer eigenen Zeit und Zukunft zu tun. Nostradamus hat einen beträchtlichen Teil seiner Zeit und Energie gerade auf unsere Ära verwandt, und eine Epoche voller Zwiespalt, Seuche, Krieg, Naturkatastrophen und großer Umwälzungen vorhergesagt – Umwälzungen, die das Ende unseres Milleniums prägen werden.

In den betreffenden Kapiteln sehen wir uns diese vierhundertfünfzig Jahre alten Vorhersagen näher an – über die USA und den Golf von Sidra, den Aufstieg Gaddafis, Khomeinis, Abu Nidals und des Terrorismus; dann ein kurzer Blick auf die Zukunft, wobei wir Ereignisse streifen, die zur Entstehungszeit dieses Buches aktuell waren, dann weiter zu einem prophezeiten Atomangriff auf die US-Flotte im Mittelmeer Anfang der neunziger Jahre, zu einer weltweiten religiösen Erneuerung im Jahre 1992, zu einer Alternative zwischen ökologischer oder natürlicher Katastrophe, und einer Alternative zwischen Weltkrieg oder Zuwachs an rettendem Bewußtsein.

Und alles, was sich in diesem Buche findet, hat dieser eine Mann vorausgeschaut, allein in seinem Studierzimmer sitzend, in jenem kleinen Haus in Salon in Südfrankreich, das bis heute als Museum zu seinem Andenken dient.

KAPITEL EINS: DER

Achtzig Jahre bevor Nostradamus geboren wurde, gab der Duc de Berry diese Illustrationen in Auftrag, den harmonischen Frieden Frankreichs darstellend.

HEILENDE PROPHET

Nostradamus wurde als Michel de Nostredame am 14. Dezember 1503 als Sohn des Jacques de Nostredame und seiner Frau Renée geboren. Sein Vater war ein wohlhabender Notar in der provençalischen Stadt St. Rémy. Jacques konnte dem Säugling und seiner Mutter ein stattliches Heim bieten, wo die ersten Lebenseindrücke Michels die üppigen Düfte der provençalischen Küche waren, gewürzt vom Klatsch und den Neuigkeiten und dem nicht endenden Ideenstrom, den die Freunde und Geschäftspartner des Vaters an den gastfreien Mittagstisch mitbrachten. Obwohl Kochen und geistreiches Geplänkel zu den lebenslangen Passionen Michels gehören sollten, wurde seine eigentliche, seine geheimnisvolle Gabe der Weissagung mehr von den Großvätern entdeckt und gefördert: Jean St. de Rémy und Pierre de Nostredame. Michel zog zu seinem Großvater Jean, wo er Griechisch, Latein und Hebräisch lernte. Der wissensdurstige Schüler zeigte eine überragende Eignung zur Mathematik und eine große Liebe und Begabung zur «himmlischen Wissenschaft» – der Astrologie.

KINDHEITSEINFLÜSSE

KÖNIG RENÉ
DER GUTE

Berühmt als der «Troubadour-König» der Provence, umgab sich René mit den besten Köpfen der Renaissance. Vor allem Juden gegenüber war er der toleranteste Monarch seiner Zeit.

Die beiden Großväter von Nostradamus waren die Leibärzte von König René und dessen Sohn, des Herzogs von Kalabrien und Lothringen. Die beiden Großväter waren bei ihren jahrelangen Reisen an der Seite ihrer königlichen Herrschaft enge Freunde geworden. König René pflegte mit seinem Gefolge aus Künstlern und Gelehrten durch ganz Westeuropa zu ziehen.

Die beiden Ärzte ließen sich mit ihren Familien in der Provence nieder. Die Tochter von Jean heiratete den Sohn von Pierre, Jacques. Und gemeinsam bildeten sie Leben und Geist ihres Enkels von Anfang an. Erst unterrichtete Jean, später dann Pierre den Jungen täglich bis in seine Jünglingsjahre hinein – und zwar in allen Fächern: klassische Literatur, Geschichte, Medizin, Astrologie und volkstümliche Kräuterheilkunst. Mehr noch: von ihnen bekam Nostradamus einen ersten Geschmack jener Künste und Wissenschaften, die in der christlichen Welt verboten waren, wie z. B. die jüdische Kabbala und die Alchemie, jene Forschungsrichtung, die sich vor den Augen der Welt durch die Notlüge verbarg, es ginge ihr um die Verwandlung von niederen Metallen zu Gold.

Als Jean starb, kehrte der Junge in sein Elternhaus in der Rue de Berry zurück, wo er weiter mit seinen Brüdern aufwuchs. Großvater Pierre setzte seine Erziehung fort. Nostradamus erlebte eine idyllische Kindheit in dem von Frieden gesegneten Land Provence, das nicht wie das übrige Europa unter der Landplage plündernder Söldner litt.

Mit vierzehn hielt sein Großvater ihn für reif, das Studium der «artes liberales» in Avignon aufzunehmen. Avignon war damals die Hauptstadt der päpstlichen Enklave in der Provence, und somit ein wichtiges Zentrum der Renaissance-Gelehrsamkeit – erst ein Jahrhundert zuvor hatte hier der Nabel des christlichen Abendlandes gelegen.

Unter den Argusaugen der Priester studierte Michel Philosophie, Grammatik und Rhetorik. In seiner Freizeit stöberte er in der berühmten päpstlichen Bibliothek von Avignon herum, in einer schier unerschöpflichen Auswahl okkulter und astrologischer Bücher. Seine Liebe zur «himmlischen Wissenschaft» sprach sich bald unter seinen Schulkameraden herum und trug ihm den Spitznamen «der kleine Sternengucker» ein.

Die Nachricht, daß Michel ganz offen für Astrologie und Kopernikus eintrat, drang bis an die Ohren der Eltern in St. Rémy. Sie fürchteten um ihren Sohn; schließlich stammte er aus einer Familie von Ex-Juden und konnte so jederzeit zum Sündenbock der beginnenden religiösen Spannungen zwischen Katholiken und Protestanten werden. Sein Großvater hielt ihm eine Standpauke über die Tugend der Verschwiegenheit: man hatte ihn extra dazu nach Hause beordert. Michel de Nostredame gewöhnte sich schnell an, seine Fehler möglichst nicht zweimal zu begehen.

DAS 16. JAHRHUNDERT: EIN KLIMA RELIGIÖSER INTOLERANZ

GALILEO

Nostradamus verteidigte die kopernikanische Lehre, nach der die Erde sich um die Sonne drehte, schon hundert Jahre vor Galileo, der mit dem soeben erfundenen Fernrohr bewies, daß Kopernikus recht gehabt hatte. Doch waren derlei Reden selbst ein Jahrhundert später noch Ketzerei.

MARTIN LUTHER

Martin Luther nagelte seine 95 Thesen an die Schloßkirche zu Wittenberg. Es war 1517, und die protestantische Reformation begann – im gleichen Jahr begann Michel de Nostredame in Avignon sein Studium.

JOHANNES CALVIN

Begründer des französischen Protestantismus, dessen Anhänger man Hugenotten nannte. Nostradamus verabscheute Calvin und seine puritanischen Anschauungen. In seinen Prophezeiungen nennt er ihn den «üblen Gestank...»

Fromme Christen des 15. und 16. Jahrhunderts verdammten die Juden als die Mörder Christi. Der Großinquisitor Torquemada (1420?–1498) hatte Tausende von Juden in Spanien gefoltert und getötet. Viele von ihnen hatten sich in die Provence gerettet, aber auch aus den anderen Ghettos Europas fanden Juden hier ihre Zuflucht. Doch ereilte auch sie die Verfolgung.

Als die Provence nach dem Tod von König Renés Nachfolger, seines Neffen Charles de Maine, an Frankreich kam, forderte der neue französische König, Ludwig der XII., alle Juden auf, sich taufen zu lassen, andernfalls hätten sie mit den schlimmsten Konsequenzen zu rechnen.

Die Familie von Michel hatte die Taufe dem Exil vorgezogen – zu lieb war ihnen die neue Wahlheimat. Sie, die Nachkommen vom Stamme Issachar, paradierten als vorbildliche Christen, während sie insgeheim an ihrem Väterglauben und ihren jüdischen Sitten festhielten. In dieses Doppelleben-Milieu war Nostradamus hineingeboren worden.

Sein Vater war entsetzt über den Wunsch seines Sohnes, Astrologe werden zu wollen. Großvater Pierre schlug eine Laufbahn als Mediziner vor: denn die breite Öffentlichkeit neige dazu, Astrologen eher zu dulden, wenn sie zugleich auch Ärzte wären.

Michel wurde auf die Universität von Montpellier geschickt, wo er ab 1522 Medizin studierte. Dem neunzehnjährigen Studenten, dem seine Großväter bereits eine außergewöhnlich gute Erziehung hatten angedeihen lassen, waren seine Professoren alsbald zu dürftig. Doch bekam er eine zweite Lektion im Mundhalten, als er nach einer unschuldigen Bemerkung über die Unreinlichkeit und unnötigen Gefahren des Aderlasses – der damals schon bei kleinsten Anlässen üblich war – auf eine Phalanx dogmatischer Gelehrten-Entrüstung prallte. Die Medizin des 16. Jahrhunderts steckte noch im finstersten Mittelalter. Sterilisierte Instrumente waren ebenso unbekannt wie Krankheitsursachen, und Waschen galt als Sünde. Die Städte Europas waren Kloaken, die jeden Frühling die Pest anlockten. Nostradamus erduldete Montpellier drei Jahre lang und begnügte sich damit, sich alles Wissenswerte anzueignen, was er für die endlosen mündlichen und schriftlichen Prüfungen brauchen konnte. 1525 machte er sein Baccalaureat. Kaum hatte er seine medizinische Zulassung in Händen, verschwand er aus Montpellier und

«Le Charbon» – die Pest, die zur Zeit des Nostradamus die Menschen zu Tausenden dahinraffte.

begann, fern dem Argwohn und der bleiernen Langeweile der Professoren, auf dem Lande zu praktizieren.

Seinen Doktorhut würde er sich schon noch holen, später, nachdem er sein Bedürfnis befriedigt hatte, seine eigenen Methoden zu testen und zu vervollkommnen. Er sattelte sein Maultier, packte seinen Astrolab, seine medizinischen und astrologischen Bücher und trabte hinaus ins Freie, immer der Pest nach.

Während des ganzen 16. Jahrhunderts hatte Südfrankreich unter einer chronischen Form der Beulenpest zu leiden, im Volksmund «Le Charbon» genannt – wegen der häßlichen schwarzen Pusteln, die sie auf den Leichen ihrer Opfer hinterließ. Nicht lange, da sahen die leidgeprüften Familien Südfrankreichs einen neuen Arzt an ihre Türe klopfen, der auffällig anders war: Jung, seriös, mit seinem dunklen Bart und roten Backen, seinem etwas untersetzten Körper; robust aber gewandt, war Nostradamus ein Inbegriff von Selbstvertrauen, und seine ruhig-grauen Augen sagten: Ich habe keine Angst vor der Pest.

Tag und Nacht verbrachte er mit den Kranken und sorgte für sauberes Wasser und frische Luft oder verabreichte Kräuterheilmittel. Zu jedermanns Überraschung ließ der junge Arzt keinen Patienten zur Ader.

Er folgte dem Schatten der Pest durch ganz Südfrankreich und verließ eine Stadt nicht eher, als bis die Gefahr vorbei war. Als erstes kam er in die Stadt Narbonne, dann nach Carcassonne, wo er Leibarzt des Bischofs Amenien de Fays wurde. Er reiste weiter nach Toulouse und ganz in den Westen bis Bordeaux, ehe er nach Osten zog, zurück in die Provence, unterwegs bei dankbaren Patienten Rast machend, die es seinen Heilkünsten zuschrieben, daß sie noch lebten.

NOSTRADAMUS' HEILMITTEL

Heckenrose

Aloe-Holz

Kalmus (Acorus calamus)

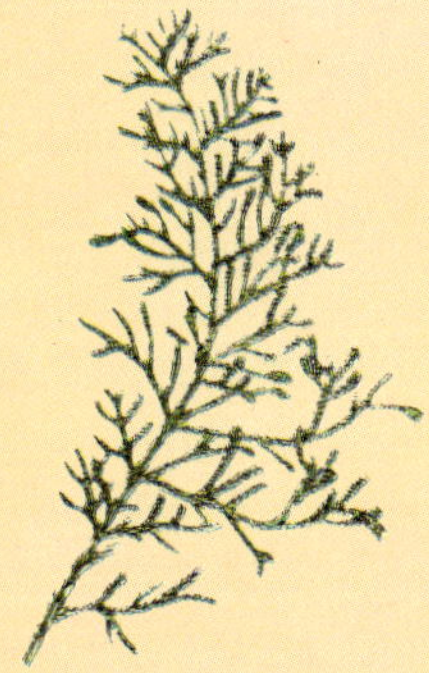

Grüne Zypresse

Es ist nicht ausgeschlossen, daß Nostradamus, in die Zukunft blickend, schon von Bazillen und der Wichtigkeit der Hygiene wußte. Er hielt den Namen von Louis Pasteur schriftlich fest – Jahrhunderte ehe dieser Pionier von Mikrobiologie und Impfung im 19. Jahrhundert geboren wurde.

Nostradamus begann seinen Kampf gegen die Pest in jeder Stadt – wie z. B. in Aix – immer damit, daß er zunächst alle Leichen entfernen und die Straßen reinigen ließ.

Vor Sonnenaufgang war er draußen vor der Stadt auf den Feldern zu finden, wo er Rosen zu Hunderten pflückte und sie in seine flüchtig eingerichtete Apotheke trug. Er trocknete die Blütenblätter, zerrieb sie dann zu einem feinen Pulver und mischte sie nach folgendem Rezept:

Sägemehl von grüner Zypresse – 1 Unze
Florentinische Iris – 6 Unzen
Gewürznelken – 3 Unzen
Kalmus – 3 Drachmen
Aloe-Holz – 6 Drachmen

Diese Mischung wurde zu festen Pastillen gepreßt, die er «Rosenpillen» nannte. Er empfahl den Patienten, die Tabletten unter der Zunge zergehen zu lassen ohne sie hinunterzuschlucken. Er vermied Aderlässe. Unterstützt durch reines Wasser, reines Bettzeug und saubere Luft, eine sorgfältige, tierfettarme Diät, sowie mäßige Bewegung, reagierten die meisten seiner Patienten positiv auf die starke Dosis an Vitamin C in den Rosenpastillen. Mit seinen «Rosenpillen» heilte er die Städte Aix und Salon.

Florentinische Iris

Gewürznelke

NOSTRADAMUS, DER RENAISSANCE-MENSCH

Der Geschichtsschreibung ist Nostradamus vor allem durch seine unheimliche prophetische Begabung bekannt. Jedoch stand sein berühmtes Talent keineswegs im Brennpunkt seiner eigenen Interessen. Abgesehen von seinem Ruhm als der Arzt, der ganze Städte von der Pest zu heilen vermochte, war Nostradamus auch ein Gourmet von höchsten Graden – und der Erfinder des Eingemachten! Sein Rezept für Quittengelee trug ihm das Lob des päpstlichen Legaten von Avignon ein, der von dessen paradiesischer Süße zu schwärmen wußte.

Nostradamus war auch Meister der Astrologie. Die Begüterten und Hochgeborenen Europas pilgerten zu seiner Haustür, um sich von ihm ihr Horoskop machen zu lassen. Die Adelsdamen seiner Zeit eilten zu ihm nach Salon de Provence, um sich in kosmetischen Dingen Rat zu holen. Der Autor prophetischer Werke war zugleich ein geachteter Übersetzer der antiken Klassiker ins Französische. Er schrieb ein umfangreiches Buch über die Ärzte und Pharmazeuten, denen er auf seinen Reisen durch Südeuropa begegnet war: «Trakté de Fardements». Oft war er Gast bei den wenigen Ärzten und Apothekern, die er achtete; tagsüber half er ihnen, die Kranken zu heilen, und nachts verwandelte er sich in einen unersättlichen Schüler ihrer okkulten Wissenschaften. Diese Männer stammten, wie er selbst, aus Geschlechtern von Ex-Juden und bildeten ein Untergrundnetz von Alchimisten und Kabbalisten, deren Ziel es war, Geheimnisse zu ergründen, die jenseits der absoluten «Wahrheiten» lagen, die in ihrer christlichen Umwelt gepredigt wurden.

1529 hatte sich «Le Charbon» so weit gelegt, daß Nostradamus nach Montpellier zurückkehren konnte, um seinen Doktor zu machen. Die mündliche Prüfung des bereits berühmten jungen Mannes vor der gesamten Fakultät in der großen Aula wurde zum Massenauflauf. Nostradamus parierte alle Einwände gegen seine unorthodoxen Praktiken mit fundiertem Sachwissen und pochte als Gegenbeweis auf seine Erfolge. Der Dekan war so beeindruckt, daß er ihm nicht nur die Insignien der medizinischen Doktorwürde, Kappe und Ring verlieh, sondern auch eine Professur an der Fakultät von Montpellier anbot. Drei Jahre nur hielt er es als Professor aus, bis ihn gewisse Auflagen hinsichtlich seiner freizügigen Abweichungen vom medizinischen Dogma dazu bewogen, lieber wieder aufzusatteln und davonzureiten.

Er begann eine zweite Rundreise durch die Städte seiner früheren Erfolge, bis er in Toulouse eine etwas dauerhaftere Praxis einrichtete. Dort erreichte ihn 1534 ein Brief von Julius-César Scalinger, der den Doktor nach Agen einlud. Nur noch Erasmus übertraf Scalingers Ruhm als einer der bedeutendsten Gelehrten und Philosophen der Renaissance.

Sie wurden feste Freunde. Der Arzt war entzückt, seinen Geist im Florettgefecht mit dem quecksilbrigen Witz Scalingers wetzen zu können. Nostradamus ließ sich in Agen nieder, gleich um die Ecke vom Haus seines Mentors. Er hatte sich schnell in den hellen, blauen Himmel über der Stadt und in ihr trockenes Klima verliebt. Sein Arztgeschäft blühte, und es dauerte nicht lange, bis die vornehmsten Familien der Stadt ihre heiratsfähigen Töchter vor seinem Hause auf- und abspazieren ließen. Er vermählte sich mit einer jungen Frau von großer Anmut und Schönheit, deren Name nicht zu ermitteln ist. Sie gebar ihm einen Sohn und eine Tochter. Nostradamus führte während der nächsten drei Jahre ein idyllisches Leben. Seine Tage verbrachte er bei den Scalingers, umgeben von einigen der größten Geister des damaligen Europas, und seine Nächte in der nährenden Liebe und Geborgenheit eines glücklichen Heims.

1537 fiel die Pest in Agen ein. Auf den Kopfsteinpflastern ratterten die Totenkarren. Nostradamus packte wieder an, mit der gewohnten Zuversicht und Energie. Jeden Tag, wenn er grüßend sein Haus verließ, dankte er den Göt-

DIE REISE DES ERWACHENS

tern, daß seine Lieben unversehrt blieben, während der Tod um mehr und immer mehr Häuser schlich. Heimkehrend von ärztlichen Visiten bei seinen wohlhabenden Patienten, fand er Frau und Kinder vom Fieber erfaßt; schon sah er auf ihren lieben Gesichtern die schwarzen Beulen von «Le Charbon». Keines seiner Mittel schlug an. Er rang seine heilenden Hände, die Tausenden geholfen hatten, in hilfloser Verzweiflung; doch alle starben.

In Windeseile verbreitete sich die persönliche Tragödie des Doktors in der ganzen Stadt. Es war ein Skandal! Die meisten seiner Patienten kehrten sich von ihm ab. Die Familie seiner Frau verlangte sofort die Mitgift zurück. Als er sich weigerte, brachten sie ihn vor Gericht. Nostradamus überwarf sich mit Scalinger, der für abrupte Freundschaftsbrüche bekannt war und ausgerechnet diesen Moment wählte, um völlig herzlos mit dem trauernden und wehrlosen Mann zu brechen.

Damit jedoch nicht genug. Nostradamus erlitt einen weiteren Schlag, infolge einer Bemerkung, die er in glücklicheren Zeiten einem Arbeiter gegenüber gemacht hatte, als der eine Bronzestatue der Jungfrau Maria goß. Nostradamus hatte mit seiner berühmt-berüchtigten spitzen Zunge eine anzügliche Bemerkung über Teufelsaustreibung im Zusammenhang mit der Madonna gemacht – ein Witz, der sich drei Jahre später bitter rächen sollte. Der Arbeiter, genagt von Rachegelüsten, sah seine Stunde gekommen und zeigte den gefallenen Arzt bei den Kirchenautoritäten wegen dieser Bemerkung an. Nostradamus wurde aufgefordert, sich bei einer vorläufigen Anhörung gegen den Vorwurf der Ketzerei zu verteidigen. Er erklärte, sein Witz sei eine harmlose Spitze gegen die handwerkliche Dürftigkeit der Bronzearbeit gewesen, weiter nichts. Die Kirchenautoritäten glaubten ihm nicht, und Nostradamus erhielt Befehl, sich in Toulouse den Richtern der Inquisition zu stellen.

DIE INQUISITION

Das gefürchtete Tribunal der Römisch-Katholischen Kirche, eingerichtet zur Unterdrückung der Ketzerei. Die Thesen Luthers entfesselten eine neue Hexenjagd.

Er floh in der Nacht aus Agen und lenkte sein Maultier nach Osten, Richtung Italien. Während der nächsten sechs Jahre durchwanderte er West- und Südeuropa, um der kirchlichen Inquisition zu entgehen. Die Flucht geriet ihm zur Pilgerreise der Selbstentdeckung. In diesen Jahren erwachten in ihm seine prophetischen Kräfte.

Im Jahre 1544 erlebte die Provence einen Regenrekord. Die überfluteten Flüsse waren besät mit aufgedunsenen Leichen von Tieren und Menschen. Die Regenfälle lösten eine der übelsten Pestepidemien des Jahrhunderts aus, und über ganz Südfrankreich verbreitete sich eine Hysterie, die mehrere Jahre anhielt. Nostradamus tauchte nun wieder auf – in Marseille, dann Aix, der Hauptstadt der Provence, und verabreichte den Kranken seine Heilmittel. Aix war ein lebender Alptraum. Große Teile der Stadt lagen verödet, den Toten überlassen. Die Luft war bleiern vom Gestank des Todes und dem Gewinsel der Leidenden. Die führenden Bürger der Stadt starrten ihm ins Gesicht wie verängstigte Kinder, ihr Geist gebrochen durch die Ungeheuerlichkeit der Katastrophe. Das Gefühl der Hoffnungslosigkeit war so allgemein, daß Nostradamus auf eine alte Frau stieß, die sich in ihr eigenes Totentuch einnähte. Bald erfuhr er, daß die meisten seiner Knoblauch-kauenden Kollegen entweder in ihren Ledermonturen gestorben waren, oder mit den Flüchtlingen davongelaufen waren, die die Seuche in andere Städte verschleppten.

Nostradamus arbeitete rund um die Uhr, zweihundertundsiebzig Tage lang, verabreichte seine bewährten Rosenpillen und sorgte für frische Luft, sauberes Wasser und andere erfolgreiche Mittel, die Pest zu bannen. Das Stadtparlament gab ihm eine lebenslange Pension, und die Bürger von Aix überschütteten ihn mit Dankbarkeit und Belohnungen. Er gab viele dieser Geschenke weiter an die Familien und Waisen derer, die er nicht hatte retten können.

DIE PAPST-SIXTUS-WEISSAGUNG

Auf einer schlammigen Straße Italiens, unweit der Stadt Ancona, begegnete eine Gruppe von Franziskanern dem einsam wandernden Arzt, der in die andere Richtung ging. Während er beiseite trat, um sie vorbeizulassen, sah er den Bruder Felice Peretti an, verbeugte sich und kniete im Schlamm vor ihm nieder. Die anderen Brüder wunderten sich. Peretti war von niedrigster Geburt, und der Herr hatte den Schweinehirten erst jüngst aus seinem Koben berufen. Sie baten Nostradamus um eine Erklärung. Er sagte: «Ich muß mich ergeben und vor seiner Heiligkeit das Knie beugen.» Die Brüder hielten dies für einen Witz. Aber vierzig Jahre nach diesem Vorfall wurde aus Bruder Peretti, dem einfachen Schweinehirt, Papst Sixtus V. – neunzehn Jahre nach Nostradamus' Tod.

Der Held von Aix erhielt daraufhin einen Ruf von den Stadtvätern von Salon. Kaum hatte er die Pest dort geheilt, erreichte ihn ein dringlicher Ruf aus Lyon.

Danach kehrte er nach Salon zurück, wo er sich für den Rest seines Lebens niederließ. Die Schönheit der kleinen Stadt und ihr sonniges Klima hatten es ihm angetan. Zehn Jahre waren verstrichen, seit der Tod von Frau und Kindern ihn auf seine einsame Reise geführt hatte. Jetzt, mit fünfundvierzig, sehnte sich der Arzt nach einem entspannteren Leben, umgeben von den Bequemlichkeiten eines Familienlebens am heimischen Herd. Er heiratete Anne Posart Gemelle, eine reiche Witwe, und wohnte in einem vornehmen Haus am Ende der Rue de la Poissonerie im Farreiroux-Viertel.

Zum ersten Mal seit seiner Kindheit und der kurzen Idylle mit seiner ersten Frau war seine äußere Welt stabil. Das gesunde Klima Salons sorgte für ein gelassenes Arbeitstempo. Er begann ein florierendes Nebengeschäft mit Kosmetika und fand begierige Kunden unter den Reichen. Das obere Stockwerk seines Hauses ließ er sich in ein privates Studierzimmer umbauen. Jetzt packte er seine vielen verbotenen magischen Instrumente aus, die er auf seinen Reisen gesammelt hatte: Zauberspiegel, Astrolabe, Wünschelruten und einen Messingkessel mit Dreifuß nach dem Muster des antiken Orakels Brancchus.

In den ersten Jahren in Salon genoß Nostradamus das allgemeine Ansehen der Stadt als einer ihrer führenden Bürger – und einer der frömmsten Katholiken! Er verurteilte öffentlich die Hugenotten und ging regelmäßig zur Kirche. Er verteidigte den wahren Glauben gegen jede zweifelhafte oder verdammte Lehre. Vor den Augen der Welt war er ein vorbildlicher Christ, fastete und betete voller Eifer und zeigte Großmut gegen die Armen. Aber wenn er lange nach Sonnenuntergang seiner Frau gute Nacht sagte, zog er sich ins obere Arbeitszimmer zurück. Dort schloß er sich ein, fern den Verstellungen und engstirnigen Gesellschaftsregeln des Tages. Um Mitternacht waren alle Fenster der Stadt dunkel, nur das obere Fenster von Dr. Nostradamus blieb hell bis zum Morgengrauen.

Unberufene Zungen fingen sich an zu regen. Was machte er nur jede Nacht, während gottesfürchtige Menschen schliefen? Das ungebildete Volk von Salon machte einen großen Bogen um den Arzt, wenn er durch die Straßen ging, und sandte ihm furchtsame Blicke nach, wenn er vorbei war.

Hinter dem schweren Bleifenster konsultierte Nostradamus im goldenen Lichtschein einer einzigen Kerze seine Ephemeriden und trug den Kurs dieser Nacht in ein Horoskop ein. Sterne und Planeten führten diesen Befahrer ganz anderer Gewässer jenseits von Zeit und Raum. Waren die Aspekte günstig, so ging er zum anderen Ende seines Studierzimmers hinüber, wo er sich vor einer Messingschale auf einen Messing-Dreifuß setzte. Die Schale war bis zum Rand mit Wasser gefüllt, und nun machte er sich leer von allen Gedanken, allen Sorgen, indem er auf eine schlanke Flamme starrte. Unmerklich ging er in Trance über, eine Ekstase, in der die Gesichte seines inneren Orakels ihm wie aus den Wassern der Messingschale entgegentraten und zu ihm sprachen.

Bilder kommender Dinge stiegen auf, und das Leitmotiv seiner Visionen war ein Religionskrieg, der bald über Frankreich hereinbrechen würde. Dieser düstere Hergang hatte wiederum, so entnahm er dem gekräuselten Wasserspiegel, seine Ursache in einer einzigen Tat, die wie ein Stein in den Teich des Schicksals fiel und Kreise über Kreise zog. Was er sah, war der zerbrochene Schaft einer Lanze, der das goldene Helmvisier des Königs durchbohrte...

Nostradamus war zerrissen zwischen dem brennenden Wunsch, seinen Landsleuten «seine» Zukunft mitzuteilen, und der Angst vor Verfolgung als Konsequenz. Zwei Jahre lang quälte er sich, bevor er den vorsichtigen Versuch machte, Prophezeiungen in Form eines Jahrbuchs für die breite Öffentlichkeit herauszugeben – man schrieb Anfang 1550. Das Buch war ein durchschlagender Erfolg – gerade eben wegen des Abschnitts mit den zwölf prophetischen Vierzeilern für jeden Monat des kommenden Jahres. Man forderte ihn auf, jedes Jahr bis an sein Lebensende einen solchen Almanach zu schreiben. Bald sah sich der Arzt von Gästen aus ganz Frankreich bestürmt, die die Reisestrapazen durch das vom Krieg zerrüttete Land nicht scheuten, um seinen Rat zu suchen.

Einer von ihnen, Jean-Aymes de Chavigny, blieb bei ihm und wurde sein Sekretär und Adept. Chavigny gab eine verheißungsvolle Laufbahn als Jurist und Politiker auf, um bei seinem neuen Meister die «judizielle» Astrologie und Kunst der Weissagung zu erlernen. Chavigny gab später die Prophezeiungen des Nostradamus heraus und wurde, neben dessen ältestem Sohn César, sein wichtigster Biograph und Apologet.

Seit geraumer Zeit trug sich Nostradamus nun schon mit einem ehrgeizigen Vorhaben, das weit über das prophetische Thema der Almanache hinausging. Er weihte Chavigny in seinen Plan ein: Er wolle ein Buch mit Prophezeiungen schreiben, das die Zukunftsmöglichkeiten der Menschheit für alle Zeit erschöpfend beschreiben sollte. Das Buch sei in zehn Bände, «Centurien» genannt, gegliedert, und jede «Centurie» werde hundert Prophezeiungen in Form von «Quatrains» – Vierzeilern – enthalten, sodaß das Werk insgesamt eintausend Prophezeiungen enthalten werde. Der Titel des Werkes: «Die Centurien».

Am Karfreitagabend 1554 machte er sich an die Arbeit. Chavigny erinnert sich an die Aura der Begeisterung, mit der sein Meister allmorgendlich die Treppe von seinem Arbeitszimmer herunterkam, Augen und Stimme noch ganz erfüllt vom Nachglimmen der nächtlichen Trance.

1555 erschienen in Lyon bereits Centurie I bis IV (teilweise), gewidmet dem neugeborenen Sohn des Propheten, César. Der Rest von Centurie IV und die Bände V bis VII erschienen noch im gleichen Jahr auf den Buchständen. Die Almanache hatten den Weg geebnet, und Nostradamus fand eine breite Leserschaft unter reichen Bürgern und Adligen. «Die Centurien» wurden mit großem Enthusiasmus aufgenommen.

Die Reaktion war stark. Die höfische Gesellschaft nannte Nostradamus ein Genie. Für die bäuerischen Cabanen war er ein Werkzeug des Satans, und seine dunklen, kryptischen Gedichte waren Blendwerk und Höllengeschwafel. Seine Ärztekollegen waren peinlich berührt. Philosophen priesen oder verfluchten ihn. Poeten waren verzückt oder kratzten sich am Kopf ob seiner vertrackten und verwilderten Sprache – ein wirrer Wahnsinn mit Methode,

Modisch gekleidete Aristokraten aus der Zeit des Nostradamus bei einem Fest des französischen Hofes.

verfaßt in Rätseln und Anagrammen, geschrieben in einem Gemisch von Französisch-Provençal, Latein, Griechisch und Italienisch.

Nostradamus war der Abgott des Hofes. Königin Katharina von Medici war seine glühendste Leserin. Katharina hatte eine echt italienische Passion für Intrigantes und Orakelhaftes. Ihr Kniefall vor der Katholischen Kirche war reine Staatspose. In ihren Privatgemächern inszenierte sie ihre magischen Rituale nach eigener, heidnischer Religion. Im Kreise ihrer jungen Priesterinnen und Sternedeuter befragte sie ihre Götter im Magischen Spiegel oder las aus verborgenen Zeichen, herbeigelockt durch lauter verbotene Künste, den Kurs ihrer ehrgeizigen Zukunftspläne ab.

Doch waren die Zeichen neuerdings keine guten. Die Omen wußten von einer Bedrohung des Königs, über dessen Schicksal ein düsteres Gewitter heraufzog, die Zukunft ihrer vier Söhne und drei Töchter gefährdend. Katharina war, wie alle Medicis vor ihr, besessen von dem Wunsch, über ganz Europa zu herrschen – durch Verheiratung ihrer Kinder mit allen wichtigen Fürstenhäusern der Zeit.

Die Königin und viele Höflinge meinten, in dem «älteren Löwen» von I,35 Heinrich II. zu erkennen. Sie zeigte dem König den Text. Heinrich war wenig an den okkulten Neigungen der Königin interessiert, doch diesmal lief es ihm kalt über den Rücken, denn die Prophezeiung ähnelte allzu sehr der des Hofastrologen Luc Gauriac, der gewarnt hatte, der König solle während seines 42. Lebensjahres an keinem Turnier oder Ritualzweikampf teilnehmen. Die Sterne sprächen von der Gefahr einer Kopfwunde, die zu Blindheit und gar Tod führen könne, wenn man sich ihrer nicht annehme. Heinrich rief Nostradamus sofort aus Salon an den Hof: Er möge sich erklären.

Nostradamus machte sich

NOSTRADAMUS TRIFFT BEI HOFE EIN

HEINRICH II.
1519–1559

Nostradamus sah zwei mögliche Schicksale für Heinrich II. und das Haus Valois voraus: entweder würde Heinrich als ein zweiter Charlemagne den Bruch zwischen Hugenotten und Katholiken in einem neuen französischen Reich heilen, oder einem Turnierunfall erliegen und die Last des Throns den jungen Schultern seiner unerwachsenen Söhne überlassen. Letzteres erfüllte sich, und das Haus Valois ging in einem Nachspiel von Verrat und Religionskrieg unter.

KATHARINA VON MEDICI
1519–1589

auf die unbequeme Reise und erreichte Paris am 15. August 1555. Normalerweise hätte es zwei Monate gedauert, aber die Königin halbierte die Reisezeit, indem sie an jeder Station frische Pferde der königlichen Post vorspannen ließ. Der erschöpfte Mann wurde schon früh am nächsten Morgen aus seinem Hotel nach St. Germain-en-Laye vor die Tore von Paris zitiert.

Der versammelte Hof empfing ihn: der Hofmarschall bahnte ihm mühsam den Weg zu den königlichen Gemächern durch eine dichtgedrängte Menge makellos gekleideter, glitzernder Edelleute, die sich darum rissen, durch einen Wald von Federn und Spitzenkragen hindurch einen Blick auf den Propheten zu erhaschen. Von allen Seiten wurde Nostradamus mit Fragen und Parfums bedrängt; schweigend ließ er ihre Witzeleien und Zudringlichkeiten über sich ergehen.

Die Königin empfing ihn privat, mit kaum verhohlener Erregung. Der König dagegen bezeugte wenig Interesse und entschuldigte sich, sobald Nostradamus ihn mit einer diplomatischen Interpretation von I,35 zufriedengestellt hatte. Kaum waren sie allein, sprachen Königin und Prophet stundenlang über Gott und die Welt und schließlich über Astrologie und Wahrsagerei. Die Königin war zutiefst beeindruckt.

Sie ließ Nostradamus im prächtigen Palast des Erzbischofs

NOSTRADAMUS UND DER KÖNIGSPAGE

von Sens in Paris unterbringen. Der König schickte ihm eine Samt-Börse mit einhundert Goldkronen; weitere dreißig kamen von der Königin. Nostradamus schnaubte ob des schnöden Lohns. Allein die Reise hatte ihn hundert Kronen gekostet! Aber schon bald besserte sich seine Finanzlage, denn ein ständiger Strom zahlender Höflinge suchte bei ihm Rat und Horoskop. Doch warf die Aufregung, die Arbeitsbelastung und die Erschöpfung durch die lange Reise den alternden 53jährigen für zehn Tage mit einer Gichtattacke aufs Krankenlager.

Eines Nachts, Nostradamus lag im Palast des Erzbischofs schon zu Bett, suchte ein Page der hochadligen Beauveau-Familie in den benachbarten Straßen nach dem entlaufenen Jagdhund seines Herrn. Verzweifelt wollte der Junge die Hilfe des Propheten und pochte zu so später Stunde mit königlicher Selbstverständlichkeit an dessen Haustür. «Was betrübt dich, Königspage?» rief eine ärgerliche Stimme von innen. «Du machst viel Lärm um einen entlaufenen Hund. Geh die Rue de Orléans entlang, da findest du den Hund, geführt an seiner Leine.»

Der Page eilte zu dem angegebenen Ort und fand tatsächlich den Hund, von einem Diener, der ihn nach Paris zurückbrachte, an der Leine geführt. Er war fassungslos. Woher wußte Nostradamus, daß er ein Königspage war, und wo sich der Hund befand? Ganz Paris sprach am nächsten Tag davon, und der Ruhm des Propheten schnellte in astronomische Höhen.

Von seiner Krankheit genesen, schickte ihn Königin Katharina auf das königliche Schloß Blois. Dort wurde er ihren sieben Kindern vorgestellt und gebeten, für jedes von ihnen ein Horoskop zu erstellen. Er befand sich in einer Zwickmühle, denn längst hatte er Prophezeiungen vom tragischen Schicksal jedes dieser Kinder verfaßt. Wir wissen nicht, was er der Königin gesagt hat, außer daß sie zufrieden war mit seiner Voraussage, jeder ihrer Söhne werde einmal König werden.

Zurück in seinem Pariser Palast, erwartete ihn Besuch: Eine Frau, die er als sehr ehrlich, freundlich und hochgeboren beschreibt, war gekommen, um ihn zu warnen, daß die Pariser Richter sich für seine magischen Geheimnisse interessierten... Nostradamus roch dahinter die Inquisition und fand es an der Zeit, schleunigst nach Salon heimzufahren.

Der Sarg wird in ein Gewölbe aus Eisen getan,
Wo sieben Kinder des Königs gehalten werden.
Ihre Ahnen werden sich erheben aus den Tiefen der Hölle,
Wehklagend, daß die Früchte ihres Hauses tot sind.

I,10

Die hohe Frau alleingelassen im Reich;
Ihr Einziger als erster ausgelöscht auf dem Felde der Ehre:
Sieben Jahr lang wird sie weinen vor Gram,
Danach ein langes Leben und Glück dem Reiche.

VI,63

Katharina von Medici hielt sich als Regentin für ihre Söhne Franz II. und Karl IX. im vom Krieg zerrissenen Frankreich, bis sie während der Herrschaft ihres Sohnes Heinrich III. schließlich die Macht verlor. Sie trauerte offiziell sieben Jahre um ihren Mann Heinrich II., führte ein langes und mutiges Leben und starb 1589, im Alter von siebzig Jahren.

IHRE AHNEN WERDEN SICH ERHEBEN...

DIE SIEBEN VALOIS-KINDER

FRANZ II.

Franz starb sechs Wochen vor seinem achtzehnten Geburtstag an der Fallsucht.

ELISABETH

Sie war mit Philipp II. von Spanien verheiratet und hatte das Zeug zu einer großen Königin, starb aber mit zweiundzwanzig im Wochenbett.

CLAUDE

Das häßliche Entlein. Die bucklige Prinzessin starb ebenfalls im Wochenbett mit achtundzwanzig.

Der erste Sohn... vor dem achtzehnten Jahr...

X,39

MARGARITE

«Klein-Margot» machte der Familie Schande. Ihr Ehemann, Heinrich von Navarra, verstieß sie wegen ihrer unbezähmbaren Nymphomanie. Sie starb kinderlos mit dreiundfünfzig – und mit ihr das Haus Valois.

DIE SIEBEN VALOIS-KINDER

KARL IX.

Karl IX. vergnügte sich damit, bei königlichen Jagden Eseln und Schweinen mit einem Schlag den Kopf abzuhauen. Er übertrug seine Grausamkeit auf Menschen, als er das Massaker der Bartholomäusnacht anordnete – zwei Jahre vor seinem Tod mit vierundzwanzig, ausgelöst durch eine Erkältung.

Der wilde (schwarze) König wird
seine blutige Hand geübt haben
Mit Feuer, Schwert und gezielter
(Armbrust).
Alle Menschen werden zittern beim
Anblick
Der Großen, die an Kopf und Füßen
hängen.

IV,47

FRANZ, HERZOG VON ALENCON

Der lümmelhafte Herzog von Alencon machte sich zum Gelächter Europas, als er die «jungfräuliche» Königin Elizabeth I. von England freien wollte. Er nahm an einer Verschwörung teil, um seinen Bruder Heinrich zu töten, starb aber – zur Erleichterung selbst seiner Mutter – an einer plötzlichen Krankheit.

Die sieben Sprosse werden auf
drei schrumpfen.
Der Tod wird die älteren überraschen.
Zwei werden zum Brudermord
verlockt sein...

VI,11

HEINRICH III.

Heinrich III. war König von Polen und Frankreich. Der allgemein unbeliebte homosexuelle Herrscher wurde von einem Franziskanermönch namens Clément in seinem Schlafzimmer ermordet.

Der König soll König nicht sein,
Vernichtet von dem Sanften
(Clément)...

Vorahnung 58

ZU LEBZEITEN ERFÜLLTE PROPHEZEIUNGEN

Er kehrte als Held heim. Bald standen die Kutschen der reichsten und angesehensten Familien Frankreichs Schlange vor seinem Haus in der Rue de la Poisonnerie. Seine Nachtwachen setze er fort. Anfang 1558 hatte er die Arbeit an den «Centurien» abgeschlossen. Nostradamus hatte beschlossen, die letzten drei Bände nicht zu seinen Lebzeiten zu veröffentlichen, vermutlich einer wachsenden Vorahnung wegen: 1559 begann das so sehr gefährdete 41. Lebensjahr des Königs. Trotzdem wurden ein paar Sonderdrukke angefertigt, wie es Sitte war, und eine Kopie wurde am Ende doch an den König und die Königin geschickt, mit einem langen Widmungsbrief an Heinrich II. Diese «Epistel» ist ein höchst ehrgeiziger Abriß der Geschichte der Zukunft, eine Chronik der Ereignisse von 1557 bis möglicherweise AD 8000.

Der Vierzeiler I,35 – worin der Tod des Königs durch eine Wunde bei einem Turnierunfall vorhersagt wird – erfüllte sich 1559 und machte Nostradamus an allen Höfen Europas berühmt. Mit dem Ruhm kam im Jahr darauf auch die Quittung: Verfolgung. Skeptiker, die nach Salon kamen und einen traurigen und düsteren Mann erwarteten, mußten umdenken: der Autor so vieler finsterer Vorhersagen entpuppte sich als gutgelaunter, positiver Mensch. Der in Büchern als Ketzer und Scharlatan verschrieene Nostradamus schrieb zu seiner Verteidigung, das Potential an Grausamkeit, das er voraussähe, gebiete mehr denn je eine positive Lebensweise. Damals begann er, Vierzeiler für die Centurien XI und XII zu schreiben, zwei Zusatzbände, die aber nie fertig wurden. Oft bewarfen Rotten junger Cabanen – Bauern der Provence – sein Haus mit Steinen. Die Gewaltandrohungen wurden so extrem, daß er einmal mit seiner Familie freiwillig für eine Zeitlang ins Ortsgefängnis wanderte.

Der junge Löwe wird den älteren überwinden
Auf der Kampfbahn im Duell.
Er wird sein Auge durchbohren in goldenem Käfig:
Zwei Wunden ineins, dann stirbt er eines grausamen Todes.

I,35

Sein Ruhm als einer der größten Propheten aller Zeiten begann mit einer nationalen Tragödie im Jahre 1559: Heinrich II. hatte – allen Warnungen zum Trotz – zur Feier der Doppelhochzeit seiner Schwester Margarite (mit dem Herzog von Savoyen) und seiner Tochter (mit dem – nicht anwesenden – König Philipp II. von Spanien), ein dreitägiges Turnier an der Rue St. Antoine vor den Toren von Paris angeordnet, beginnend am 28. Juni. Tausende von Franzosen bestaunten auf dem fröhlich bewimpelten Turnierfeld ihren König, wie er nach jedem Sieg mit Löwenschild und voller Rüstung hin- und hergaloppierte, das goldene Visier geöffnet, damit die jubelnde Menge sein Gesicht sehen konnte.

Nur Königin Katharina war besorgt. Die Prophezeihung des Nostradamus... seit drei Jahren ging sie ihr nicht aus dem Sinn. Jetzt trat der König zum letzten Duell an – der dritte Tag ging zu Ende. Sein Gegner war der gefürchtete Graf Montgomery, Hauptmann der königlichen Schottengarde, auch er mit Löwenschild bewehrt. Der erste Anlauf ist unentschieden. Heinrich fordert einen zweiten Anlauf. Montgomery sucht Ausflüchte – er denkt an die Prophezeiung. Heinrich läßt nicht locker. Erde und Sägespäne fliegen auf: der zweite Angriff. Gespanntes Schweigen – dann ein Schrei des Grauens im Krachen geborstener Lanzen. Ein Splitter der Lanze Montgomerys hat sich durch das goldene Visier des Königs bis in seine Schläfe hinter das Auge gebohrt, ihn zugleich blendend. Zehn Tage noch windet er sich im Todeskampf, dann stirbt der König.

Die Prophezeiung war das Geflüster von Paris. Am Abend, als der König starb, sah man einen aufgebrachten Mob in den Vorstädten einen Nostradamus aus Stroh verbrennen – der Ruf an die Inquisition, ein Gleiches zu tun.

Nach dem Tod Heinrichs schlug man bei Hofe in den «Centurien» nach und zitierte hinter vorgehaltener Hand Strophe X,39. Man wußte: die erste Zeile sprach vom jungen Franz II., dem schüchtern-kränklichen Erben, und seiner unseligen Ehe mit der Schottenprinzessin Maria Stuart. Die Witwe war Katharina von Medici, jetzt Regentin.

Der erste Sohn, eine Witwe, eine
unselige Ehe kinderlos.
Zwei Inseln in Zwietracht gestürzt:
Vor dem achtzehnten Jahr, noch ein
Mündel.
Für den andern kommt die Ehe in
noch jüngeren Jahren.

X,39

Als Franz zusehends dahinsiechte, schrieb der toskanische Botschafter dem Herzog von Florenz, man munkle, Nostradamus habe seinen Tod noch vor dem neuen Jahr vorausgesagt. Drei Tage, nachdem der Brief Paris verließ, starb Franz – nur kurz vor seinem achtzehnten Geburtstag.

Da ereiferte sich Chantonnay, der spanische Botschafter, in einer Klage an Philipp II.: «Diese Schicksalsschläge machen den Hof starr vor Schreck, sowie die Warnung des Nostradamus, den man besser bestrafen sollte, statt zuzulassen, daß er seine Prophezeiungen verkauft, die nur zu eitlen und abergläubischen Irrlehren führen.»

Der Vierzeiler enthüllte sich in den kommenden Jahren immer mehr. Maria Stuart sollte *«kinderlos»* nach Schottland zurückkehren und Königin werden, was die beiden Inselreiche in den *«Aufruhr»* eines Machtkampfes zwischen Maria und der *«kinderlosen»* Elisabeth I. stürzen sollte. Karl IX., der nächste Thronerbe, ist der *«andere»* aus Zeile vier.
Er wurde mit Elisabeth von Österreich verlobt zu einem noch früheren Alter als sein toter Bruder mit Maria Stuart, nämlich mit elf.

1564 beschloß Katharina von Medici, durch einen «Königlichen Umzug» im Reich beruhigend auf den religiösen Zwist einzuwirken, der ihr Volk zerriß. Der halbwüchsige Karl IX., die ganze Königsfamilie und ein reduzierter Hofstaat von achthundert Leuten sollte sie auf dieser Zweijahrestournee begleiten. An der spanischen Grenze wollte die Königin mit ihrer Tochter, der spanischen Königin, und mit deren Ratgebern darüber sprechen, wie man die Katholiken Frankreichs gegen die wachsende Hugenottengefahr einigen könnte.

Salon stand auf der königlichen Besuchsliste ganz obenan. Der Respekt der Königin vor Nostradamus war durch die genauen Vorhersagen ihrer Familienkatastrophen nur noch gestiegen. Vielleicht konnte er ihr einen Ausweg aus der unseligen Kette der Ereignisse seit dem Tode Heinrichs aufzeigen?

Im Oktober ritt der junge Monarch, scharlachrot gewandet, an der Spitze seiner fürstlichen Eskorte in die Stadt ein, um Nostradamus persönlich zu einer Privataudienz mit seiner Mutter zu laden. Der Prophet schritt an der Seite des Königs durch die festlichen Straßen zum päpstlichen Palast, wo er stundenlang mit seinen königlichen Gastgebern sprach. Er erstellte für Katharinas Lieblingskind, Eduard von Anjou, ein Horoskop, und bestätigte, ohne auf die düsteren Prognosen von früher einzugehen, der Junge werde König werden – was er auch wurde: der berüchtigte Heinrich III.

MARIA STUART

Die große Königin wird sich besiegt sehen…
Sie wird über den Strom setzen, vom Schwert verfolgt.
Sie wird ihren Glauben empört haben.

I,86

Geschlagen und wegen ihrer Affaire mit Bothwell bei Schotten und Katholiken verachtet, floh Maria «über den Strom» nach England, wo sie in Fotheringay 1587 den Tod fand.

Ehe sich die Karawane wieder in Bewegung setzte, wurde Nostradamus von König Karl mit dem Titel eines Königlichen Rates und Leibarztes beehrt – mit allen entsprechenden Privilegien und Gehältern. Obendrein belohnte er ihn mit zweihundert Kronen. Katharina legte noch hundert dazu.

Nostradamus befand sich auf dem Höhepunkt seiner Prophetenkarriere – und hatte noch ein Jahr und acht Monate zu leben. Im Juni 1566, kurz nach seiner Rückkehr von der Botschaft in Arles, wo er Salon für den König vertrat, bekam er eine schwere Gicht. Er ahnte den kommenden Tod und machte am 17. sein Testament. Demnach betrug sein Vermögen dreitausendvierhundertundvierundvierzig Kronen – eine beträchtliche Summe für die damalige Zeit. Geld und Besitz sollte unter seine Frau, seine drei Söhne und drei Töchter verteilt werden. Er hatte an alles gedacht: Da seine Frau schwanger war, wurde sogar für Zwillinge Vorsorge getroffen; und falls eine der Töchter schon vor der Ehe sterben sollte, war auch hierfür gesorgt.

Er ließ sein Bett in sein geliebtes Arbeitszimmer hinauftragen, sowie ein bankähnliches Gestell, womit er seinen geschwächten Körper im Zimmer umherbewegen konnte. Um den 25. Juni herum hatte Dr. Nostradamus diagnostiziert, daß seine Gicht zu

Wassersucht geworden war. Am 1. Juli gab ihm Pater Vidal, Abt des Franziskanerklosters in Salon, die Absolution und die Sterbesakramente. Augenzeugen berichten, daß er bis zum Schluß wach und ruhig blieb, trotz akuter Schmerzen. Nostradamus wollte die Nacht allein verbringen. Chavigny fragte ihn im Gehen: «Bis morgen früh?» – Nostradamus antwortete: «Bei Sonnenaufgang wirst du mich nicht lebend finden.»

Chavigny ging nach unten und sann über den lustigen Funken nach, den er in den grauen Augen seines Meisters aufgefangen hatte – plante er irgendeinen Schabernack? Er wußte, er konnte ein ziemlicher Spaßvogel sein; hielt er auf der Schwelle des Todes ein letztes Narrenstück parat?

Im letzten seiner Almanache hatte Nostradamus zum Schluß eine Prophezeiung über seinen eigenen Tod geschrieben:

«Nach seiner Rückkehr von der Botschaft, des Königs Geschenk an seinen Ort gebracht, wird er nichts mehr tun. Er wird eingegangen sein zu Gott.

Enge Verwandte, Freunde, Blutsbrüder
(werden ihn finden) gänzlich tot nahe dem Bett und der Bank.»

DIE BAUERN-MÄDCHEN-ANEKDOTE

Manchmal übte Nostradamus sein prophetisches Auge an handfesteren Dingen – wie folgende Anekdote zeigt. Eines Sommernachmittags saß er vor seiner Haustür und genoß die erste Kühle des Abends. Die hübsche Tochter des Nachbarn kam vorbei, um im Wald Holz zu sammeln für den Abend. «Guten Tag, Monsieur de Nostredame,» sagt sie mit einem Knicks.
«Guten Tag, kleines Fräulein», nickt er.
Mehr als eine Stunde später kommt sie mit ihrer Ladung Holz auf der Schulter zurück.
«Guten Tag, Monsieur de Nostredame», sagt sie.
«Guten Tag... kleine Frau.»

Bei Sonnenaufgang am nächsten Morgen führte Chavigny vorsichtig Freunde und Familie ins obere Zimmer. Sie fanden Nostradamus, Prophet noch bis zum letzten Atemzug, leblos am Boden liegend zwischen dem Bett und der Bank.

Anne, seine Witwe, führte seinen letzten mündlichen Willen aus und ließ den Sarg aufrecht in einer Wand der Minoritenkirche von Salon einmauern, damit kein hergelaufener Narr auf sein Grab treten konnte.

Sie ließ folgende Worte zu seinem Gedächtnis in Latein auf den zweimetervierzig hohen Stein meißeln, der das Grab verschloß.

«Hier ruhen die Gebeine des berühmten Michael Nostradamus, der allein unter den Sterblichen würdig befunden wurde, mit seiner fast göttlichen Feder unter dem Einfluß der Sterne die zukünftigen Ereignisse der ganzen Welt niederzuschreiben. Er lebte zweiundsechzig Jahre, sechs Monate und siebzehn Tage. Er starb in Salon im Jahre 1566. Möge die Nachwelt seine Ruhe nicht stören. Anne Posart Gemelle wünscht ihrem Gatten die wahre Glückseligkeit.»

KAPITEL ZWEI: WAS

Nostradamus glaubte an eine göttliche Quelle seiner «seherischen Gabe», seines «Orakels». Vieles spricht dafür, daß ihm auch bewußt war, wie stark alles «ekstatische Sehen» durch den sattsam bekannten Strom der plappernden Gedanken gestört wird, und daß er die natürlichen Grenzen der Sprache als eine Beengung seiner hellseherischen Kräfte empfand.

Man muß sich darum die religiösen Überzeugungen von Nostradamus vor Augen führen, aber auch, welchen Einfluß das geistige Klima seiner Zeit auf seine Visionen der Zukunft ausgeübt haben mag. Seine beiden Großväter z. B. richteten seine geistige Suche von frühester Kindheit an aufs Okkulte. Unter ihrer Anleitung lernte er Griechisch, las Platos Gastmahl und stieß so erstmalig auf die Lehren des Sokrates, der als der Vater der abendländischen Mystik gilt.

KONKRET IST EIN PROPHET?

Sokrates zufolge muß jeder das Leben unmittelbar selbst erfahren, ohne sich auf Logik oder geborgtes Wissen zu stützen. Ziel des Suchers muß sein, die Einheit mit der höchsten Liebe anzustreben und zu erfahren. Der Weg dieser Erfahrung führt von der Schönheit des Körpers zur Schönheit der Seele und schließlich zur überpersönlichen Schönheit des Universums, die im schweigenden Sein pulsiert.

Auch die amoralische Weltsicht Heraklits, des großen Einzelgängers unter den griechischen Philosophen, entging seiner Aufmerksamkeit nicht. Heraklit feiert die verborgene Harmonie der Gegensätze und sieht die göttliche Wahrheit im Zusammenspiel von Licht und Dunkel, Krieg und Frieden, Hunger und Sättigung. Die Existenz ist zyklisch und hat weder Anfang noch Ende.

Nostradamus fühlte sich stark zu hermetischer Magie und Philosophie hingezogen. Überall in seinem Werk taucht okkulte Sprache auf. Das Weltbild der hermetischen Mystik steht dem heraklitischen «Oben wie unten – alles ist göttlich» nahe. Diese älteste mystische Tradition des Westens zeigt viele Parallelen zur tantrischen Tradition oder zum shivaistischen Hinduismus: die Welt als göttliches Spiel, als kosmischer Tanz der Paradoxe.

Auf seinen Reisen lernte Nostradamus viele okkulte Schulen kennen. Er kannte die Kabbala, für die die Menschheit, vertreten durch Adam und Eva, aus der Einheit mit Gott in einen Zustand des Vergessens gefallen ist. Die Wiedervereinigung ist durch das Studium des Lebensbaumes möglich – ein mystischer Weg, der den Kabbalisten durch zehn Bewußtseinsstufen führt, ähnlich den Kundalini-Chakren Indiens, bis hin zur Baumkrone – Gott.

In Sizilien machte er Bekanntschaft mit den Sufis. Er las Al Ghasalis Werk «Das Elixier der Seligkeit». Vielleicht hat er dort auch bewußtseinserweiternde Substanzen wie z.B. Muskat kennengelernt. Gewisse Sufi-Techniken mögen ihm den Weg zu seinen eigenen ekstatischen Trancen geebnet haben.

Für ihn waren Alchemie und Medizin dasselbe, und sein Weg war eine doppelte Suche nach dem Wohl des Körpers wie der Seele. Er kannte «Über die Natur und die Heilkräfte des Universums» von Albertus Magnus (1200–1280), und praktizierte die okkulten und medizinischen Entdeckungen der Alchemisten seiner Zeit, etwa des legendären Paracelsus und des Cornelius Agrippa. Paracelsus zufolge muß ein Arzt zunächst die Seele heilen, da Heilkraft wie Krankheit aus dem Geistigen hervorgehen.

SOKRATES

Agrippa bewies wie Paracelsus, daß dem Menschen alles sogenannte Verstandeswissen nichts nützt. Vielmehr komme alles Leid der Menschen nur aus der falschen Annahme und Einredung seit Kindesbeinen, sie wären getrennt von der Macht der Natur. Er glaubte auch, ein Alchemist müsse sich allererst dieser prägenden Einflüsse bewußt werden, bevor er die magischen Techniken erforschen dürfe, die ihn zur Quelle aller existierenden Dinge zurückführen konnten.

Des Nachts sitz ich im geheimen Studierzimmer
Allein auf dem Bronzedreifuß:
Schlankes Flämmchen tritt aus der Einsamkeit,
Läßt gelingen, was man nicht für eitel halten soll.

I,1

PLATO

Der Zauberstab in der Hand wird mitten in das Orakel gelegt
Aus der Flut netzt er Mantelsaum und Fuß:
Eine Furcht und Stimme seufzt aus den Falten:
Himmlischer Glanz. Der Göttliche läßt sich ganz nahe nieder!

I,2

Nostradamus' Glaube an Gott oder ans Göttliche läßt sich am besten mit den Worten seines Lieblingsphilosophen Meister Ekkehart ausdrücken: «Das Auge, mit dem ich Gott schaue, schaut mich; mein Auge und Gottes Auge ist ein Auge, ein Schauen, ein Erkennen und eine Liebe.»

Im 1555 geschriebenen Vorwort zum ersten Teil seines prophetischen Hauptwerkes vertraut er seinem neugeborenen Sohn und der ganzen Welt an, was er selbst von seinen Voraussagen hält: «Obwohl ich schon lange Vorhersagen von Ereignissen mache, die eingetroffen sind, mit Nennung des genauen Ortes, möchte ich feststellen, daß sie alle durch göttliche Kraft und Inspiration zustandegekommen sind. Meine Prophezeiungen, ob froh oder düster, sind mit zunehmender Promptheit eingetroffen, überall auf der Welt. Doch war ich bereit, den Mund zu halten und nichts zu schreiben, angesichts der Ungerechtigkeit der Gegenwart und auch der Zukunft. Wenn nämlich die jetzigen Reiche, Sekten und Religionen die zukünftigen Reiche, Sekten und Religionen sehen könnten und wie diametral sie ihren eigenen Lieblingsphantasien entgegengesetzt sind, würden sie verdammen, was zukünftige Jahrhunderte als wahr erachten werden... Später beschloß ich jedoch, angesichts der kommenden Macht der Gemeinen (d. h. der modernen Zeit), künftige Dinge von äußerster Wichtigkeit zu Papier zu bringen, doch so verfaßt, daß niemand, gleich welche Wandlungen die Menschheit erleben wird, sich verletzt fühlen kann, indem ich alles durch eine dunkle, vor allem prophetische Schreibweise vernebelte.»

Nostradamus benutzte viele magische Techniken, um seine Visionen heraufzubeschwören. Man weiß, daß er «De Mysteriis Aegyptiorum» kannte oder gar besaß, ein Buch über die klassische Magie der Chaldäer und Assyrer, geschrieben von Jamblichus, einem oströmischen Neuplatoniker des 4. Jahrhunderts.

Dieses Buch enthielt u.a. «De

AGRIPPA

Erhabene Wesenheiten, dem Auge
ewig sichtbar,
Kommen und umwölken den
bewußten Geist,
aus unerforschlichen Gründen:
Leib und Stirn, Sinne und regierendes
Ego werden unsichtbar,
Während die heiligen Gebete
verebben.

IV,25

Daemonibus» von Michael Psellus – Nostradamus kannte sich also auch in der Schwarzmagie aus. Außerdem hatte er aus Familienbesitz Bücher über die «Schlüssel des Salomo» und die Kabbala, behauptet aber, sie verbrannt zu haben, wie auch Schriften von Männern wie Psellus – Bücher, die er nicht in den Händen der Inquisition wissen wollte. *«Fürchtend, wozu sie dienen mochten»,* schrieb er, *«übergab ich sie den Flammen. Ungewöhnlich helles Feuer, klarer als natürlicher Flammenschein, erleuchtete plötzlich das Haus mit blendenden Blitzen.»*

Einzelne magische Praktiken, mit denen er sich in astrologisch günstigen Nächten in seinem Zimmer in Trance versetzte, deutet er hier und da an; das Starren auf Wasser oder auf eine Flamme – oder beides zugleich – gab ihm Visionen. Oder er erwähnt das Ritual der Brancchus, einer Priesterin des antiken Delphi. Er sitzt auf einem Messing-Dreifuß, hochaufgerichtet – die Unbequemlichkeit hält ihn besser wach; die Füße des Schemels stehen im gleichen Winkel ab wie die Schrägen der Pyramiden Ägyptens, was eine bioelektrische Kraft generieren soll, die, so glaubte man, die Seherkräfte schärfte. Ein zweiter Dreifuß steht ihm zu Füßen, darauf ruht eine Messingschale, randvoll mit dampfendem Wasser, scharf nach stimulierenden Ölen durftend. Er beginnt, den Dampf in tiefen Zügen einzuatmen und intoniert dazu einen leise anschwellenden Singsang.

«Ich machte Seele, Hirn und Herz von allen Sorgen frei und gelangte in einen Zustand geistiger Stille und Ruhe. Dieser ist unerläßlich für Vorhersagen mit Hilfe des Messing-Dreifußes.» Dann kommen die ersten Stufen der Trance: *«Die prophetische Glut nähert sich wie Strahlen der Sonne, beeinflußt elementäre und nicht-elementäre Körper...»* Im richtigen Moment taucht Nostradamus den Lorbeerzweig in die Messingschale. Er bestreicht seinen Fuß und den Saum seines Mantels. Ein plötzlicher Schub paranormaler Energie katapultiert ihn in eine andere Dimension hinein:

TRANCE-RITUALE

*Das göttliche Wort schenkt dem Wesen (das, worin) Himmel und Erde enthalten sind.
Das verborgene Ziel in der vernebelten Tat:
Körper, Seele und Geist sind alle machtvoll.
Alles Existierende ist unter seinen Füßen wie zu Füßen des Himmels.*

III,2

«...Die rationale Erkenntnis des Menschen kann das Verborgene nicht schauen, außer ihr hilft eine Stimme, die aus dem Nirgendwo kommt mit Hilfe der dünnen Flamme...» Er beschreibt, was er nun durch das Starren auf Wasser oder Feuer sieht – wie in einem brennenden Spiegel, *«aus welchem eine wolkige Vision großer Ereignisse kommt, trauriger und wunderbarer und schrecklicher Art, die eintreten werden, wenn es an der Zeit ist...»*

Dies gelingt durch die Vereinigung mit dem, was er *«den Göttlichen»* nennt – vielleicht Gott oder das kollektive Unbewußte oder auch sein göttliches Selbst oder sein *«Übermensch»*. Offenbar halfen die Rituale ihm, einer steigenden Angst standzuhalten und sie zu überwinden, um sich dem Segen einer ganz und gar ekstatischen Trance hinzugeben, von der er sagt:

DIE KABBALA

«Doch nur Gott kennt die Ewigkeit des von ihm ausgehenden Lichts. Allen, die er in seiner unermeßlichen, unbegreiflichen Größe zu Offenbarungen ausersehen hat, durch lange, meditative Inspiration, sage ich offen, daß die geheimen Dinge, die ihnen Gott offenbart hat, auf zwei Ursachen beruhen, unfaßbar dem Verstande dessen, der nicht die Gabe der Weissagung hat: erstens auf Infusion, wobei der Geist in übernatürlicher Erleuchtung kraft der Sternengesetze weissagt, und zweitens auf Partizipation am Geist Gottes, die dem Propheten zu unterscheiden gestattet, was seinem göttlichen Geist durch Gott den Schöpfer, und was ihm durch seine natürliche Begabung zufällt.»

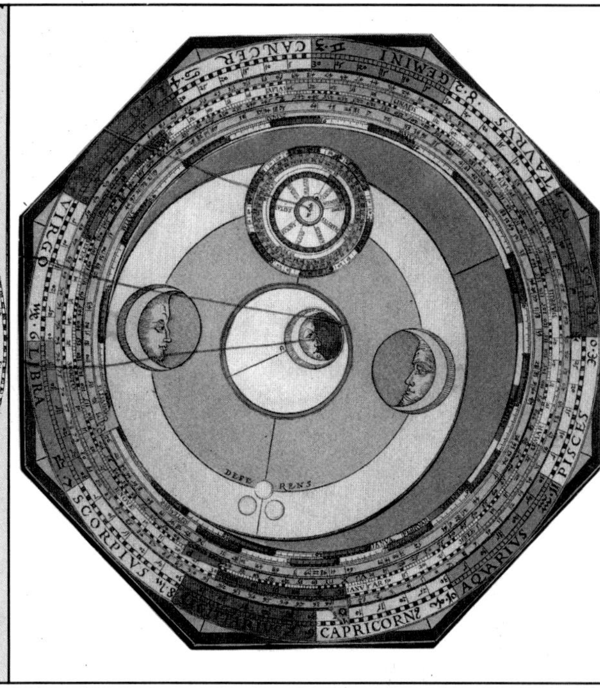

NOSTRADAMUS IM SPIEGEL DER ASTROLOGIE

Astrologie ist das uralte Forschen danach, welchen Einfluß die Stellungen der Planeten und Sterne auf die Geschicke einzelner und der Menschheit haben. Sie spielte in jeder Facette von Nostradamus' vielen Talenten eine wesentliche Rolle. Er führt seine Macht zu heilen auf seine Einsicht in die astrologische Beschaffenheit seiner Patienten und Heilmittel zurück. Kuren verschrieb er nach Kenntnis des rechten Moments – d. h. wenn die Aspekte der Planeten und Konstellationen, die Patient und Arznei beherrschten, in Harmonie waren.

Seine Berechnungen beweisen, daß er sich der Newtonschen Schwerkrafts- und Bewegungsgesetze bewußt war – ein Jahrhundert, bevor Newton selbst mit einer Beule vom Fall eines Apfels auf seinen Kopf darauf gestoßen wurde. Nostradamus entwarf elliptische Bahnen für die Planeten in seinen Horoskopen, somit den Keplerschen Gesetzen, ja sogar Keplers Horoskop selbst vorgreifend, der erst zwei Jahre nach des Propheten Tod geboren wurde. Im ganzen sind die astrologischen Vorhersagen, die Nostradamus über die letzten vier Jahrhunderte gemacht hat, so verblüffend, daß auch die schärfsten Kritiker der Astrologie ihr Urteil über diese uralte «intuitive» Wissenschaft revidieren sollten.

Im folgenden Teil des Buches wird ein Überblick über das Horoskop des Propheten gegeben. Es handelt sich um eine Art Landkarte der potentiellen Anlagen, definiert durch die Position der äquatorialen Konstellationen (der «Häuser»), und der Aspekte der darin befindlichen Planeten zum Zeitpunkt der Geburt. Diese Aspekte sind wie die Substantive und Verben einer kosmischen Sprache und benennen die Talente und Grenzen, die das Leben von Nostradamus prägen. Im folgenden nur eine kurze Zusammenfassung einer sehr komplexen Materie.

MICHEL DE NOSTREDAME

14. DEZEMBER 1503, 12 UHR 03

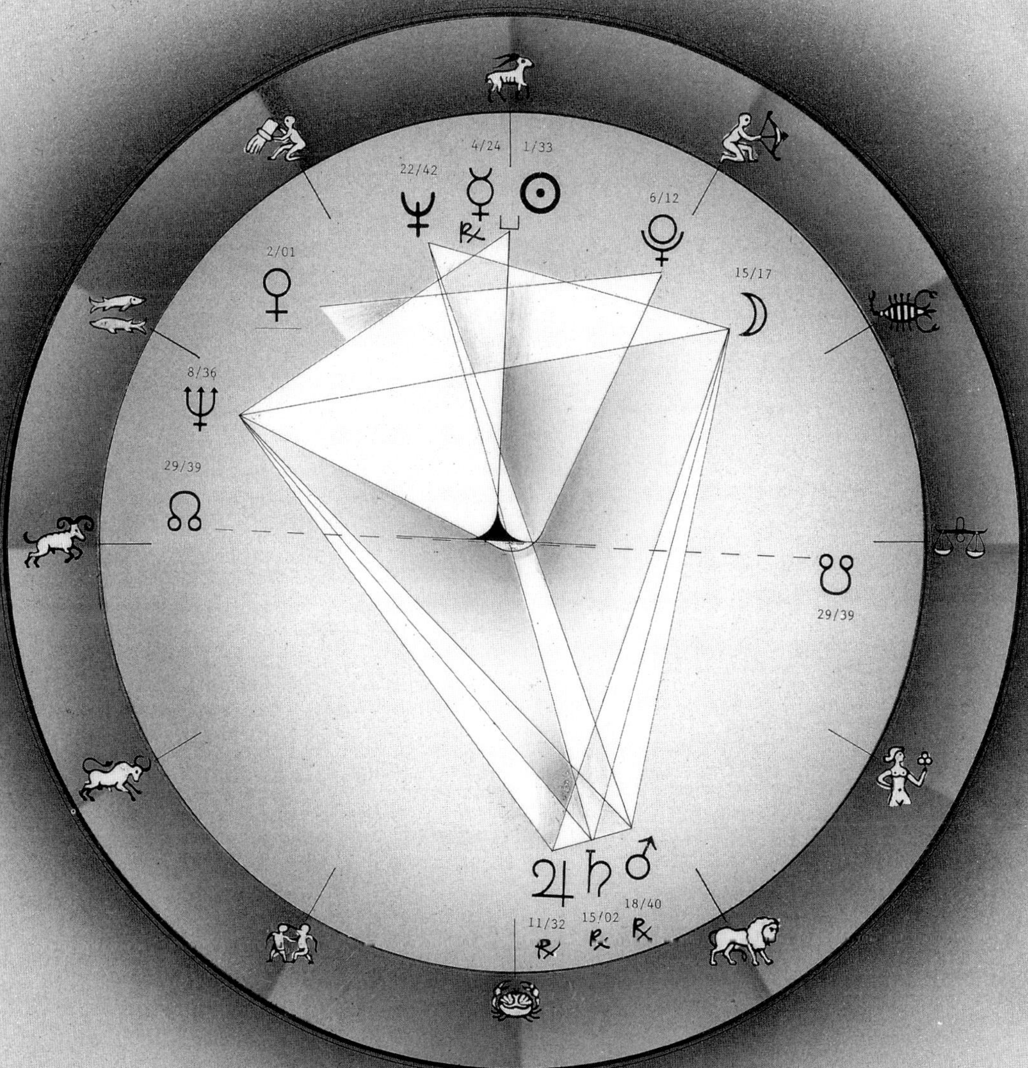

aus: Jeff Green, «Pluto, the evolutionary journey of the soul», Bd. I, 1986

DIE ASPEKTE

A und B

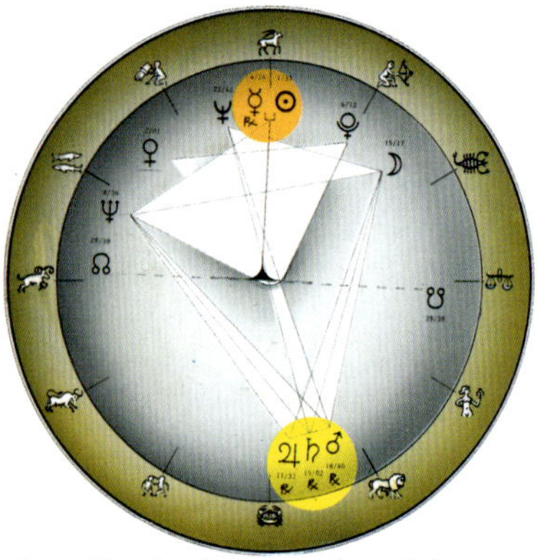

A – Konjunktionen bezeichnen eine Verstärkung der Energie und Eigenschaften der jeweiligen Planeten. Sonne (☉) und Merkur (☿) sind in Konjunktion an der Himmelsmitte im Erdzeichen Steinbock. Das zeigt eine stark geistig ausgerichtete Persönlichkeit. Disziplin und Geduld führen zum Erreichen der Ziele. Diese Konstellation ist bei großen Astrologen und Genies häufig. Merkur ist einer von vier rückläufigen Planeten (℞) Zeichen eines tiefen Denkers und eifrigen Kindes, das als Erwachsener die Früchte harter Arbeit erntet – zweifellos trifft das hier zu. Sein Aufstieg zur Avantgarde der Medizin kostete Jahre sorgfältiger Arbeit, bis ihn die Tragödien seines 34. Jahres zwangen, das Leben von vorn zu beginnen und seinen Ruf als Arzt durch eine tiefere Erkenntnis und Einsicht in seine Fehler neu zu begründen. Anne Gemelle dürfte wenig Glück mit Nörgelei gehabt haben: ein rückläufiger Merkur in Konjunktion mit der Sonne befähigt ihn, seine Ziele nach sorgfältigem Plan zu erreichen.

B – Die drei anderen rückläufigen Planeten, Jupiter (♃), Saturn (♄) und Mars (♂), sind alle in Konjunktion im Wasserzeichen Krebs. Sie betonen Erfolg bzw. Scheitern und die Wichtigkeit eines positiven psychologischen, physischen und intuitiven Lebensklimas. Sein wundester Punkt dürfte mit Sicherheitsbedürfnissen und dem Wunsch nach Anerkennung von oben zu tun gehabt haben. Letzteres mag den Kommentar des spanischen Botschafters erklären, der über Nostradamus nach dessen Audienz bei Katharina von Medici und Karl IX. in Salon schrieb: «Er ist der diplomatischste Mensch von der Welt und sagt kein Wort, das jemandem mißfallen könnte...» Die Konjunktion gab ihm ein frohe und finanziell gesicherte Kindheit. Die Weisheit, die ihm als Kind durch seine Großväter zufloß, sollte sein ganzes Leben prägen (Jupiter rückläufig). Erziehung und Disziplin zeitigt Blüten okkulter Forschung (Jupiter-Saturn rückläufig), doch fällt ihm nichts in den Schoß. Seine geduldige Bemühung seit frühester Jugend um Meisterschaft in der prophetischen Kunst zahlt sich erst in seinen Fünfzigern aus.

C und D

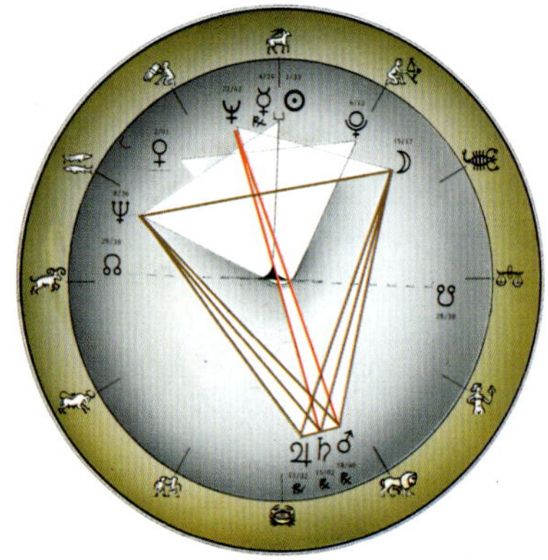

C – Kein Aspekt seines Horoskops könnte seine prophetische Gabe deutlicher zeigen als das starke Große Wassertrigon von fünf Planeten. Es drückt Harmonie, Kreativität und die Entfaltung – in seinem Falle – von Intuition und Hellsichtigkeit aus (Wasserelement). Mond (☾) im Skorpion verankert das Trigon in geheimen und starken Gefühlen, die ihn defensiv werden lassen bei Angriffen. Doch schlägt dies dank der Stärke des Trigons zu seinen Gunsten aus: er weiß zu überleben, er weiß, wann er zu kämpfen oder vor Inquisitoren oder Denunzianten zu fliehen hat.

Mond im Skorpion gibt ihm Instinktwissen und den Drang, in Geheimnisse unsichtbarer paranormaler Erscheinungen einzudringen. In Verbindung mit der Konjunktion der rückläufigen Planeten Jupiter-Saturn-Mars gibt ihm der Mond das magische

E und F·

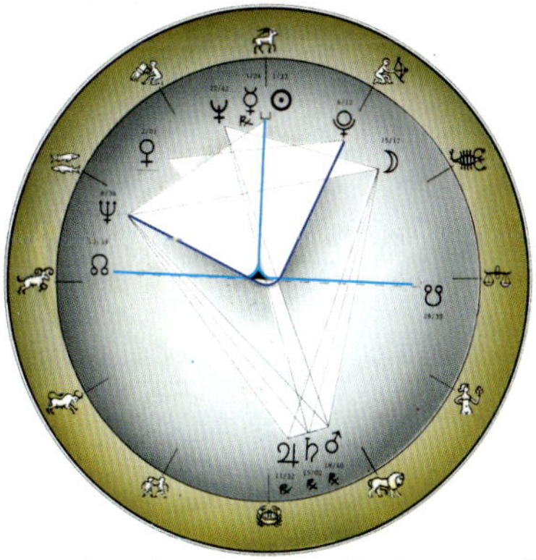

Handwerkszeug, Hellsehen, Bildung, Mut, Ausdauer und Liebe zum Ritual – und kräftigen Humor! Das Trigon wird durch Uranus in den Fischen geschlossen. Das ist die Quelle der Ehrfurcht, des Staunens. (♅)
Uranus, gestützt durch die andern Planeten, öffnet Nostradamus für ekstatische Visionen und eine wissenschaftliche Neugier nach dem Unbewußten. Uranus in den Fischen weckt sein Interesse an kühler Prüfung gedanklicher Prozesse, vor allem der eigenen, und damit eine lebenslange Suche nach Selbstentdeckung. Die Rückläufigkeit der Planeten hätte ihn zu einem unheilbaren Stubenhocker machen können, doch verhindert dies Uranus, der ihn zu seinen Wanderjahren inspiriert, um sein okkultes Wissen zu mehren.

D – Nostradamus hat zwei Oppositionen, die auf Beziehungsschwierigkeiten deuten. Neptun (♆), der Beherrscher spiritueller Wahrheit und Illusionen steht den rückläufigen Planeten Saturn und Mars gegenüber, was Einfluß auf physische und psychologische Umgebung übt. Zu seinen schlimmsten Zeiten hätte er somit einen Märtyerkomplex. Dies spielt eine Rolle bei seinen seltenen, dann aber unvergeßlichen Zornesausbrüchen, etwa im Streit mit Scalinger. Der gleiche Aspekt taucht bei Leuten auf, deren heimlichtuerische und verschwiegene Natur Verdacht und gesellschaftliche Intrigen auslösen – wie es ihm 1537 in Agen passierte. Es ist belegt, daß neidische Ärzte den Tod von Frau und Kindern nutzten, um ihn zu diffamieren. Der rückläufige Jupiter in Konjunktion mit Saturn und Mars verwässert dies aber etwas – in Form von Optimismus. Die intuitive Kraft des Großen Wassertrigons plus rückläufigem Merkur in Konjunktion mit Sonne verleiht ihm Einsicht in das, was wahr ist, und die Gabe, aus seinen Fehlern zu lernen.
E – Quadrate im Horoskop weisen auf Schwierigkeiten und Disharmonie im Erreichen von Zielen. Hier spielen Reibungen und Spannungen in seinem Leben eine Rolle, die zu äußerster Bewußtheit herausforderten. Uranus und Pluto, der Herrscher über Mächte jenseits des Individuums und des kollektiven Unbewußten, bilden ein Quadrat. Hiervon ist seine ganze Generation betroffen, die durch die Reformation in soziales und religiöses Chaos gestürzt wurde. Der Aspekt beleuchtet die Intoleranz dieser Ära und zugleich

G und H

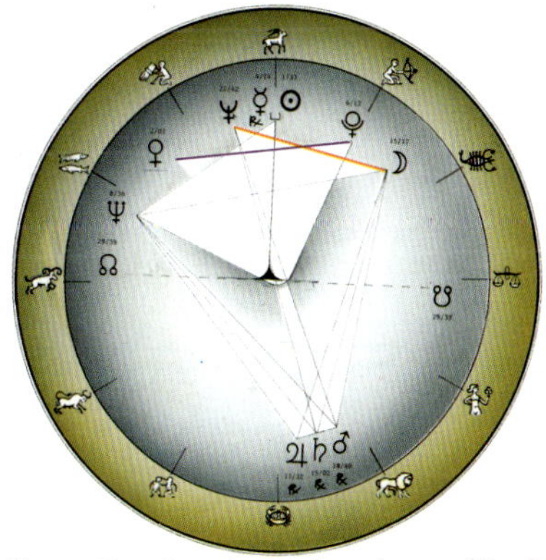

ihre Faszination durch radikale Ideen, exzentrische Berufe wie Wahrsagerei, und das Okkulte. Sein Leben wurde wiederholt chaotisch: als er vor der Inquisition floh, oder als man ihm in Montpellier neue Ideen der Medizin verwehrte, während das Volk sich hinter seinen Individualismus stellte.

F – Die Konjunktion von rückläufigem Merkur, Himmelsmitte und Sonne (☿ MC ⊙) steht im Quadrat zu seinem Aszendenten und Nord- und Süd-Mondknoten (ASC ☊☋). Der Aszendent betont das Ausdrücken innerer Ideen der Welt gegenüber, wobei die Knoten seine Beziehung zu sozialen Trends und Sitten bestimmen. Das Quadrat zeigt einen lebenslangen Kampf ums Verstehen und Verstandenwerden, und daß

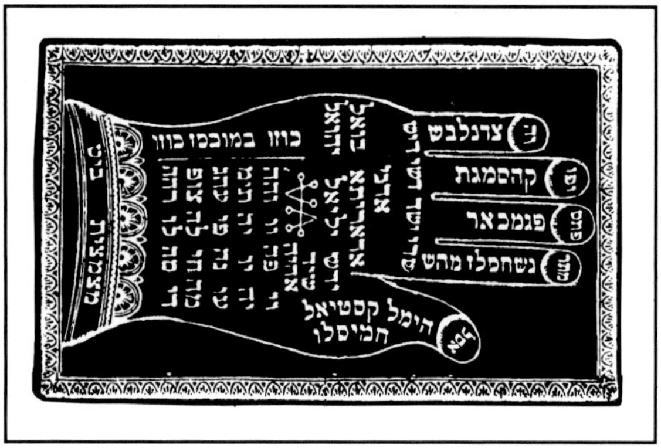

soziale Trends ihn zwangen, seine Prophezeiungen zu verschleiern oder den frommen Katholiken zu spielen, um der Kirche zu gefallen und vor Verfolgung sicher zu sein. Der Widderaszendent läßt ihn aber Probleme mit Entschlossenheit anpacken. Im Grunde liebte Nostradamus den Kampf gegen den Strom als Selbstbeweis.

G – Ein Sextil gibt ihm die Anlage, die betreffenden Planeteneigenschaften zu meistern: Mond (☽) Sextil Neptun (♆) offenbart einen Mann, der mit seinen seelischen wie praktischen Instinkten in Kontakt ist. Die meisten seiner Lebensentscheidungen dürften sich ausgezahlt haben. Betont ist auch ein scharfer Kopf, tiefe Vorstellungsgabe und transzendentale Fähigkeiten durch Nicht-Identifikation mit dem Verstand.

H – Venus (♀) Sextil Pluto (♇) agiert als Kontrapunkt zum Uranus-Pluto-Quadrat. Er kann Schwächen bei sich und anderen durch Humor und eine ausgeprägte Fähigkeit zu transzendentaler Liebe akzeptieren. Hier zeigt sich der große Heiler, der körperliche und seelische Krankheit gleichermaßen als Un-Wohlsein, als unausgewogene Energie begreift. Instinktiv konnte er erfühlen und manchmal artikulieren, mit welchen Methoden die Harmonie wieder herstellbar war. Zum Wahrsagen trieb ihn die Motivation des Heilers: den schlimmen Dingen, die da kommen sollten, wollte er durch die präventive Medizin der Bewußtmachung entgegenwirken. Würden seine Zeitgenossen, würden die kommenden Geschlechter nur die Augen aufmachen, ließe sich vieles vermeiden…

Eine vierhundertjährige For-
schung hat eine Reihe der von No-
stradamus benutzen Verschlüsse-
lungstechniken dekodiert:

1. Anagramme: Zu seiner Zeit ei
beliebtes Wortspiel. Wörter un
Sätze werden bei gleichen Buch-
staben zu anderen Wörtern etc
verrührt. *Rapis* ist *Paris* oder *ch*
ren ist *Henry,* auf lateinisch –
Henryc. Die Phonetik erlaubt de
Austausch von V und U, Y und I, S
und C, oder I und J. Nostradamus
fügte eigene Variationen hinzu –
z. B. Fallenlassen eines oder zwei
Buchstaben: *Noir* wird zu *roi* –
König. Buchstaben können ange-
fügt werden: *Hister* wird zu *Hit-*
ler, Hadrie wird zu *Henrie* und is
Henri IV. Vor diesem Hinter-
grund lassen sich Anagramme, di
einen kommenden Anti-Christ au
dem Mittleren Osten vorhersagen
folgendermaßen lesen:
Mabus – Abu Abbas, wobei da
erste A und das letzte S entfallen
Adaluncatif – Cadafi, wobei da
Wort luna und das T entfallen.

2. Orte werden nach ihrem histo-
rischen oder antiken Namen be-

EINIGE SPIELREGELN

‹annt. Die heutigen Namen wer-
len, wenn möglich, in Klammern
ieben dem Text erscheinen, z. B.
\quitaine = Frankreich, Boristhe-
ies = der Fluß Dnjepr. Menschen
ersteckt er ebenso: Die Cimbern,
in alter Germanenstamm, sind
lie Deutschen.
. Synechdoche: ein grammati-
cher Trick der antiken Rhetorik,
vo der Teil für das Ganze steht,
. B. *Paris* für *Frankreich, Boris-thenes* für die *Ukraine* oder gar
ußland.
. Ellipse: ein weiterer klassischer
rick, wobei Silben und Wörter
nterschlagen werden. Dies ist ein
äufiges Mittel, und die entfalle-
ien Wörter werden dem Text in
lammern eingefügt, z. B.:
Freunde, Verwandte, Blutsbrü-
ier (werden ihn finden) gänzlich
ot zwischen dem Bett und der
ank.»
. Länder werden oft nach
Vappen- oder Sagentieren be-
eichnet, die ihnen entsprechen,
. B. Hahn für Frankreich, Bär für
ußland, Neptun für England
der Wolf für Italien mit Bezug
auf Romulus und Remus, die sagenhaften Gründer des alten Roms, die von einer Wölfin gesäugt wurden.

6. Oft werden die vier Zeilen einer Strophe chronologisch gemischt. Die Prophezeiungen sind selten geordnet. Der Interpret muß also Schlüsselbegriffe finden, um Strophen einander zuzuordnen.

7. Namen können sich in gleichlautenden Wörtern verstecken, z.B. *de Gaulle* — der *Gallier;* oder *abas* (erniedrigen) kann *Abu Abas* heißen, da sich der Satz auf Italien bezieht und heißen kann, daß es erniedrigt oder von Palästinensern terrorisiert wird. *Pasteur* kann *Pastor* heißen oder den französischen Arzt meinen.

8. Wortspielerisch werden historische Personen und Bewegungen durch deren Insignien, Wappen oder Symbole identifiziert: z. B. *«das krumme Kreuz»* (= Hakenkreuz); *«Bienenschwärme»* (Napoleons Familienwappen trug Bienenschwärme); *«Der Adler»* (Napoleon, dessen Standarten Adler trugen).

Anmerkung zur Übersetzung: Nostradamus liebt dunkle Ausdrücke und schert sich nicht um Zeichensetzung, was die Übersetzung seiner Prophezeiungen und Briefe zusätzlich erschwert. Dieses Buch versucht, das Wesentliche in einfacher Sprache zu sagen. Die Absicht des Autors ist es, Nostradamus und seine außerordentlichen Vorhersagen einem möglichst breiten Publikum nahezubringen. Er will durchaus keine akademisch-trockene Abhandlung mit systematischer Berücksichtigung aller tausend Prophezeiungen bieten. Zur Quellenangabe unter den Vierzeilern: die römische Ziffer bezeichnet den Band der Centurie, und die arabische Ziffer den Vierzeiler. Also: 1,25 = Centurie Bd. I, Vierzeiler Nr. 25. Damit kann der Leser jederzeit die Übersetzung mit dem französischen Original und anderen Ubersetzungen vergleichen. Bei der deutschen Ubersetzung der Nostradamus- Texte wurde das französische Original berücksichtigt.

KAPITEL DREI

Das Turnier, bei dem Heinrich II. 1559 tödlich verwundet wurde.

Indem Nostradamus die Zukunft weissagte, beeinflußte er sie zugleich. Als Lotse der Katharina von Medici durch die turbulentesten Jahre des 16. Jahrhunderts hindurch spielte Nostradamus eine Schlüsselrolle. 1560 lud ihn die verwitwete Königin ins Schloß Chaumont, um sich über die zukünftigen Chancen des Hauses Valois endgültig Klarheit zu verschaffen – der junge Thronfolger Franz II. drohte bereits zu sterben! Um Mitternacht betrat die Königin die dunkle Alchemistenküche von Chaumont. Nostradamus, in der Hand eine Kerze, bedeutete ihr, sich in einen auf dem Steinboden markierten Zauberkreis vor einen magischen Spiegel zu stellen. In den Winkeln des Spiegels standen, in Taubenblut geschrieben, die vier hebräischen Namen Gottes: Yahweh, Elohim, Mitratron und Adonai. Er nimmt sie bei der Hand und fordert mit leisem Gesang den Engel Anael auf, die Kräfte des Spiegels zu wecken. Wolkiges, fahles Licht suggeriert auf dem dunklen Bleiglas ein anderes Zimmer, jenseits der vier Wände des Labors. Der junge Franz erscheint und starrt seine Mutter an. Er dreht in dem imaginären Raum eine Runde, dann geht er. Sie wissen, was das heißt: er wird sterben. Dann ruft der lallende Singsang des Propheten die nächste Vision – Karl. Der umschreitet den Raum vierzehnmal, ehe er geht. Vierzehn Jahre nur wird er regieren! Jetzt erscheint Katharinas Lieblingskind, der künftige Heinrich III. Sie sehen zu, wie er fünfzehnmal den Raum abmißt. Die entsetzte Königin sucht sich zu fassen, denn einer fehlt noch: ihr letzter Sohn, der Herzog von Alencon. Das Bild des Kleinen verfließt mit dem eines anderen Prinzen – Heinrich von Navarra. »Oh nein! Nein!« schreit sie und beißt sich verzweifelt in die Hand.

FELDHERREN UND KÖNIGE

Nostradamus und Katharina von Medici trieben gemeinsam Dinge, die damals als heidnische Rituale absolut gegen die Vorschriften der Inquisition verstießen.

Nostradamus behaucht den Spiegel, um das Bild des Hugenottenfürsten zu verscheuchen. Später fragt ihn die Königin, ob das Spiegelbild sie nicht vielleicht trüge? Er pocht darauf, daß es nicht lügen kann. Dieses Bild sollte sie ihr Leben lang verfolgen. Es beeinflußte sie so, daß sie beschloß, ihre Tochter Margarite mit Heinrich von Navarra zu verheiraten, um zumindest ein Überleben der weiblichen Linie des Hauses Valois zu sichern.

Er, der im Lanzenwettstreit in einem Kriegsakt
Den Sieg über einen Größeren errungen haben wird:
Zu sechst werden sie nachts den Groll an sein Bett bringen,
Ohne seine Rüstung wird er plötzlich überrascht.

III,30

Montgomery «trug den Sieg» in einem Turnier («Kriegsakt») über Heinrich II. davon. Nach dessen Tod floh Montgomery aus Paris und wurde später in der Normandie während des Religionskrieges protestantischer Heerführer. Auf seiner Fahne prangte das Symbol der zerbrochenen Lanze – eine posthume Beleidigung Heinrichs II. Katharina von Medici nahm Rache («Groll»). Zweifellos identifizierte sie Montgomery in diesem Vierzeiler, denn sie ließ den Hugenottenfürsten buchstäblich von sechs Männern aus dem Bett («ohne seine Rüstung») holen und später hinrichten.

KRIEG DER DREI HEINRICHE

Der Tod Heinrichs II. im Jahre 1559 löste einen über dreißigjährigen blutigen Religionskrieg zwischen den Katholiken und Protestanten Frankreichs aus. Der sich zuspitzende Machtkampf zwischen den drei Hauptdarstellern dieses Dramas wurde von Nostradamus vorweggenommen, als alle drei noch in der Wiege lagen.

HEINRICH III.
«Der große Mann von Blois»

HEINRICH, HERZOG VON GUISE
Der Erbe des Hauses Lothringen

HEINRICH VON NAVARRA
«Der große Hadrie»

Das Jahr, von dem Nostradamus spricht, ist 1559, als Heinrich II. geblendet und getötet wurde. Die Hugenotten nützten die schwache Stunde der katholischen Herrschaft. In den Achtzigern spaltete sich außerdem der Hof («doppelter Zweifel») zwischen Heinrich III. und Heinrich von Guise. Als Nostradmus 1556 die Horoskope der Valois-Kinder stellte, sah er bereits die Ermordung Guises durch Heinrich voraus, die zweiunddreißig Jahre später in Blois stattfinden sollte.

Im Jahre, da Frankreich einen einäugigen König hat,
Wird der Hof schreckliche Zeiten erleben.
Der große Mann von Blois wird seinen Freund ermorden,
Das Reich gerät in Böses und doppelten Zweifel.

III,55

Politisch waren Sizilien und Neapel insgesamt nur dreimal alliiert: Heinrich wurde 1562 – genau zu einem solchen Zeitpunkt – zum König von Navarra gekrönt. Die erwähnten Ortschaften liegen in Navarra. Heinrich sagte sich klugerweise vom Calvinismus los und überlebte so die Bartholomäusnacht – das Blutbad Karls des IX., der «zu eng mit Spanien alliiert» war. Heinrichs Bereitschaft, im rechten Moment das Gebetbuch zu wechseln, trug ihm später den französischen Thron ein.

Er, der das Königreich Navarra bekommt,
Wenn Sizilien und Neapel sich alliiert haben werden,
Wird Bigorre und Landes bis Foix und Oloron halten,
Gegen einen, der zu eng mit Spanien alliiert ist.

III,25

DIE ERMORDUNG GUISES

In zwei Prophezeiungen beschreibt Nostradamus mit äußerster Knappheit den folgenschweren Mord an den Brüdern Guise.
«Paris verschwört sich zu einem großen Mord...»
Im Louvre weiht Heinrich III. seine Minister in seinen Plan ein, Guise zu ermorden. Unter dem Mantel der Freundschaft soll er nach Blois zu einer Versammlung der Reichsstände – des französischen Parlaments – eingeladen werden.
«...Blois stellt sicher, daß alles nach Plan geschieht.»
«Blois» heißt zweierlei: es steht sowohl für Heinrich III., als auch für das Schloß, wo Guise in seinem Schlafzimmer unter den Messerstichen der homosexuellen Leibgarde des Königs stirbt.
«...Das Volk von Orleans wird einen anderen Führer fordern...»
D'Entraques, von Heinrich III. zum Nachfolger Guises als Gouverneur von Orleans ernannt, wird dort mit offener Rebellion empfangen.
«.,.Angers, Troyes und Langres werden ihnen keinen Gefallen tun...»
Diese drei Hugenottenstädte brachten der katholischen Liga Niederlagen bei.
«...Den König bedrückt die Antwort der Königin...»
Katharina von Medici tobt. Sie fühlt sich durch den furchtbaren Fehlgriff ihres Sohns kompromittiert. Ihre Verzweiflung beschleunigt ihren Tod.
«...Die ängstlichen Gesandten nehmen ihr Leben in eigene Hände...»
Die Abgesandten der Reichsstände sagen sich nach dem Mord an Guise und seinem Bruder, dem Kardinal, am nächsten Morgen von Heinrich III. los; sie stellen sich voll hinter den letzten der Brüder, den Herzog von Mayenne.
«...Der größere der Brüder wird sein Vorgehen doppelt tarnen...»
Mayenne «tarnt sich doppelt», indem er sich die beiden Titel seiner Brüder zulegt: Generalleutnant Frankreichs und Kommandant der katholischen Liga.
«...Zwei von ihnen werden durch Wut, Haß und Neid sterben...»
I,85
Die zwei sind Heinrich von Guise und Kardinal Louis – sie sterben durch den Neid ihres Königs.

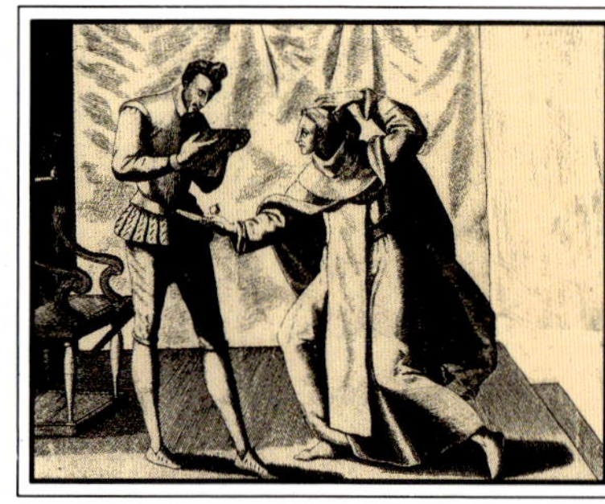

DAS ATTENTAT AUF HEINRICH III.

Heinrich III. hatte verspielt. Er floh ins protestantische Lager und suchte Schutz bei seinem Verwandten, Heinrich von Navarra. Katholische Priester wie Laien beteten um einen Rächer an dem verräterischen Monarchen. Endlich ließ sich ein Dominikaner, Bruder Clément, zum Königsmord herbei, nachdem man ihm aus der Bibel bewiesen hatte, er werde dafür nicht in der Hölle schmoren müssen... Clément erwirkte am 1. August eine Privataudienz in St. Cloud. Was Pulver und Schwert nicht vermochten, das gelang einem süßholzraspelnden Priester: Clément tötete Heinrich, wie es Nostradamus dreißig Jahre zuvor geweissagt hatte. Er bat den König, ihm ein Geheimnis ins Ohr flüstern zu dürfen – und erdolchte ihn. Der Todesschrei rief die Leibwächter auf den Plan: Clément stellte sich ihren gezückten Degen, die Arme ausgebreitet wie Jesus am Kreuz.

1594: HEINRICH VON NAVARRA AUF DEM THRON FRANKREICHS

Der Bürgerkrieg endete mit einer Episode, die Nostradamus vierzig Jahre zuvor beschrieben hatte. Der Herzog von Mayenne, Navarras letzter Rivale, befürchtete, die mächtigen Reichsstände könnten ihn hindern, im Namen der Katholischen Liga nach der Krone zu greifen. In II,55 sagt der Prophet:

«In diesem Zwist wird der große Mann von wenig Arbeit
An seinem Ende eine erstaunliche Tat vollbringen...»

Mayenne lud die Reichsstände zu einem Bankett, um ihre Zweifel zu zerstreuen. Am folgenden Abend ließ er sie alle ermorden. Zeile vier sagt:

«...Er erdolcht die Stolzen bei einem Bankett...»

Chronologisch gesehen ist Zeile drei der Abschluß des Vierzeilers:

«...Während Hadrie erkennt, was not tut...»

Hadrie ist wiederum ein Anagram für Heinrich von Navarra, der aus Mayennes Unbedachtheit Kapital schlägt und Katholik wird. «Paris ist eine Messe wert», erklärt er – und eint Frankreich kurzerhand durch einen Etikettentausch.

Jetzt hatte sich Katharinas «Spiegelweissagung» aufs Wort erfüllt. Alle ihre Söhne waren tot, und 1594 wurde Heinrich von Navarra zu Heinrich IV. Der große Machtkampf zwischen ihm und dem Geschlecht der Guise war beendet.

Heinrich IV. gab den Hugenotten Glaubensfreiheit. Er schenkte Frankreich sechzehn heilende Jahre des Wiederaufbaus. 1610 erstach ihn ein Fanatiker bei einer Promenade des Hofs auf der Rue Ferronniere in Paris. Im «Mercure Français» von 1619 wird eine Himmelserscheinung jenes Tages beschrieben, angeblich von vielen bezeugt. Zehn- bis zwölftausend gewappnete «Geister» wären bis Sonnenuntergang am Himmel auf und ab marschiert. Mit genau diesem Omen – das hier freilich rückwirkend «bestätigt» worden sein mag – beginnt Nostradamus folgende Prophezeiung: *«Die Waffen kämpfen lange im Himmel. Der Baum ist mitten in der Stadt gefallen. Eine Klinge schneidet den heiligen Zweig ab, Tison gegenüber, dann stürzt der König Hadrie.»* (III,11) Heinrich, der baumstarke Monarch, wird hier als gefällter Stamm beschrieben. Er ist der «heilige Zweig» des Hauses Bourbon – heilig, weil ein König als von Gott geweiht galt; und «abgeschnitten» wird er von der Klinge eines Mörders. Die Rue Tison ist unweit der Stelle, wo Heinrich fiel.

War es eine Art Nordlicht, was 1619 im Mercure Francais als eine Armee von bewaffneten Geistern beschrieben wurde, die am Abend des Attentats auf Heinrich IV. am Himmel über Paris erschien?

Wie oft noch wirst du, Stadt der Sonne, eingenommen werden?
Die Gesetze ändernd, die barbarisch und nutzlos sind:
Unheil naht dir. Du wirst nicht länger versklavt bleiben,
Der große Hadrie wird deine Adern beleben.

I,8

Nostradamus sagt Paris und ganz Frankreich glückliche Zeiten voraus. Der doppelte Sinn von «die Adern beleben»: Während der sechsmonatigen Belagerung schickte Heinrich Nahrung für die hungernde Bevölkerung. Später, als unbestrittener König, «belebte» er das französische Volk mit Frieden und Wohlstand.

AUFSTIEG UND FALL DES BRITISCHEN WELTREICHS (1658–1961)

Ein großes Weltreich wird England sein,
Alleinbeherrscher der See,
über dreihundert Jahre lang:
Große Truppenbewegungen zu Land und Meer.
Die Portugiesen werden nicht erfreut sein.

X,100

Mehr Schlächter denn König von England,
Von dunkler Herkunft, wird er mit Gewalt die Herrschaft an sich reißen.
Ein Feigling ohne Gottvertrauen und Gesetz, wird er das Land ausbluten.
Seine Zeit ist so nah, daß ich seufze.

VIII,76

KARL I.

Als Nostradamus diese Worte schrieb, war England eine unbedeutende Seemacht. Aber er erklärte kühn, das Inselreich werde die großen Kolonialmächte seiner Zeit – wie Portugal – in den Schatten stellen und über alle Meere herrschen. Wo setzt Nostradamus aber seine dreihundert Jahre an? Wir wissen, wann das Empire etwa endete – kurz nach dem Zweiten Weltkrieg, als seine ökonomische Kraft erschöpft war, und seine Kolonien laut nach Freiheit riefen. Anfang der Sechziger war das Britische Weltreich praktisch aufgelöst. Damit wäre sein Anfang, folgt man Nostradamus, etwa nach Oliver Cromwell anzusetzen, dessen puritanische Zwangsmaßnahmen das Land zur Weltmacht hochpeitschten. Das «Englische Seefahrts-Gesetz» von 1561 führte zum schnellen Wachstum der Handelsmarine und zur Beherrschung der Weltschiffahrtswege.

Die Geburt Oliver Cromwells ist für einen Mann, dessen prophetische Schau sich siebentausend Jahre nach vorn erstreckt, nur einen Katzensprung weit entfernt. Er hegte keine Sympathie für den flammenden Puritaner und Anführer der «Rundköpfe». Cromwell «schlachtete» einen König und ließ England als Diktator «bluten». Nostradamus beeindruckte auch nicht Cromwells Schlüsselrolle beim Aufstieg Englands zur Weltmacht. Mithilfe seines Bronzebeckens blickte er wohl tiefer in Cromwells Charakter hinein als kaum ein anderer. Der Mann, der sich öffentlich rühmte, in Gottes Obhut zu stehen, schnürte hinter verrschlossener Türe seine kugelsichere Weste ab: Cromwell hatte panische Angst vor Meuchelmord, und war, wie Nostradamus sagt, *«ein Feigling ohne Gottvertrauen.»*

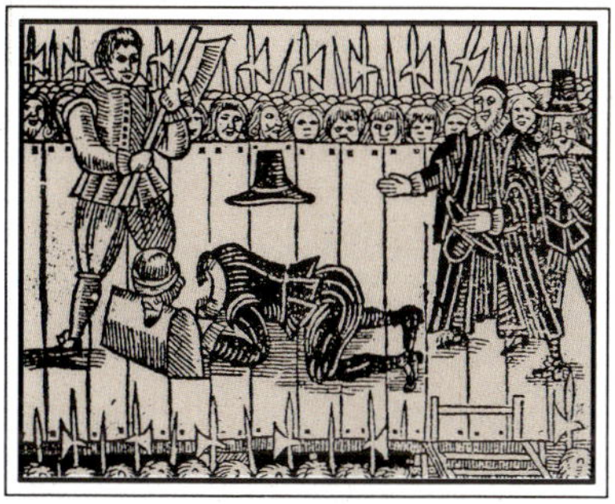

DIE HINRICHTUNG KARLS I.

DER GROSSBRAND VON LONDON

Der göttliche Zorn wird den
großen Fürsten ereilen,
Kurze Zeit vorher wird er eine Frau
genommen haben,
Anhang wie Glaubwürdigkeit werden
plötzlich schwinden,
Ratsbeschluß, er wird sterben
wegen der geschorenen Köpfe.

I,88

Die Festung nahe der Themse wird
fallen,
Mit dem König innen eingesperrt.
Er wird nahe der Brücke im Hemd
gesehen werden,
Einer vor dem Tod, dann im Fort
verriegelt.

VIII,37

Das Blut der Gerechten wird
London abverlangt werden,
Vom Feuer verbrannt im Jahr
sechsundsechzig.
Die alte Dame wird von ihrem hohen
Ort stürzen.
Und viele von der gleichen Sekte
werden getötet werden.

II,51

Nostradamus beschreibt den Tod Karls I. als Opfer der Rundköpfe Oliver Cromwells.

Die Hinrichtung (Zeile eins und vier); Zeile zwei und drei: der festgenommene König wird zwischendurch nach Windsor gebracht.

Nostradamus weissagt aufs Jahr genau den Großbrand Londons: 1666

ZWEIHUNDERT UND NEUNZIG JAHRE

In vier kurzen Zeilen wird der Aufstieg und Fall des Britischen Imperiums am Thema des Königblutes abgewickelt.

Siebenmal wird man die britische
Nation wechseln sehen,
Gefärbt (oder gefleckt) in Blut, in
zweihundertneunzig Jahren.
Keineswegs frei von Germaniens
Einfluß,
Aries zweifelt am Beschützer Polens.

III,57

ELISABETH I.

Das Haus Tudor stirbt mit Königin Elisabeth I. aus. Mit Jakob I. gelangt 1603 das Haus Stuart auf den Thron.

OLIVER CROMWELL

Der englische Bürgerkrieg bringt einen gewaltsameren Blutswechsel. Das Wort «taintz», das der Prophet benutzt, kann «gefärbt» heißen und das berühmte Rot der Soldatenröcke meinen, die Cromwell einführte, und die bis Ende des Reichs Symbol britischer Macht blieben.

SIEBEN WECHSEL DES BLUTES

KARL II.

1660 kehrt mit Karl II. das Haus Stuart nach Cromwells Diktatur auf den Thron zurück.

WILHELM III.

Die glorreiche Revolution von 1688 verdrängt die Stuarts zugunsten von Wilhelm von Oranien.

KÖNIGIN ANNE

Mit Königin Anne feiert 1702 das Haus Stuart sein Come-back.

GEORG I. 1714

gelangt mit Georg von Hannover deutsches Königsblut auf den Thron, vorgewärmt durch Königin Anne.

HITLER

Zeile vier sagt das Ende der Macht königlichen Blutes unter einem bösartigeren germanischen Einfluß voraus: das Gemetzel des Zweiten Weltkrieges, das Hitler (Aries = Kriegsgott) anstiftet, da er bezweifelt, daß England zum Schutze Polens in den Krieg ziehen wird.

LUDWIG XIV.

Einer der vielen Pilger zum Grab des Nostradamus war Ludwig XIV., wohl angelockt durch den Duplikat-Vierzeiler X,100. Jaubert hatte den Text 1656 folgendermaßen interpretiert: *«Diesem Vierzeiler zufolge scheint der König von Frankreich 1660 zum Herrn der Welt aufzusteigen. Man mag dies wohl hoffen, doch scheint es zweifelhaft, daß es Wirklichkeit wird.»*

Ludwig mag diese Prophezeiung ernst genug genommen haben, um dem Grab des Propheten mit der Königin und seinem Mentor Kardinal Mazarin Anfang 1660 einen Besuch abzustatten. Der Vierzeiler beginnt mit einem Rätsel:

«Wenn die Gabel von zwei Stielen gestützt sein wird,
Mit sechs Halbkörpern und sechs offenen Scheren...»

Gemeint sind römische Zahlen: Die Gabel ist V; gestützt von zwei Stielen wird M daraus. Sechs Halbkörper – Cs, und sechs offene Scheren – Xs, ergeben insgesamt: MCCCCCCXXXXXX, also das Jahr 1660, von dem es weiter heißt:

Die Wände werden nicht mehr aus Ziegelsteinen, sondern aus Marmor sein.
Siebenundfünfzig friedvolle Jahre:
Freude der Menschheit, der Aquädukt erneuert, Gesundheit, reichlich Früchte, honigsüße Zeiten.

X,89

KAISER DER WELT – 1660...

Im Kopfe des Widders (liegt) Jupiter und Saturn.
Ewiger Gott, welche Veränderungen!
Dann werden, nach einem langen Jahrhundert, die schlimmen Zeiten zurückkehren
Welch Aufruhr in Frankreich und Italien!

I,51

«Wird ein sehr mächtiger Herr, Erbe der Kröten, die ganze Welt unter seine Herrschaft bringen.»

Der künftige «Sonnenkönig» Frankreichs hatte schon mit zweiundzwanzig eine Meinung von sich, die der hohen Vision des Propheten entsprach. Und gleich einer Sonne sollte er sich ganz Frankreich unterwerfen. Das Wappentier seiner Ahnen, der Merowingerkönige, war die Kröte gewesen. Ludwig wurde erst 1661 Alleinherrscher Frankreichs, nachdem Kardinal Mazarin gestorben war.

Ludwig hat einmal gesagt: «Wenn es schon Krieg geben muß, dann wenigstens gegen meine Feinde und nicht gegen meine Kinder.» Obschon er sein Leben lang Kriege führte, konnte er sein Versprechen halten. Nach der Schlacht von Dunes im Jahre 1657 erlebte Frankreich in den verbleibenden siebenundfünfzig Jahren des Sonnenkönigs keinen Krieg mehr innerhalb seiner Grenzen. Seine Herrschaft war geprägt durch unermüdliches Bauen. Der Palast von Versailles entstand auf Ludwigs Befehl, und ein Netz von Kanälen wurde gegraben – deren wichtigster «Midi» (Süden) getauft wurde und den Atlantik mit dem Mittelmeer verband.

Anfang des 17. Jahrhunderts konnte sich kaum einer – zumindest kein Lebender – vorstellen, daß sich am Gedeihen Frankreichs noch einmal etwas ändern könne. Im Vierzeiler I,51 sieht Nostradamus jedoch, nun schon eineinhalb Jahrhunderte tot, anhand astrologischer Daten düstere Zeiten voraus. Die hier zitierte Konjunktion von Jupiter und Saturn in Aries fand am 13. Dezember 1702 statt. Hundert Jahre später, 1802, geriet Frankreich unter die Diktatur Napoleons und führte schon im achten Jahr Krieg mit Italien. Napoleon füllte die Herrschaftslücke, die durch das Chaos der Französischen Revolution entstanden war, und führte dreizehn Jahre lang Krieg, wobei er mit dem Blut seiner Landsleute ein Weltreich gewann und verlor.

Die ältere Schwester der Britischen Inseln
Wird fünfzehn Jahre vor ihrem Bruder geboren werden.
Weil sein Versprechen sich als wahr erweist,
Wird sie im Reich der Waage die Führung übernehmen.

IV,96

Die ältere Schwester Großbritanniens ist die amerikanische Kolonie. Dieser stolzeste Besitz Englands, von Nostradamus im Bild der «älteren Schwester» symbolisiert, wurde durch die Hilfe einer Allianz mit Frankreich zur Republik – hier als der Bruder des jungen Amerika. Unterstützt durch Frankreich besiegt Amerika England und wächst zu einer Großmacht heran. Das *«Reich der Waage»* ist die Demokratie, in der vierten Zeile mit dem Bild der Waage der Gerechtigkeit umschrieben.

Nostradamus datiert hier exakt die Entstehung der Ersten Republik Frankreichs fünfzehn Jahre später. Doch sah Nostradamus bereits, wie noch zu zeigen sein wird, den Schatten der Guillotine über ihr...

KAPITEL VIER: IM SCHA

Eines Tages wird Nostradamus auf den Straßen Salons von einer Rotte Cabanen verfolgt. Er dreht sich um und brüllt: «Packt euch, Hunde!» und droht mit seinem furchterregenden Stock. Er ruft ihnen nach: «Ihr werdet eure schmutzigen Füße nie auf meinen Nacken setzen, solange ich lebe – und auch nicht nach meinem Tod!» Nostradamus machte seine Drohung wahr. Auf seinem Sterbebett bat er seine Frau, seine Leiche aufrecht in der Mauer der Minoritenkirche von Salon beizusetzen. In den folgenden Jahrhunderten verdichtete sich das Gerücht, ein Geheimdokument, mit dem sich alle seine Prophezeiungen entschlüsseln ließen, liege mit ihm im Sarg. Im Jahre 1700 beschlossen die Stadtväter, seine berühmten Überreste an eine sichtbarere Stelle in der Kirchenmauer zu verpflanzen. Dabei warfen sie auch einen scheuen Blick in Innere des Sarkophags, trotz der Warnung in einem Vierzeiler, ja nicht sein Grab zu entweihen.

TTEN DER GUILLOTINE

Der Mann, der das Grab öffnet, wenn
es entdeckt wird,
Und es nicht sofort wieder schließt,
Den wird sein Schicksal ereilen, ohne
daß jemand
es wird nachweisen können...

IX,7

EXHUMIERUNG...

Man fand kein Geheimpapier, dafür aber einen sonderbaren Streich, der einhundertvierunddreißig Jahre auf die Pointe gewartet hatte: an seinem Skelett hing ein Medaillon mit der eingravierten Jahreszahl 1700. Ehrfurchtsstarr versiegelten die Stadtväter den Sarg an seinem neuen Ort, wo er weitere einundneunzig Jahre lang ungestört stand.

Eines Nachts im Jahre 1791, während der Revolution, brach eine betrunkene Bande der Nationalgarde von Marseille auf der Suche nach Beute in die Kirche ein. Mit Hacken und Bajonetten hatte man bald die zweimetervierzig lange Grabdecke über dem Nostradamus-Sarg entfernt. Der Bürgermeister von Salon, geweckt durch das Gegröhle und das zukkende Licht der Fackeln, überraschte die Bande bei einer makabren Szene:

Soldaten und Stadtvolk tanzten, die Knochen des Propheten in die Luft werfend, um einen heruntergekommenen Nationalgardisten herum, während dieser Wein aus Nostradamus' Totenschädel trank. Der Tölpel hatte sich von den Leuten den alten Aberglauben aufbinden lassen, wer immer das Blut aus dem Schädel des Propheten trinke, auf den ginge seine prophetische Kraft über. Wein kam Blut am nächsten – und so trank man sich genug Mut an, dem alten Propheten ins Gesicht zu lachen, samt seiner Warnung, wer immer sein Grab zu entweihen wage, den werde ein schneller und gewaltsamer Tod ereilen. Der Bürgermeister mußte schnell handeln, wollte er nicht mitansehen, wie der kostbarste Sack Knochen der Stadt als Souvenirs abhanden kam.

Er konnte die Soldaten davon überzeugen, daß Nostradamus ein Held der Revolution sei, da er sie selbst vorhergesagt habe. Bald hatte er sie soweit, daß sie brav die überall verstreuten Knochen wieder einsammelten. Was übrig geblieben war, ließ er anschließend vergraben. Am nächsten Morgen fielen die Nationalgardisten auf der Straße nach Marseille einem

Das Haus im südfranzösischen Salon, in dem Nostradamus gelebt hat, ist heute Museum.

royalistischen Überfall zum Opfer. Die Kugel eines Heckenschützen befreite den Soldaten, der den Schädel des Propheten als Weinglas benutzt hatte, von Kater und Leben.

Am 14. Juli 1789 spähten die Wärter der Bastille durch die altersmorschen Zinnen auf einen pikenbewehrten Mob hinunter, der sich dort kochend vor Wut zusammenballte. Diese Festung mitten in Paris war Inbegriff der verhaßten Monarchie. Die Handvoll zahnloser Greise war schnell überwältigt, und manche von den wenigen Gefangenen wollten gar nicht befreit und in die beginnenden Revolutionswirren gestürzt werden. An den ersten zehn Tagen nach der «Befreiung» der Bastille konnten dort neugierige Besucher an einem Tisch vorbeidefilieren, auf dem der erste Band der «Centurien» an der Stelle des Vorwortes aufgeschlagen lag, wo der Prophet zweihundertdreiundsiebzig Jahre zuvor die Französische Revolution mit den Worten vorausgesagt hatte: «...die kommende Machtergreifung des gemeinen Volkes». In seinem Schreiben an König Heinrich II. spricht Nostradamus von dem Tag, da die Kirche nicht nur in ihrer Heiligkeit angezweifelt, sondern von seinen Untertanen sogar gestürzt werde. «...*Sie werden die christliche Kirche schärfer verfolgen, als sie es je in Afrika wurde, und dies wird andauern bis 1792. Dieses Jahr markiert ihrer Meinung nach den Beginn einer neuen Zeitrechnung*...»

Die Verfolgung der christlichen Kirche begann zwar erst 1792, jedoch sah Nostradamus richtig voraus, daß dies das Jahr war, in dem die Revolutionäre den alten Kalender verwerfen und ein neues Zeitalter ausrufen sollten.

DIE FRANZÖSISCHE REVOLUTION

MARAT

Einer von den «kopflosen Idioten», die allesamt den Exzessen ihrer Revolution zum Opfer fielen.

Kaum eine Geschichtsepoche hat Nostradamus mit solcher Genauigkeit vorausgesehen wie die Französische Revolution. Die entsprechenden Vierzeiler verraten das Entsetzen und die Fassungslosigkeit, die diesen frühen «Augenzeugen» der Moderne packen, als er seine ersten Kostproben ihres Getöses wiedergibt.

Münzen entwertet vom Geist des Königreichs,
Das Volk aufgewiegelt gegen seinen König.
Neue Heilige verkünden den Frieden,
heilige Gesetze schlimmerer Art,
Paris sah noch nie solchen Aufruhr.

VI,23

Wenn die Sänften im Wirbelsturm umgestürzt werden,
Und die Gesichter von Mänteln bedeckt sind,
Wird die neue Republik durch ihre
Menschen in Bedrängnis geraten.
Zu dieser Zeit werden erst Weiße,
dann Rote falsch regieren.

I,3

Vom versklavten (slavischen) Volke
Lieder, Gesänge und Forderungen,
Die Fürsten und Herren werden in Gefängnisse gesperrt:
In Zukunft gelten solchen kopflosen Idioten
Derlei (Forderungen) für Worte aus Gottes Mund.

I,14

Die Anführer der Revolution, gesäugt vom Witz Voltaires und der Aufrichtigkeit Rousseaus, ließen sich von der Welle der Unzufriedenheit im Volk wegen Inflation und Brotmangel hochtragen und nutzten die Stunde, um Ludwig XVI. und die Aristokratie zu stürzen.

Nostradamus sieht voraus, daß das «gemeine Volk» die Sänften der Adligen umstürzen wird. Der Wirbelsturm der Revolution zwang sie, Frankreich als Flüchtlinge zu verlassen – das Gesicht im Mantel verhüllt auf der windigen Überfahrt nach England. «Verhüllte Köpfe» fielen aber auch in den blutigen Korb der Guillotine. Die «Weißen» sind die Bourbonen mit ihrer weißen Kokarde. Sie nahmen von den Bedürfnissen ihres Volkes keine Notiz und luden so die Katastrophe ein.

Es ist, als hätte Nostradamus den zerlumpten Pariser Mob eines entfernten Jahrhunderts leibhaftig vor sich gesehen und gehört, wie er, Slogans skandierend oder die Marseillaise singend, durch enge Gassen marschiert. Männer wie Robespierre und Danton nannten sich gegenseitig «Wahnsinnige». Für Nostradamus sind sie «kopflose Idioten» – eine Anspielung sowohl auf ihren Charakter als auch ihr schließliches Los.

DIE FLUCHT NACH VARENNES

Ludwig XVI., der der Revolution zum Opfer fiel. Die Karikatur zeigt ihn links als Staatsgewand, in der Mitte als schlichten Menschen, rechts als König.

Die Franzosen sehen vielleicht zum ersten Mal im Souverän den gewöhnlichen Sterblichen.

Wenn der «Bour» sehr «bon» ist,
Und Anzeichen von Gerechtigkeit zeigt,
Wird er auf den ältesten Namen seines Geschlechts hören:
Durch Flucht wird ihn seine ungerechte Strafe ereilen.

VII,44

Historiker führen die Revolution auf die lasche Führung Ludwigs zurück. Mag sein, daß seine Abneigung gegen Gewalt keine Führungsqualität war, aber sie machte ihn dafür umso menschlicher. Nostradamus hatte offenbar eine Schwäche für Ludwig, der – wie er richtig voraussieht – den Juden gleiche Rechte gewährte.

Als die Revolutionäre ihn zwangen, seine Macht an die neue konstitutionelle Monarchie abzutreten, mußte er für seinen Königsnamen «Bourbon» den Namen «Capet» annehmen – nach den Capetingern, dem *«ältesten Namen seines Geschlechts»*. Als er mit der ganzen Familie aus den Tuillerien floh, wo sie praktisch gefangensaßen, mußte er dafür mit dem Leben bezahlen.

Am Abend des 20. Juni 1791 verließ die Königsfamilie, getarnt als Gefolge der Baronin von Korff, Paris in einer schweren Berline und floh auf staubigen Straßen nach Norden, der Grenze, der Freiheit zu. Ihre Fahrt endete am 21. um Mitternacht in Varennes. Der Bürgermeister der Stadt – er hieß Sauce – lud die verstaubte Reisegesellschaft in seinem Krämerladen zu Erfrischungen ein. Gemeinsam mit seiner Frau traktierte er sie mit Wein und neugierigen Fragen. Der nervöse Mann in Grau, mit Kappe und Mantel an einen Karmeliter erinnernd, war Sauce ebenso verdächtig wie die Frau in Weiß, deren schlichtes Äußeres ihrem königlichen Gebaren widersprach.

«ICH LIEBE MEINEN KÖNIG...»

Die Festnahme der königlichen Familie auf der Flucht in Varennes.

Sie wurden von einem Mann erkannt, der zufällig den Laden betrat. Sauce schickte ihn zur Garnison, um Alarm zu schlagen. Marie Antoinette flehte Madame Sauce mit tränenüberströmtem Gesicht an, sie und ihre Familie die Reise fortsetzen zu lassen. Madame Sauce ließ sich nicht rühren. «Ich liebe den König, aber ich liebe auch meinen Mann, und will nicht, daß er den Kopf verliert.» Gefangen und bewacht kehrt die königliche Familie nach Paris zurück. Mehr als zweihundertdreißig Jahre zuvor hatte jemand diese traurige Episode bis ins lebendige Detail vorausgesehen – Nostradamus.

KÖNIGIN WEISS WIE STEIN...

Dieser erstaunliche Vierzeiler, rechts, ist bis ins Detail korrekt. Seine Zählung (20) entspricht dem Datum der versuchten Flucht. Ihre Kutsche rumpelte am Wald von Reines vorbei – ein Umweg wegen schlechter Straßen und Pferdemangel. *«Verschwiegen»* beschreibt das ganze Klima der Flucht. *«Ehepaar»* und *«Mönch»* waren Wörter, die mehrfach von Zeugen gebraucht wurden, die sie auf ihrer Flucht gesehen hatten. *«Königin weiß (wie) Stein»* spricht Bände über Marie Antoinette; sie war weiß gekleidet; ihr Haar, sagt man, sei über Nacht weiß geworden vor Gram; auch trifft dies Bild ihre unpopuläre abweisende Kühle. *«Gewählter Cap»*: Capet war unter der neuen Verfassung «gewählter» Monarch. Der «Sturm», den er «entfesselt», ist die royalistische Gegenrevolution, ausgelöst durch seinen Tod. Sie wird von den Republikanern mit der Guillotine *(«blutiges Schneiden»)* beantwortet. Der Bürgermeister von Varennes wird in einem Vierzeiler, der zwei Grausamkeiten in den Tuillerien beschreibt – die Verhöhnung des Königs und die Niedermetzelung seiner Schweizer Garde – sogar namentlich erwähnt. Der *«Ehemann»* in diesem Vierzeiler entspricht dem *«Ehepaar»* aus der Prophezeiung der Festnahme. Es ist Louis, der sich hier allein in seinen Zimmern in den Tuillerien dem aufgebrachten Mob stellt. Sie zwingen ihn, die Jakobinermütze aufzusetzen, die Nostradamus *«Mitra»* nennt, nach der Mütze der Priester des Gottes Mithras, der die Jakobinermütze nachgebildet war.

Des Nachts wird er am Wald von Reines vorbeikommen.
Ein Ehepaar, verschwiegener Reiseweg.
Königin weiß (wie) Stein:
Ein Mönchskönig in Grau in Varennes.
Gewählter Cap entfesselt Sturm,
Feuer und blutiges Schneiden.

IX,20

Dem Ehemann, allein, niedergeschlagen, wird die Mitra aufgesetzt.
Zurück in den Tuillerien wird Konflikt ausbrechen,
Durch die fünfhundert wird einer der Verräter geadelt.
Narbon und Saulce, wir werden Öl haben für unsere Klingen.

IX,35

Für die Tuillerien gebraucht Nostradamus das Wort *«le thuille»* – *«Ort der Ziegel»*. Als Nostradamus 1556 in Paris war, befand sich an dem Ort des späteren Königspalastes noch jene Ziegelei, die ihm den Namen gab. Im August 1792 wurden die Tuillerien bei einem blutigen Angriff der fünfhundertdreizehn «Fédérés» geplündert, die als die «Les 500 Marseillais» in die Geschichte eingingen – ihres Liedes wegen, das zur französischen Nationalhymne wurde.

Der geehrte *«Verräter»* ist Sauce, hier mit archaischem *L* buchstabiert. Narbon hieß ein Gemäßigter, der in der Nationalversammlung versuchte, die Begnadigung des Königs zu erwirken. So nennt Nostradamus den radikalen Sauce mit dem gemäßigten Narbon in einer einzigen Zeile (Z.4 von IX,35), und sagt kryptisch: *«Wir werden Öl haben für unsere Klingen.»* Hier häufen sich die Anspielungen: Sauce war, wie jeder Krämer, auch Ölhändler. Die Rolle, die er bei der Festnahme des Königs spielte, ölte, symbolisch gesprochen, die Klinge, die nicht nur dem König, sondern auch (später, während der Herrschaft des Terrors) dem Jakobiner Sauce den Kopf abschneiden sollte.

DER WEISSE BOURBON WIRD HINAUSGEFAHREN...

Marie-Antoinette mit ihren Kindern

Die Königsfamilie vegetierte im «Temple», dem Gefängnis. Ludwig wurde getrennt gehalten – in einer düsteren Kammer im Burgfried. Von dort konnte er seinem Söhnchen beim Spielen im Gefängnisgarten unten zuschauen. Nostradamus schrieb zweihundert Jahre vorher folgende Worte – als schaute er Ludwig über die Schulter: *«Der jüngere Sohn spielt draußen unter der Laube... Der Vater-König im Tempel ist düster...»* IX,23.

Am 21.1.1793, einem kalten Wintermorgen, wurde Ludwig auf einem zweirädrigen Mistkarren gefesselt zur Guillotine gebracht. Und Jahrhunderte zuvor hatte Nostradamus geschrieben: *«Der weiße Bourbon wird hinausgefahren... Zum Gefangenen gemacht, zur Mistkarre geführt, die Füße gebunden wie ein Schurke...»* IV,85. Und: *«Der verschworene Tod wird voll ausgeführt, der Befehl erteilt, und die Reise zum Tod. Gewählt, ernannt, von den Seinen empfangen und vernichtet. Blut des Unschuldigen vor ihnen in Reue.»* (VIII,87)

Kaum stand er auf dem Blutgerüst, gebot Ludwig den Trommlern und der johlenden Menge mit einem einzigen Blick zu schweigen. Mit klarer Stimme erklärte er

DER LETZTE DER FRANZÖSISCHEN LUDWIGE

der Masse, daß er unschuldig sei. Dann ging seine Stimme im Trommelwirbel unter.

Samson, der Henker, legte ihn auf die Guillotine und hievte die Klinge. Zeugen wollen gehört haben, wie der König den vierten Vers des dritten Psalmes sprach: «Du, Herr, bist meine Herrlichkeit und erhebst mein Haupt...» Samson ließ die Klinge hinabsausen. Dann hob er das abgetrennte Haupt des Königs hoch und zeigte es dem geifernden Mob. Samson war so erschüttert vom Mut des Königs, daß er gelobte, nie mehr das Schafott zu betreten.

Marie-Antoinette folgte ihrem Mann im Oktober 1793 auf die Guillotine. Der Tod ihrer Erzrivalin, der Madame Dubarry, Maitresse des Vaters von Ludwig, wird ebenfalls von dem Propheten festgehalten (s. rechts)

Die Jury beim Prozeß Marie-Antoinettes war durch das Los bestimmt worden. Dieser geschichtlich seltene Umstand wurde ebenfalls von Nostradamus vorhergesehen. Sie ging mit ähnlicher Würde in den Tod wie ihr Mann. Ihre Rivalin, Madame Dubarry, schied schreiend und zeternd aus dem Leben. Die Revolution entzog dem Sohn der Königin, Ludwig XVII., die Erbfolge. Sein Tod ist bis heute ungeklärt. Doch könnte Nostradamus kraft seiner prophetischen Gabe gesehen haben, was tatsächlich geschah. Der Elfjährige wurde von seiner Mutter getrennt und Schuster Simon in Gewahrsam gegeben. Stenart, Bevollmächtigter der Kommune, trug Simon auf, den Prinzen «demütig» zu machen. Es sei nicht nötig, den Jungen zu töten, allerdings auch nicht, ihn am Leben zu erhalten. Simon ließ den Jungen verwahrlosen und prügelte ihn, bis ein Dr. Harmand ihn im Dezember 1794 untersuchte und feststellte, daß Arme und Knie stark geschwollen waren. Im Juni 1795 gab Achille Sevestre dem Hauptsicherheitsbüro den Tod des Jungen bekannt. Todesursache seien Komplikationen der Schwellungen seines linken Handgelenks und Knies, die monatelang verbunden werden mußten *(«Hand in einer Schlinge und sein linkes Bein verbunden...»)*. Später suchten die Kommissare das Tempelgefängnis auf, wo sie den Leichnam unter

Marie-Antoinette auf ihrem Weg zur Guillotine.

Die Königin in den Tod geschickt bei Geschworenen
nach dem Los gewählt.
Sie werden dem Sohn der Königin sein Recht verwehren,
Und die Hure teilt das Schicksal der Gemahlin.

IX,77

IN DEN HÄNDEN EINES SCHUSTERS

Der junge Ludwig XVII. wird von Simon dem Schuster geschlagen.

einem blutigen Tuch inspizierten. *(«Er wird im Tempel bluten...»)* Die Leiche, die als die des jungen Ludwig ausgegeben wird, ist so entstellt, daß bei der Autopsie die Identität nicht eindeutig festgestellt werden kann. Verblutete er an Schlägen, die er zu Ostern bekam? Starb er dann an den Verletzungen im Juni? Der Zeuge läßt sich nicht mehr herzitieren, da er das Verbrechen über zweihundert Jahre vor seiner Ausführung sah.

Seine Hand in einer Schlinge und das Bein verbunden,
Verläßt der junge Ludwig den Palast.
Auf Geheiß des Aufsehers wird sein Tod hinausgeschoben.
Dann wird er zu Ostern im Tempel bluten.

XIII,45

UNVORSTELLBARER TERROR

Die «Erträнkungen» von Nantes.

Die Vorausschau der künftigen Grausamkeiten der Menschen müssen schwer auf dem Propheten gelastet haben. Dennoch blickte er in immer fernere Zeiten und hielt fest, was er kommen sah. Vielleicht handelte er damit vor allem als Arzt, und schnitt, um die Krankheit der Grausamkeit zu behandeln, frühzeitig ihre Eiterbeulen auf, legte sie bloß, damit sie an der frischen Luft ausheilten, oder damit sie am besten gar nicht erst stattfanden, verhindert durch ein gehobenes allgemeines Bewußtsein…

Die ersten Bürger der Stadt
in Auflehnung,
Sie werden hart für die
Wiedererlangung
ihrer Freiheiten kämpfen.
Die Männer werden zerstückelt,
unglückselige Mischung,
Schreie, Geheul in Nantes, erbärmlich
anzusehen!

V,33

Die siegreiche Republikaner-Armee besetzte Nantes, die Hauptstadt der königstreuen Rebellen. General Carrier, Vorläufer von Leuten wie Adolf Eichmann, ließ alle Männer aus reichen Familien – Kinder und Alte eingeschlossen – auf Wagen nach Paris verladen und zur «Madame Guillotine» bringen («die Männer werden zerstückelt»). Der Ausdruck «unglückselige Mischung» beschreibt einen makabren Zeitvertreib der Soldaten, «republikanische Hochzeit» genannt. Mönche und Frauen wurden nackt zusammengebunden und in die Loire geworfen. Die Soldaten schossen dann abwechselnd auf die sich windenden, schreienden Zielscheiben, die im blutroten Wasser ertranken.

DER PROZESS ROBESPIERRES

Maximilian Robespierre – Drahtzieher des Terrors

Robespierre war für Nostradamus wie für seine Zeitgenossen ein Fuchs, der schlau und rücksichtslos jeden, der sich ihm in der Nationalversammlung in den Weg stellte, in die Ecke trieb und auslöschte. 1793 war er praktisch Alleinherrscher. Er spielte auch die Rolle des «*öffentlichen Heiligen*»: als Oberpriester feierte er auf dem Champs de Mars das Geburtsfest der neuen «*republikanischen*» Religion, des «Kultes der Vernunft», vor Tausenden sichtlich betretenen Teilnehmern. Hinter dem Ausdruck «*Gerstebrot*» mag mehr stecken als nur eine Anspielung auf seinen puritanischen, selbstkasteienden Charakter.

Am Ende verstrickte er sich in seine eigenen Exzesse. Erst suchte er noch der Guillotine zu entkommen und machte einen Selbstmordversuch, bei dem er sich den Unterkiefer durch eine Pistolenkugel zertrümmerte. Während seines Prozesses in den Räumen der Öffentlichen Sicherheit lag der verstümmelte und blutende Diktator hilflos auf einer Kiste mit Kommißbroten, von der aus er die Vorgänge verfolgte.

«Jedes Individuum, das die Souveränität der Nation an sich reißt, wird augenblicklich von freien Menschen in den Tod geschickt.» Der diese Worte zum Gesetz erhoben hatte, endete selbst auf der Guillotine.

Robespierre wurde genau von der Maschinerie hingerichtet, die er selbst perfektioniert hatte. Damit hatten Terror und Revolution im Jahre 1794 ein Ende.

Der Fuchs wird gewählt werden, ohne
ein Wort zu sagen.
Den öffenlichen Heiligen spielend,
Gerstebrot essend,
Wird er hernach plötzlich zum
Tyrannen
Den Absatz auf den Kehlen der
Größten abtretend.

VIII,41

KAPITEL FÜNF

KIND DER GUILLOTINE

Ein Kaiser wird bei Italien geboren werden.
Er wird das Reich teuer zu stehen kommen.
Nach denen zu urteilen, mit denen er sich umgibt,
Wird man ihn eher Schlächter denn Fürst nennen.
I,60

Nostradamus sah einen Mann kommen, der den Verlauf der militärischen und politischen Geschichte der Moderne wesentlich bestimmen sollte. Er ist der erste von drei Despoten, die er «Anti-Christ» nannte – Wegbereiter der völligen Zerstörung der Welt, die er um das Jahr 2000 ansetzt. Dieser erste Anti-Christ ist Napoleon Bonaparte, «nahe Italien» auf Korsika geboren. Napoleon war ein langmähniger, hohlwangiger Artillerie-Offizier der Revolutionsarmee. Das feste Klassengefüge war mit dem Sturz der Aristokratie zerbrochen. Plötzliche Steilkarrieren aus den untersten Klassen waren möglich geworden...

NAPOLEONS AUFSTIEG UND STURZ

Napoleon setzte auf seine Verdienste und stieg meteorhaft zum brillantesten General der Revolution auf. Das französische Volk, müde der Jahre des Chaos, akzeptierte dankbar das Gesetz und die Ordnung von Napoleons Diktatur. Fünf Jahre nach dem Tod Robespierres stürzte er das Direktorat und ließ sich 1799 zum Ersten Konsul Frankreichs ausrufen. 1805 vertauschte er die kurze Konsultoga mit der langen Hermelinschleppe eines Kaisers und krönte sich selbst vor einem hilflos zuschauenden Papst Pius VII. in Notre Dame de Paris. Solange Napoleon über Europa herrschte, mußten die Päpste Pius VI. und Pius VII. als Gefangene ein trübes Leben fristen.

«DER GEMEINE...»

PAU, NAY, LORON wird mehr von Feuer denn von Geblüt sein,
Um im Ruhm zu schwimmen; der Große wird zum Zusammenfluß fliehen.
Er wird den beiden Pius Zugang verwehren,
Die Verkommenen und Durance (Frankreich) werden sie eingesperrt halten.

VIII,1

NAY PAU LORON = NAPAULON ROY = Napoleon der König. Napoleon wurde auf Korsisch Napauleone geschrieben. Ebenfalls richtig beobachtet ist der Umstand, daß er eher ein Mann von Feuer als von Geblüt war – eben ein «Gemeiner». Napoleon war «Löwe», astrologisch ein Feuerzeichen. Die beiden Päpste Pius VI. und VI. wurden von ihm gefangengesetzt. Pius VI. starb in Gefangenschaft in Valence, wo die Flüsse Isére und Rhône zusammenfließen. Durance ist ein Anagramm für «France», Frankreich.

«JOSEPHINE»

Ein sehr fremdartiger Mann
wird zu großer Macht gelangen.
Fern der Freundlichkeit, noch ferner dem Glück,
Beherrscht von einer, die eine kurze Zeitlang von seinem Bettlager kommt.
Das Reich eilt großem Unheil entgegen.

VI,67

Napoleon war ein brütender, einsamer Mann. Von den vielen Frauen, die ihn liebten, war Kaiserin Josephine seine einzige Vertraute.

MACHTERGREIFUNG

Jede Zeile trägt zur Datierung der Machtergreifung Napoleons bei, bis auf den Monat genau. Mars, die Farbe der Revolution und des Krieges, also «Rot», stürzt die bourbonische Monarchie – das ist das 18. Jahrhundert. Zeile zwei führt in die späten neunziger Jahre; der große Fischer ist Pius VI., dem Napoleon in Italien schwer zusetzte. Bonaparte, der «junge rote König» von Zeile drei, führt seine Mitverschworenen im November, im «Nebelmonat» (Brumaire) des neuen Revolutionskalenders, zum Putsch.

Durch Mars im Gegensatz zur Monarchie.
Der große Fischer wird in Bedrängnis sein.
Der junge rote König wird die Regierung übernehmen.
Die Verräter werden an einem nebligen Tag handeln.

VI,25

«DER STOPPELKOPF»

Nachdem er Erster Konsul geworden ist, schneidet sich Napoleon, der Held von Toulon, «der Meeres- und Tributsstadt», die Locken ab, um seinem Lieblingsdiktator aus dem Alten Rom, Julius Caesar, zu ähneln. Mit diesem neuen Image bestimmt Nostradamus genau die Dauer seiner Macht – vom 9. November 1799 bis zum 13. April 1814 – vierzehn Jahre.

Von der Meeres- und Tributsstadt aus
Wird der Stoppelkopf den Sitz der Regierung erobern,
Um den Schmutzigen zu verjagen, der dann gegen ihn sein wird.
Vierzehn Jahre wird er seine Tyrannei halten.

VII,13

Ein großer Bienenschwarm wird auffliegen,
Aber niemand wird wissen, woher sie kommen:
Sie greifen an bei Nacht, die Wache unterm Weinlaub,
Die Stadt übergeben an fünf bestochene Schwätzer.

IV,26

Soeben hatten die fünfhundert rotgewandeten Abgeordneten des Direktorats, versammelt in der Mars-Halle zu St. Cloud, einstimmig beschlossen, den General Bonaparte, Kommandant der Pariser Garnison, verhaften zu lassen, weil er das Gebäude mit Truppen umstellt hatte, da ertrank der Beifall in den Trommelwirbeln des Angriffs. Grobe Grenadiere fegten die Halle im Nu leer. Die Delegierten warfen ihre Togen fort und sprangen in Panik aus den Fenstern. Nostradamus sah voraus, daß die leere Mars-Halle, wie so zahllose andere Hallen Frankreichs, bald mit den Bienen-Wappen Napoleons als Emblem des Empires geschmückt sein würden. Der Putsch wurde am Abend zuvor geplant. Die *«fünf Schwätzer»* sind das Präsidium. Zwei hatten sich mit Napoleon verschworen, die drei andern waren bestochen worden, nicht einzuschreiten.

Eine Menschenmasse wälzt sich von Slavonien heran.
Der Zerstörer (Neapolluon) wird die alte Stadt vernichten:
Er wird sein Römisches Reich sehr verwüstet sehen,
Dann weiß er die große Flamme nicht mehr zu löschen.

IV,82

KATASTROPHE IN RUSSLAND 1812

Bereit zur Flucht wird er desertieren,
Der Hauptgegner wird siegreich sein.
Die Nachhut wird Verteidigung leisten,
Die Strauchelnden sterbend im weißen Land.

IV,75

Napoleon hatte beim Marsch auf Moskau alles auf eine Karte gesetzt. Die Russen hatten sie tief in unfruchtbare Gebiete hineingelockt, was die Versorgung und Stärke der Großen Armee zusehends schwächte. Am 14. September 1812 schlugen die erschöpften Soldaten ihr Nachtlager endlich in Moskau auf. Die wenigen zurückgebliebenen Bürger setzten die Stadt in Brand. Die Franzosen brachen sämtliche Feuerwehrhäuser auf – sie waren leer. Drei Tage und Nächte brannte die hölzerne Stadt, Vierfünftel von Moskau war in Asche gelegt. Ohne Hoffnung auf Frieden mußte Napoleon seine Männer zum Rückzug nach Westen antreiben.

RÜCKMARSCH AUS RUSSLAND

Die Große Armee löste sich in zerlumpte Haufen auf. Die wenigen, die noch Waffen hatten, mußten sich gegen plündernde Kosakenbanden wehren, während ihre unglücklicheren Kameraden auf dem Rückweg nach Europa im Schneegestöber starben. Napoleon ließ seine Armee im Stich und kehrte auf einem Schlitten vermummt heim, um eine neue Armee aus grünen Jungen zu bilden. Die Große Armee – eine halbe Million Männer aus zwanzig Nationen – war an einem sonnigen Junitag nach Rußland eingedrungen. Sechs Monate später überquerten nur noch zwanzigtausend halberforene Gestalten den vereisten Neiman.

DIE HUNDERT TAGE

NAPOLEON VORHER...

UND NACHHER

Napoleon wurde vom Wiener Kongreß auf die Mittelmeerinsel Elba verbannt. Man gab ihm ein Trost-Königreich von sechsundachtzig Quadratmeilen. Im Jahr darauf machte er eine verwegene Landung in Frankreich – die Route hatte schon Nostradamus über zweihundertvierzig Jahre zuvor gewußt... Er sagt: «*Der gefangene Fürst, erobert in Itales* (entweder Italien, oder ein anagrammatisches Faksimile des alten Wortes für Elba, Aethalia), *wird an Genua vorbei bis Marseille segeln...*» Am 1. März 1815 macht sich Napoleon mit etwa elfhundert Grenadieren und Matrosen auf, um Frankreich zurückzuerobern. Das kleine Geschwader durchsegelt den Golf von Genua, immer die

Das große Reich wird bald gegen
einen kleinen Ort vertauscht sein...
Ein winziger Fleck von geringen
Ausmaßen,
In dessen Mitte er kommen wird,
Um sein Szepter niederzulegen.

I,32

Küste entlang bis Cannes, wo sie siebzig Kilometer südlich von Marseille an Land gehen. Am 20. März wird er von einer jubelnden Menge auf Schultern in die Tuillerien getragen, gefeiert als heimgekehrter Held und neuer Staatschef. Der Prophet schreibt weiter: «*Der Gefangene entrann großen Gefahren. Kurz darauf wandelt sich das Glück des Großen...*» Er deutet einen zweiten Umschwung an. Genau einhundert Tage nach der Machtergreifung erlitt Napoleon bei Waterloo seine größte Niederlage, und die remobilisierten Armeen Europas halten nach gut einem Jahr erneut Einzug in Paris. Er sagt: «*Ein gutes Omen: die Stadt wird besetzt*» (II,66). Nostradamus, der Monarchist des 16. Jahrhunderts, sieht in Napoleons Niederlage ein gutes Omen, das die Bourbonen auf den Thron zurückbringt. Nach Waterloo wurde Napoleon auf die winzige Insel St. Helena im Südatlantik verbannt. Die tropische Hitze und die Untätigkeit führten schon 1821 zu seinem Tod.

KAPITEL SECHS

AHRHUNDERT DER SONNE

«Es qualmte in dicken Schwaden, und da die Verbrennung der Gemordeten nur bei ungenügender Temperatur durchgeführt wurde, roch es in der ganzen Umgebung nach verbranntem Fleisch.»

Originalgemälde von J. Frankl, nachdem er im Konzentrationslager von Auschwitz während des zweiten Weltkrieges eingesperrt war.

Nicht lange, und alles wird
organisiert sein.
Wir erwarten ein sehr schlimmes
Jahrhundert:
Das Los des Maskierten und
Einsamen (der Kirche)
wird sich sehr ändern,
Wenige werden zu finden sein,
die an ihrem Platz bleiben möchten.

II,10

Wir, die Kinder des 20. Jahrhunderts, haben den zweifelhaften Vorzug, numeriert, erfaßt, kategorisiert, vereinheitlicht und institutionalisiert zu sein wie kein anderes Jahrhundert zuvor. Die unbezweifelte Gottherrlichkeit der Könige, das starre Pochen auf Klassenunterschiede, die Unantastbarkeit der Kirche – das alles waren Säulen der Welt des Nostradamus, und all das hat sich geändert oder ist völlig weggefegt worden. Nonnen wollen Priester sein. Priester wollen heiraten. Eine unvorstellbare technische Expansion hat die Welt verändert. Angesichts solcher Entwicklungen muß sich der Prophet bei seinen einsamen nächtlichen Trancen fassungslos den Bart gerauft haben.

«*Wenige werden zu finden sein, die an ihrem Platz bleiben möchten.*» Eine Aussage, die vor allem auf unser Jahrhundert gemünzt ist: gestürzte Monarchien, der Aufstieg von Kommunismus und Kapitalismus... Von jetzt an beschränken sich die Visionen des Nostradamus nicht mehr nur auf sein Heimatland; sein Blick öffnet sich für eine Welt, die, wie er sagt «*ein kleiner Ort*» geworden ist, wo die Wechselfälle der Geschichte uns alle, die wir auf diesem Planeten wohnen, wohl oder übel und mehr denn je in Mitleidenschaft ziehen.

Gallipoli – Die große Schlacht des Ersten Weltkriegs gegen die Türken (»die Hafenstadt derer mit dem Halbmond«)

Durch langen Krieg ist die Armee erschöpft,
So sehr, daß kein Geld da sein wird für den Sold der Söldner.
Sie werden statt Gold und Silber Leder münzen.

VII,25

Richtung Aquitaine (Frankreich) machen die Briten Angriffe.
Große Truppeneinschiffungen finden statt.
Regen und Fröste machen das Gelände unsicher und rauh,
Sie werden gegen den Hafen derer mit dem Halbmond gewaltige Invasionen starten.

II,1

Erfolglos hat Nostradamus kommende Generationen vor den großen Übeln moderner Kriegsführung gewarnt. Der erste Weltkrieg inspiriert ihn zu einer Prophezeiung großer Schlachten, über Tausende von Kilometern hin, mit Armeen so zahlreich wie ganze Völkerschaften seiner Zeit. Verschwunden die bauschärmeligen Landsknechte und die schimmernden Rüstungen. Kein Funke Ritterlichkeit in seiner Alptraumvision, wo er zukünftige britische Soldaten im matschigen Niemandsland der Westfront zwischen Stacheldraht und aufgedunsenen Leichen wie Ratten sterben sieht. Oder Männer, die tausend Kilometer weiter östlich, vor Istanbul, die heißen Steilhänge der Dardanellen stürmen, direkt in das Rattern türkischer Maschinengewehre hinein.

Erster Weltkrieg: Die Sonne … Eine Vision vom Menschen, der sein Leben im Namen des Vaterlands wegwirft.

Gallipoli, erster Weltkrieg – eine Schlacht, die man als eine der größten der Menschheit gefeiert hat. Nostradamus sah das anders. Das Ausmaß des Schlachtens ging weit über alle Begriffe, die er sich anhand der Schlachtenszenen seiner eigenen Zeit hätte bilden können.

In der Sprache der Kriegsromantik und all derer, die uns weismachen wollen, daß hinter dem Massenschlachten eine «heilige Sache» stünde – die Sicherung territorialer Duftmarken – heißt so ein Mann ein «Unbekannter Soldat».

ANFANG UND ENDE DES MARXISMUS GEWEISSAGT

SIR THOMAS MORUS

Nostradamus war ein Zeitgenosse des Thomas Morus. Zweifellos hat er dessen Werk «Utopia» in Latein gelesen, das eines der ersten sozialistischen Manifeste war. Diese Vierzeiler zeigen im Zeitraffer, wie zunächst das zaristische Regime, dann der Kommunismus von einer neuen und offenbar angenehmeren Lebensweise ersetzt wird – was gegen Ende dieses Jahrhunderts geschehen soll, wie noch im Einzelnen zu zeigen sein wird.

Boristhenes (so hieß im 16. Jahrhundert der Dnjeper) ist die Ukraine. Nostradamus-Interpreten unserer Zeit fragten sich, wieso die Ukraine beim Niedergang des kommunistischen Systems eine Rolle spielen sollte. Das war vor Tschernobyl... die Atomkatastrophe von 1986 änderte das Leben von Hunderttausenden in der Ukraine. Für den Rest ihres Lebens müssen sie mit dem Gespenst der Verstrahlung leben.

Die Ordnung des Morus wird niedergehen,
Gefolgt von einer angenehmeren.
Der Boristhenes (Dnjeper) wird erst
Durch attraktivere Gaben und Zungen nachgeben.

III,95

...Das Gesetz der Kommune wird in Opposition entstehen.
Die Alte Garde wird sich stark widersetzen,
dann aber verdrängt werden.
Der Kommunismus gerät arg ins Hintertreffen.

IV,32

MARX

LENIN

STALIN

In Rußland tauchen neue Robespierres und Marats auf, sodaß der Vierzeiler I,14, der auf die Französische Revolution zutrifft, ebensogut für die Russische gilt. Nostradamus sagt: «*De gent esclave...*», was «*versklavt*» heißen kann, buchstäblich aber auch «Esklawonien», ein alter Name für Rußland – «das Volk der Slaven». In den Wassern der Bronzeschale wiederholt sich die Geschichte der Zukunft... die engen Straßen von Paris werden zu schneebedeckten Moskauer Boulevards. Aus Marseillaise-singenden Sansculotten werden plötzlich Internationale-singende proletarische Massen. Wieder wird eine Königsfamilie, wieder eine ganze Aristokratie festgenommen und ausgelöscht, auf Befehl einer neuen Garnitur «*kopfloser Idioten*». Und wiederum fallen die ersten Revolutionsführer, Lenin, Trotzky und andere dem Terror und der Diktatur eines neuen Robespierre-Napoleon zum Opfer: Josef Stalin.

Vom versklavten (slavischen) Volke
Lieder, Gesänge und Forderungen,
Die Fürsten und Herren werden in
Gefängnisse gesperrt:
In Zukunft gelten solchen kopflosen
Idioten
Derlei (Forderungen) für Worte aus
Gottes Mund.

I,14

DIE ERFINDUNG DES RADIOS UND DIE BÄNDIGUNG DER ELEKTRIZITÄT

Die erste Glühbirne muß, ebenso wie andere moderne Erfindungen, den Propheten besonders fasziniert haben. Hat er vielleicht sogar technische Einzelheiten solcher «futuristischen» Apparate vorausgesehen, sodaß er sie für seine eigene Zeit hätte «nachbauen» können? Falls ja… wie weise von ihm, der Versuchung zu widerstehen, es tatsächlich auch zu tun!

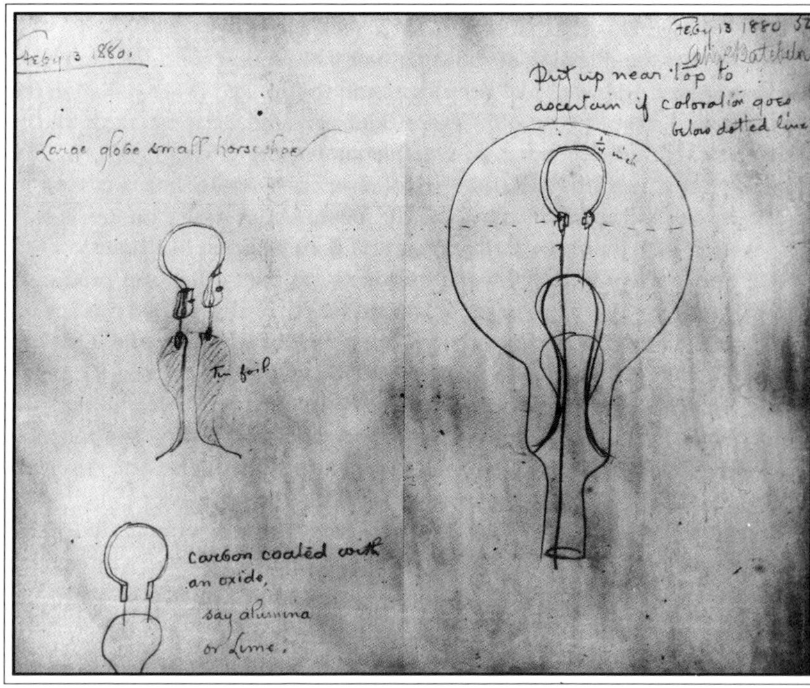

EDISON

Ein etwas perplexer Nostradamus gibt hier sein Bestes, um die seltsamen Erfindungen des 20. Jahrhunderts zu umschreiben. Die Vision von Autos, Flugzeugen und geheimen Naturkräften, die dem Alltagsgebrauch dienstbar gemacht werden, überfordern sein Vokabular und seine Vorstellungswelt des 16. Jahrhunderts. Wie das alles erklären? Wenn menschliche Sprache ohne Körper aus der Luft kommt, ist das für ihn ein gezähmtes Tier. Der für uns banal gewordene Anblick elektrischer Leitungen muß für ihn faszinierend gewesen sein.

Wenn das Tier vom Menschen gezähmt worden ist,
Nach großen Mühen und Schwierigkeiten zu sprechen beginnt,
Wird der Blitz, so gefährlich der Stange,
Von der Erde aufgehoben und in die Luft gehängt werden.

III,44

DER BÖRSENKRACH – DAMALS ... UND BALD?

Papiergeld im 16. Jahrhundert?

Hier haben wir eine Prophezeiung, die sich nicht nur erfüllt hat, sondern in Bälde nochmals erfüllen könnte: erst als Börsenkrach von 1929, und in Zukunft als Tag der Abrechnung, wenn das Weltwirtschaftsdefizit nicht mehr zu kontrollieren sein wird.

Die Vorstellung von Papiergeld war zu Lebzeiten des Propheten unbekannt; um so treffender die kühne Umschreibung als Geld, das Gold und Silber *«nachahmt»*.

Galoppierende Inflation, Kredit auf Kredit nehmend, mehr und mehr Papiergeld druckend, ohne entsprechende Deckung durch Gold und Silber und die die Weltwirtschaft zur *«Milchmädchenrechnung»* macht.

Die Imitationen von Gold und Silber
werden aufgebläht sein,
Und, nach der vergossenen Milch, ins
Feuer geworfen werden –
Nachdem man entdeckt, daß alles verausgabt und durch die Schulden
ruiniert ist.
Alle Schuldscheine und Aktien werden
eingestampft.
VIII,28

DIE DREI HANSWURSTE

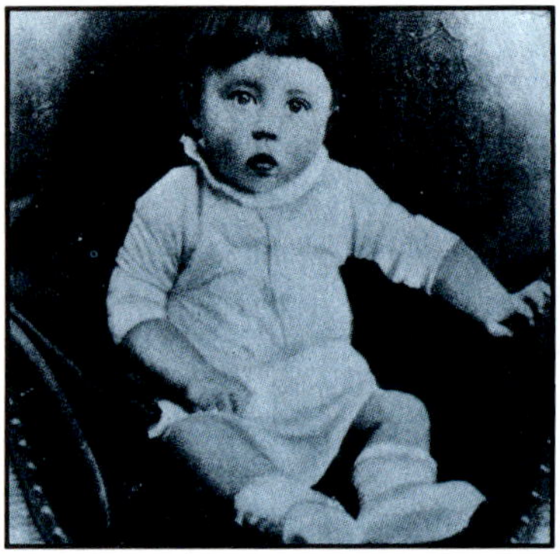

ADOLF HITLER
ALS KLEINKIND

Geboren in Linz an der Donau, sollte dieser Sohn eines armen Zollbeamten einst mit seinen eloquenten Lügen und Halbwahrheiten die ganze deutsche Nation zur Orgie des Nationalsozialismus verführen. Das Kaiserliche Japan schloß sich seinem Pakt der Achsenmächte im Zweiten Weltkrieg an.

HITLER

Nächst dem Kommunismus warnt Nostradamus noch vor einer anderen schlimmen Utopie, die im Zweiten Weltkrieg enden und fünfzig Millionen Menschenleben kosten wird. Er nennt alle drei großen Faschistendiktatoren beim Namen. Wir wissen jetzt, welche Männer sich hinter den kryptischen Namen «Duce», «Hister» und «Franco» verstecken.
«Hister» ist heute das wohl berühmteste Anagramm von Nostradamus. Zu einem einzigen Wort werden hier Geburtsort und Name Adolf Hitlers verwoben: *«Hister»* nannten die alten Römer die Donau, an deren Ufern Hitler geboren wurde.

Mussolini ist bei ihm *«Duce»* oder *«Ducé»* – ein besonderes Zeugnis von der visionären Kraft

Aus dem tiefsten Westeuropa
Wird armen Eltern ein junges Kind
geboren werden:
Welcher durch seine Redekunst große
Menschenmassen verführen wird.
Der Lärm um ihn wird im Reich des
Ostens noch wachsen.

III,35

des Propheten, der gehört haben muß, wie aus tausend Kehlen ein rhythmisches «Ducé, Ducé» drang, wo immer dieser aufgeblasene, kraftmeierische Hanswurst in seinen Glanztagen auftrat. Mussolini bahnte Hitler den Weg, der bald den Vater des Faschismus in jeder Hinsicht mit seinen Welteroberungsträumen und Brutalitäten übertraf. Ihre makabren Schmierenkomödien, ihre Hohlheit und Theatralik veranlaßten Nostradamus, die beiden mit dem zweifelhaften Titel «Hanswurste» auszuzeichnen. Vierhundert Jahre zuvor schrieb er: *«Die Macht Roms wird sehr abgeschmackt werden, den Fußspuren seines großen Nachbarn folgend: Heimlicher Bürgerzwist und Streitigkeiten werden die Torheiten dieser Hanswurste hinauszögern.»* (III,63). «... *Es heißt, sie kommen von Rhein und von Hister* ...» (IV,68).

HITLER UND FRANCO

In Kastilien wird Franco die
Versammlung verlassen.
Der widrige Abgesandte wird ein
Schisma (Faschismus) verursachen.
Die Leute Riberas werden in der
Menge sein
Und sich dem großen Abgrund zur
Wehr stellen.

IX,16

Die Cimbern, mit ihren Nachbarn verbündet, werden kommen, fast ganz Spanien zu verwüsten…

III,8

Franco und sein Hauptgegner im Spanischen Bürgerkrieg, Primo de Ribera, werden namentlich genannt. Die Republikaner («Leute Riberas») hatten Franco nach Spanisch-Marokko verbannt. Die Cimbern waren ein alter germanischer Stamm. Hitler und Mussolini nutzten die spanische Tragödie als Prüfstein, um ihre Waffen zu wetzen und ihre Strategien für ihre späteren Welteroberungspläne zu präzisieren. Der Waffeneinsatz der Nazis und Italiener war mit Schuld daran, daß zwischen 1936 und 1939 sechshunderttausend Menschen starben.

MUSSOLINI

Der Große wird aus Verona und
Vicenza geboren werden,
Und wird einen sehr unwürdigen
Namen tragen.
Er, der in Venedig Rache schwören
wird,
Er selbst wird von einem Mann der
Wache und des Abzeichens getäuscht
werden.

VIII,33

Mussolini heißt «Musselin-Macher» – zu Nostradamus' Zeiten ein sehr niedriger Beruf. Geboren wurde er in Norditalien (Verona und Vicenza). Der Pakt zwischen den Achsenmächten Italien und Deutschland wurde von den beiden Diktatoren vor dem Krieg in der Nähe von Venedig unterschrieben. Mussolini hoffte auf ein zweites Römisches Reich; Hitler – der Mann des Abzeichens (Hakenkreuz) – sollte ihm nur die Steigbügel halten, machte ihn aber nach Venedig zum Gespött.

WIE NOSTRADAMUS SELTSAMERWEISE DEN BRITEN HAL

Frau Göbbels – angeblich die geistige Mutter der «Kampagne», die von der Propagandamaschinerie ihres Mannes durchgeführt worden sein sollte.

Ein perplexer Hitler mit seinem Propagandachef – die britische «Black Intelligence Group» hatte ihm einen Streich gespielt.

ROPAGANDA FÜRS DRITTE REICH ZU DRUCKEN

Die 124 Seiten lange Broschüre «Nostradamus prophezeit den Kriegsverlauf» war den erfinderischen Köpfen der «Schwarzen Gruppe» bei der britischen Spionage entsprungen. Ausgestattet mit dem glaubwürdigen Erscheinungsbild eines durch und durch deutschen Druckerzeugnisses – Autor und Drucker, nicht aber der reale esoterische Verlag waren erfunden –, wurde dieses Buch 1943 in Deutschland und in den besetzten Ländern in Umlauf gebracht.

Der Vierzeiler III,30, den man bei diesem Spionage-Coup

auf Hitler ansetzte, begegnete uns schon oben auf Seite 42 im Zusammenhang mit dem Tod Montgomerys, den Katharina von Medici von sechs Männern «ohne Harnisch» aus dem Bett holen ließ. Der Hinweis in der vierten Zeile, «ohne Harnisch», reizte den Ghostwriter der deutschen Broschüre zu einer besonderen Glanzleistung britischen Humors; in seinem Kommentar fleht er seinen Führer an, besonders auf der Hut zu sein: «Jedenfalls sollte er sein wunderbar gearbeitetes Panzerhemd auch NACHTS tragen.»

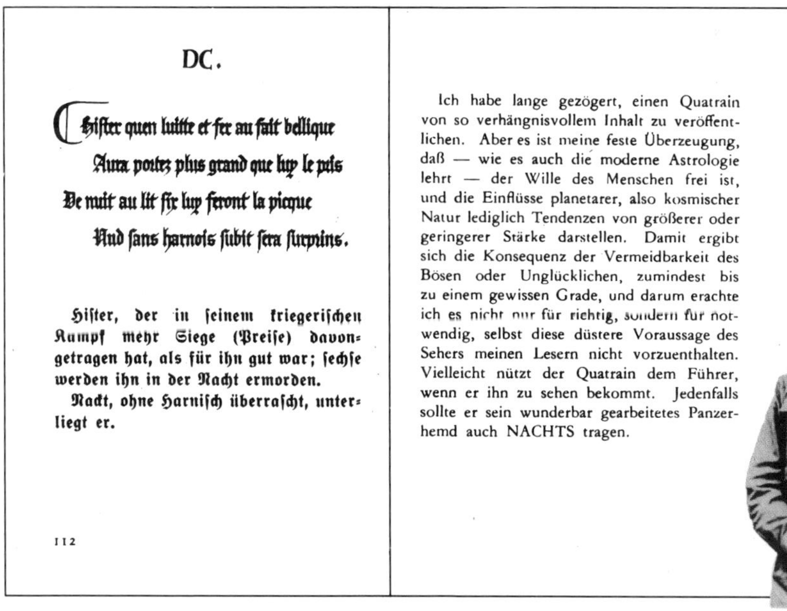

DC.

CHister quen luitte et fer au fait bellique
Aura portez plus grand que luy le pris
De nuit au lit six luy feront la picque
Nud sans harnois subit sera surprins.

Hister, der in seinem kriegerischen Kampf mehr Siege (Preise) davongetragen hat, als für ihn gut war; sechse werden ihn in der Nacht ermorden.

Nackt, ohne Harnisch überrascht, unterliegt er.

112

Ich habe lange gezögert, einen Quatrain von so verhängnisvollem Inhalt zu veröffentlichen. Aber es ist meine feste Überzeugung, daß — wie es auch die moderne Astrologie lehrt — der Wille des Menschen frei ist, und die Einflüsse planetarer, also kosmischer Natur lediglich Tendenzen von größerer oder geringerer Stärke darstellen. Damit ergibt sich die Konsequenz der Vermeidbarkeit des Bösen oder Unglücklichen, zumindest bis zu einem gewissen Grade, und darum erachte ich es nicht nur für richtig, sondern für notwendig, selbst diese düstere Voraussage des Sehers meinen Lesern nicht vorzuenthalten. Vielleicht nützt der Quatrain dem Führer, wenn er ihn zu sehen bekommt. Jedenfalls sollte er sein wunderbar gearbeitetes Panzerhemd auch NACHTS tragen.

Wie gefährlich die Interpretation von Nostradamus-Prophezeiungen werden kann, zeigt sich an der militärischen Vorkriegspolitik Frankreichs. Der Verteidigungsminister der zwanziger Jahre ging bei seinen Plänen für den Bau eines großen Verteidigungsschutzwalls an der französischen Grenze mit Deutschland von einer Interpretation des Vierzeilers IV,80 aus, die ein Abbe Torné im 19. Jahrhundert gemacht hatte. Die Maginot-Linie war eine Ingenieurs-Großtat und kostete zwei Millionen Dollar pro Meile (Dollarstand von 1930). Als sie fertig war, bildete sie ein Netzwerk von autarken Forts, das sich über Hunderte von Kilometern erstreckte. Die Forts reichten bis zu sieben Stockwerke tief in die Erde und waren mit Untergrundbahnen verbunden. Regierung und Militär Frankreichs erklärten die Maginot-Linie für uneinnehmbar, was in Frankreich zu einer gefährlich falschen Sicherheit – der sogenannten «Maginot-Mentalität» führte.

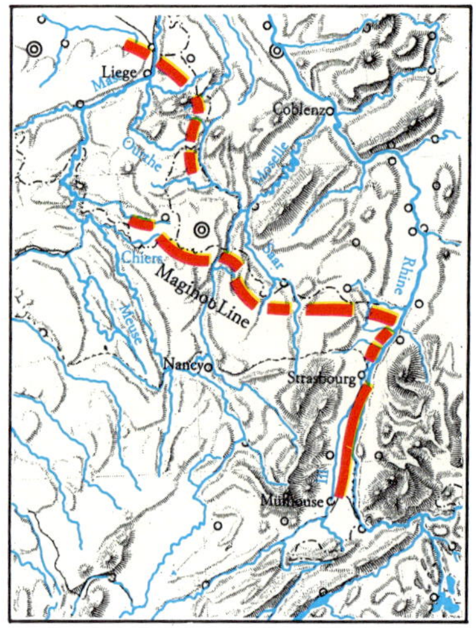

DIE MAGINOT-LINIE

«Das Wasser wird in fünfzehn Teile aufgeteilt werden..» IV,80)

Kurz danach, ohne große Pause,
Wird ein tosender Sturm über Land
und Meer hereinbrechen,
Die Seeschlachten werden größer
denn je sein:
Feuer, schießende Kreaturen werden
den Tumult vermehren.

II,40

Nostradamus sagt folgendes über den größten Krieg der Menschheit: *«Der Kommandant Großdeutschlands wird kommen, falsche Hilfe zu leisten... sein Krieg wird ein großes Blutvergießen verursachen»* – IX,90. *«Ein großer Zwist wird an der Adria (Italien, Jugoslawien, Griechenland) sein und ein Krieg wird ausbrechen... Bündnisse werden zerbrechen... einschließlich Englands mit dem Mesopotamien Europas (d.h. Frankreich) im Jahre 1945«* – wie auch 1941, 42 und 37. *«In jener Zeit und jenen Landstrichen wird eine infernalische Macht sich gegen die Kirche Jesu Christi erheben. Dies wird der zweite Antichrist sein...»* (Epistel an Heinrich II.)

Großbritannien kämpfte nach dem Fall Frankreichs von Sommer 1940 bis Ende Sommer 1941 praktisch allein weiter und begann mit nächtlichen Bombenangriffen auf deutsche Städte. Aushungerung erwies sich als Hitlers schlimmste Waffe bei der Unterwerfung derjenigen Völker, die nicht unter britischer Protektion standen. Millionen von Russen, Polen und Juden aus den besetzten Gebieten wurden zusammengetrieben und vorsätzlich getötet oder zu Tode gehungert.

Anfang und Ende des II. Weltkrieges werden in zwei Vierzeilern mit der Numerierung «40» vorhergesagt. Sie mögen eine Botschaft an Frankreich enthalten, daß das Jahr seiner größten Niederlage – 1940 – nicht ungesühnt bleiben werde. Der zweite Vierzeiler beschreibt Hitlers letzte Minuten in der Tiefe seines Berliner Bunkers, während oben der Krieg wütet. Er sagt: *«Das Fort des Belagerten, versiegelt und mit Hilfe von Sprengstoff in die Tiefe versenkt. Der Verräter wird lebendig begraben sein. Nie ist den Sachsen eine so erbärmliche Teilung widerfahren...»* IV,40.

Hitler erschoß sich zwei Tage nach der Hinrichtung Mussolinis. Der grauenvolle Krieg endet mit der Teilung Deutschlands – symbolisiert durch die Berliner Mauer.

«DIE ENDLÖSUNG»

«...Menschenfleisch durch Tod zu Asche verbrannt...»

V,16

Brillen aus Auschwitz

DIE SONNE FÄLLT AUF DIE ERDE
HIROSHIMA UND NAGASAKI

Nostradamus sagte einen Tag voraus, an dem eine neue Waffe «die Sonne doppelt erscheinen lassen« werde. Endlich verfügte der Mensch über die gewaltige Macht der Sterne. Die Worte dieses Vierzeilers mit der Zählung «6» – möglicherweise als Fingerzeig auf das Datum des 6. August 1945, als Hiroshima ausgelöscht wurde, bezeugen das Grauen des Propheten, der mit ansehen muß, wie die beiden japanischen Hafenstädte auf dem Altar des heraufdämmernden nuklearen Zeitalters geopfert werden.

Nahe den Häfen in zwei Städten
Werden zwei Schrecknisse geschehen,
wie ihresgleichen
nie gesehen wurden.
Hungersnot, Pest im Innern,
Menschen vom Schwert vernichtet.
Sie schreien um Hilfe zum großen
unsterblichen Gott.

II,6

«Die mit der Sonne werden das Meer
nicht sicher überqueren…
Teile Asiens werden sich ändern.»

V,11

Japan verlor den Krieg, weil es seine Inselfestungen nicht adäquat versorgen konnte, nachdem seine Handels- und Kriegsflotte durch die Angriffe der US-Luftwaffe und U-Boote, die den Pazifik beherrschten, versenkt worden war.

KAPITEL SIEBEN

DIE ERDE ALS DORF

Keine Prophezeiung könnte besser die Nachkriegszeit beschreiben. Die Fortschritte der Medizin hatten bis 1960 fast alle großen tödlichen Krankheiten besiegt – wie das Gelbfieber, Polio und Pocken. Das beginnende «Jet»-Zeitalter machte es zahllosen Millionen möglich, sicher durch den Himmel, über jeden Ozean und in jedes Land zu reisen. Technische Entdeckungen haben neue Kommunikationskanäle erschlossen und holen uns die Welt durch das bloße Einschalten des Fernsehers ins Zimmer.

Angst vor der Atombombe hat die Machtmakler der Welt in den letzten vier Jahrzehnten davon abgehalten, die Erde mit einem dritten Weltkrieg zu strafen. Dieser unstete aber lang anhaltende Frieden, mehr aus Schrecken als aus Verantwortung gewahrt, hat die Auseinandersetzung zwischen den Supermächten auf eine andere Bühne verlagert: die der Dritten Welt.

Seit 1945 ist die Spannung zwischen ihnen in einer Kette von Kriegen – in Korea, Suez, Vietnam – und in Dutzenden von Konfrontationen in der arabischen Welt oder etwa zwischen Indien und Pakistan übergekocht. Die Konflikte verschärfen sich ständig, und seit 1985 wüten sechs Kriege in Afrika, Asien, Mittelamerika und im Mittleren Osten.

Der technische und medizinische Fortschritt hat sich als zweischneidiges Schwert entpuppt. Das drastische Absinken der Säuglingssterblichkeit hat zu Überbevölkerung geführt. Das Rekordwachstum der industriellen Produktion hat zwar die Lebensqualität verbessert, droht aber jetzt das empfindliche Ökosystem der Erde aus dem Gleichgewicht zu werfen. Durch einen einzigen Knopfdruck kann ein Computer die planetare Zerstörung auslösen.

EREIGNISSE DER LETZTEN VIERZIG JAHR

1949: MAO TSE TUNG UND DIE CHINESISCHE REVOLUTION

Mao Tse Tung. Der fast vergöttlichte Gründer Rotchinas – «Der König wird seine Nation als Geisel halten.»

Weit entfernt von seinem Reich, auf
gefährliche Reise geschickt,
Wird er eine große Armee führen und
sie für sich behalten.
Der König wird seine Nation als
Geisel halten
Er wird das ganze Land bei seiner
Rückkehr plündern.

VIII,92

In den frühen Dreißigern versuchten die nationalistischen Truppen Tschiang Kai Tscheks, die Rote Armee der Chinesen einzukreisen und auszulöschen. Mao Tse Tung führte die Kommunisten auf einem achttausend Kilometer langen Marsch durch das chinesische Hinterland in Sicherheit. Dieses heroische Abenteuer bekam den Spitznamen «Der lange Marsch».

Später «behielt er die große Armee für sich» und besiegte 1949 schließlich die Nationalchinesen. In den Sechzigern stürzte der alternde, fast vergöttlichte Gründer Rotchinas das meistbevölkerte Land der Erde in die destruktive Katharsis und die sozialen Wirren der Kulturrevolution.

1958–1970: CHARLES DE GAULLE, FRANZÖSISCHER PRÄSIDENT

«...Dreimal wird einer mit dem Nachnamen de Gaulle Frankreich führen...» IX,33

Im Jahre 1940 zeichnete sich Charles de Gaulle (Mitte) dadurch aus, daß er die Panzereinheiten Frankreichs bei der Schlacht um Frankreich anführte. Später führte er die Truppen der französischen Widerstandsarmee bei der siegreichen Beendigung des Zweiten Weltkrieges. Ein drittes Mal führte er Frankreich als Staatspräsident – von 1958 bis 1970.

1969: DIE APOLLO-MONDLANDUNG

DIE ECKE VON LUNA...

Zu einer Zeit, wo schon die Vermutung, daß die Erde vielleicht nicht der Mittelpunkt des Universums sein könnte, Ketzerei war, nahm Nostradamus voraus, daß der Mensch eines Tages seinen Fuß auf einen anderen Himmelskörper setzen würde. Das dürftige Wissen, das der Mensch vom All hatte, war von so viel Aberglauben umnebelt, daß die Kirche noch völlig alle Wissenschaft kontrollierte. Das außergewöhnliche «Gesicht», das der Prophet hatte, hätte ihm die äußerste Ungnade der katholischen Inquisition eingetragen, wenn man seine Wörter hätte entschlüsseln können.
Selbst zu Beginn unseres Jahrhunderts hätte sich kaum jemand vorstellen können, daß binnen siebzig Jahren ein Fahrzeug mit einem von Menschen hergestellten Treibstoff die Riesenstrecke bis «Luna» zurücklegen würde.

Er wird kommen und sich zur Ecke
von Luna (Mond) begeben,.
Wohin er gebracht und auf fremdes
Land abgesetzt wird...

IX,65

«...zur Ecke von Luna». Wie muß sich ein Mann des 16. Jahrhunderts beim Anblick unserer ersten Schritte auf einem andern Planeten gefühlt haben, ein Mann, für dessen Zeit das schnellste Transportmittel ein Postpferd war?

DIE BRÜDER KENNEDY – ATTENTAT UND VERSCHWÖRUNG

Die Attentate auf Präsident John F. Kennedy und seinen Bruder Senator Robert Kennedy schockierten die Welt. Es wäre erstaunlich, wenn Nostradamus diese beiden Ereignisse übersehen hätte – vor allem in anbetracht seiner seismographischen Sensibilität für wichtige Verschiebungen im zukünftigen Lauf der Geschichte. Für das Nachkriegsamerika ging mit dem Tod John Kennedys im Jahre 1963 eine Epoche der Unschuld zu Ende. Jetzt kam Vietnam, kamen die turbulenten sechziger Jahre. 1968 sahen die Amerikaner das politische Charisma der Kennedys erneut aufsteigen, diesmal in Gestalt von Robert. Nach dem Sieg bei den kalifornischen Vorwahlen wurde er von einer Welle der Begeisterung und Bestätigung hochgetragen, die ihn – daran zweifelte kaum jemand – ins Weiße Haus getragen hätte...

Hinweise auf eine Verschwörung stellen die offiziell zwar abgeschlossenen, aber unschlüssigen Ergebnisse der amtlichen Untersuchungskommissionen zu beiden Attentaten immer wieder in Frage. Die Warren-Kommission kam zu dem Schluß, daß Präsident Kennedy einer Kugel Oswalds zum Opfer fiel, der vom sechsten Stock des Texas-Book-Repository-Hauses am 22. November kurz nach Mittag auf ihn geschossen haben soll. Drei Schüsse verwundeten Gouverneur Connally und töteten Kennedy. Dem Warren-Report zufolge gab es keine Verschwörung. Oswald, heißt es, arbeitete allein. Der Amateurfilm, den ein Zuschauer im selben Moment machte, als die Schüsse fielen, beweist bei der Bild-für-Bild-Analyse aber, daß die Theorie «Ein-Mann-ein-Gewehr» des Warren-Reports eine physische Unmöglichkeit ist.

Der Schlüssel zur Aufdeckung dieser Verschwörung wäre allerdings Oswald selbst gewesen, der angebliche Mörder Kennedys. Er wurde von Jack Ruby am gleichen Tag in Dallas erschossen, als Kennedy in der Rotunde des US-Kapitols aufgebahrt wurde. Der Chef der Mordkommission von Dallas erklärte den Fall des Kennedy-Attentats damit für abgeschlossen.

John Fitzgerald Kennedy und seine Frau Jacqueline schienen das vollendete Paar an der Spitze der politischen Machtpyramide Amerikas zu sein. Was auch immer sie symbolisiert haben mögen – gegen die Rücksichtslosigkeit der kriminellen Mächte Amerikas konnte es sich nicht lange behaupten.

Als Jackie Kennedy das Entsetzliche neben sich wahrnahm, warf sie sich nach hinten über den Rücksitz des Wagens, um einen Leibwächter um Hilfe zu rufen. «Der große Mann wird bei Tage von einem Blitzschlag getroffen werden.»

Der große Mann wird bei Tage
von einem Blitzschlag getroffen
werden,
Die böse Tat vorhergesagt
vom Überbringer einer Bittschrift;
Vorhergesagt auch: ein zweiter
wird bei Nacht fallen.
Konflikt in Reims, London, und
Pestilenz in der Toskana.

I,26

Der plötzliche Tod des ersteren
Wird einen Wandel bewirken und
einen anderen
an die Macht bringen:
Früh, doch zu spät, kommt er zu
hohem Rang, jung an Jahren.
Zu Lande und zu Wasser wird man
ihn zu fürchten haben.

IV,14

Präsident John Kennedy wurde am 22. November 1963 kurz nach zwölf Uhr mittags in Dallas, Texas erschossen. Senator Robert Kennedy wurde wenige Minuten nach 01.00 Uhr nachts ermordert, Augenblicke nach seiner Siegerrede: gerade hatte er die kalifornischen Vorwahlen als Präsidentschaftskandidat von 1968 gewonnen. Jean Dixon, eine der bekanntesten Prophetinnen der Moderne, verdankt ihren internationalen Ruhm nicht zuletzt dem Umstand, daß sie bereits 1956 die Ermordung Kennedys vorhergesehen hatte. Nostradamus nennt sie eine Bittstellerin, die erfolglos versuchte, den Präsidenten und später auch seinen Bruder zu warnen – mit dem sie befreundet war. Die letzte Zeile datiert Roberts Ermordung anhand zeitgenössischer Ereignisse: Die Studentenunruhen in Frankreich und England 1968/9 (Reims und London) und die Überschwemmung des Arno (1966), bei der die Behörden Seuchenalarm für die Toskana schlugen.

Kennedy war der jüngste Mann, der je zum Präsidenten gewählt worden ist. Seine meisterhafte Bewältigung der Kuba-Krise im Jahre 1962 flößte der Sowjetunion einen tiefen Respekt vor ihm ein – «zu Lande und zu Wasser.» Nostradamus läßt durchblicken, daß Kennedy, wenn er überlebt und seine Amtszeit erfüllt hätte, einer der größten Führergestalten dieses Jahrhunderts geworden wäre.

Die Kamera fing diesen Schuß ein, noch ehe Oswald selbst seinen Tod kommen sah. Heute glauben nur noch die wenigsten, daß Oswald der wahre Mörder war. Aber Nostradamus zufolge wurde derjenige, der Kennedy tötete, nur von einem einzigen Zeugen gesehen – «Der Geist eines einzigen Mannes wird Zeugnis davon ablegen.»

Am Tag, als Präsident Kennedy im Capitol aufgebahrt wurde, wird Oswald in Dallas von Jack Ruby, einem Mafiamann, erschossen. Kurz darauf erklärt der Chef der Mordkommission von Dallas den Mordfall Kennedy für abgeschlossen.

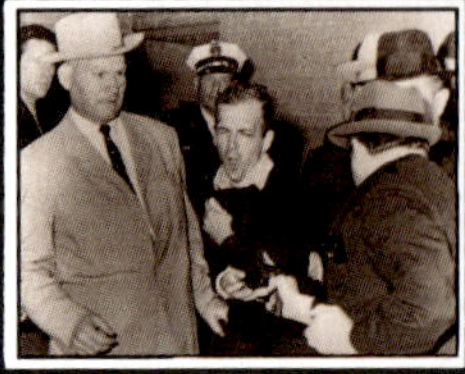

Der nur fadenscheinig vertuschende Warren-Report hat Gerüchte bestärkt, denen zufolge die Ermordung Kenndedys durch eine dreiseitige Verschwörung aus Mafia, Kubanern und FBI zustandegekommen sein soll. Nostradamus gibt einen klaren Hinweis, daß es jemanden gibt – der vielleicht heute noch lebt –, der Zeugnis ablegen kann vom wahren Hergang.

Er schrieb: *«Die alte Aufgabe wird erledigt sein, und vom Dach wird böser Ruin auf den großen Mann fallen. Er wird tot sein, und einem Unschuldigen wird die Tat angelastet: Der Schuldige hält sich in nebligen Wäldern versteckt.»* VI,37

Sowohl John als auch Robert Kennedy hatten dem Mafia-Boss Sam Giacanna und seiner rechten Hand Jimmy Hoffa – einem der mächtigsten Gewerkschaftsbosse der USA – offen den Kampf angesagt. Als Justizminister der Regierung seines Bruders hatte Robert Kennedy das Unterwelt-Reich Giacannas zur Zielscheibe Nr. 1 seiner Verbrechensbekämpfung erklärt. Er hatte Jim Hoffa wegen Erpressung ins Gefängnis gebracht. Hoffa soll nach dem Prozeß gesagt haben: «Irgendwer muß den Schweinehund endlich umlegen...» – gemeint war Robert Kennedy.

Die Mafia mit ihren vielen Kuba-Verbindungen könnte den Agenten Fidel Castros bei einem Attentat auf Kennedy Schützenhilfe geleistet haben; schließlich hatte der CIA es auch auf das Leben Castros abgesehen. Der FBI-Chef J. Edgar Hoover hatte kaum Sympathie für seinen Vorgesetzten, den Justizminister Robert Kennedy, und könnte durchaus bei der Vertuschung des Mordes mitgeholfen haben.

Vor dem Volk wird Blut vergossen werden.
Es wird nicht von fernher aus dem hohen Himmel passieren:
Aber für lange Zeit wird es nicht gehört werden.
Der Geist eines einzigen Mannes wird Zeugnis davon ablegen.
IV,49

Zeugen, die von der Rasenböschung her eine dritte Kugel an sich vorbeizischen hörten, sagten bei einer Nachuntersuchung aus, FBI-Beamte hätten ihnen Gewalt angedroht, falls sie dies der Warren-Kommission zu Protokoll geben würden.

Es liegen klare Beweise vor, daß Lee Harvey Oswald zu Jack Ruby und den Kubanern Verbindung hatte, aber es bestehen immer noch Zweifel, ob er tatsächlich auf Kennedy geschossen hat. Oswalds Stimme wurde bei einem auf Tonband festgehaltenen Presseinterview von einem Lügen-Detektor getestet; dem Test nach log er nicht, als er sagte, er hätte den Präsidenten nicht ermordet.

Jack Ruby war ein bekannter Mafioso unter Giacannas Kommando. *«Die alte Aufgabe wird erledigt sein»* verweist auf Ruby, der mit dem Mord an Oswald einen Auftrag der Cosa Nostra erfüllte. Nostradamus sagt: *«Einem Unschuldigen wird die Tat angelastet.»*

Vielleicht bezieht er sich auf Oswald. Über den eigentlichen Mörder sagt er: *«Der Schuldige hält sich in nebligen Wäldern versteckt.»* Es gibt ein unscharfes Photo von einem Mann mit einem langen Metallgegenstand, der unter den Bäumen auf der Mauer der Rasenböschung hockt. Bezieht sich der Prophet mit seinem «neblig» etwa auf dieses Bild?

Der Tod Robert Kennedys ist in eine ähnliche Aura der Verschwörung gehüllt – Hoffa hatte geschworen, ihn zu töten. Sirhan Sirhans Revolver konnte nur acht Schüsse abgeben. Aber zehn Kugeln wurden gefunden. Der tödli-

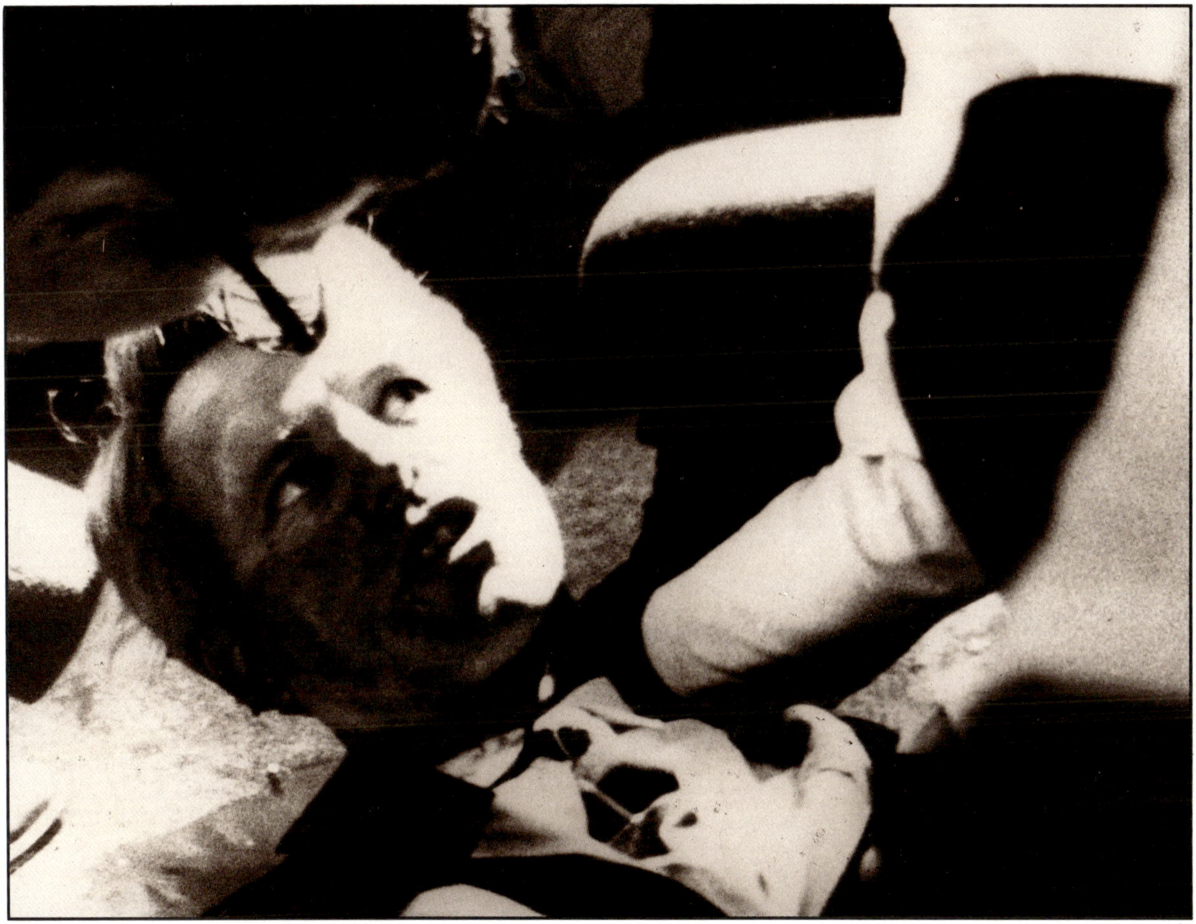

Robert Kennedy, kurz bevor er das Bewußtsein verlor – tödlich getroffen von der Kugel seines Mörders. Wenige Tage später starb er im Krankenhaus.

che Schuß drang hinter Kennedys rechtem Ohr ein, abgefeuert aus einer Distanz von zehn Zentimetern; Sirhan Sirhan hatte aus einer Entfernung von 60 cm bis 4,50 m auf Robert Kennedy gefeuert.

Die Mutter des Mörders sagte aus, daß ihr Sohn vor dem Attentat Umgang mit Fremden gehabt hätte, deren Gesellschaft ihr nicht gefiel. Wer war das? Die bei den mutmaßlichen Drahtzieher einer solchen Verschwörung, Hoffa und Giacanna, sind tot; Hoffa wurde nach seiner Entlassung aus dem Gefängnis wahrscheinlich ermordet und Giacanna in New York niedergeschossen.

Achtzehn Zeugen des Präsidenten-Attentats starben binnen drei Jahren: sechs durch Schüsse, drei durch Verkehrsunfall, zwei durch Selbstmord, einem wurde die Kehle durchgeschnitten, einer starb an einem Karateschlag gegen den Hals, drei durch plötzliches Herzversagen und nur einer auf ganz natürliche Art.

Die Londoner *Times* rechnete aus, daß die Chancen für alle diese Zeugen, rein zufällig zu sterben, bei eintausend Trillionen gelegen hätten.

«Ihr Schicksal beschlossen vom Augenblick der Abreise...» Nostradamus sah zwar neun Tote voraus, aber insgesamt entspricht dieser Vierzeiler genau den tragischen Umständen der Challenger-Katastrophe.

1986: DIE EXPLOSION DER RAUMFÄHRE «CHALLENGER»

Neun werden abgeschnitten sein
von der menschlichen Gemeinde.
Bar aller Vernunft und guten Rates:
Ihr Schicksal beschlossen vom
Augenblick der Abreise...
...Die unreife Frucht wird Quelle
großer Empörung sein.
Großer Tadel. Dem anderen
großer Ruhm.

I,81

Bis auf die Personenzahl trifft Nostradamus verblüffend genau die Umstände der bisher größten Raumfahrtkatastrophe. Am 28. Januar 1986, einundsiebzig Sekunden nach dem Start, kamen sieben Astronauten der Raumfähre Challenger ums Leben; flüchtige Gase, die aus dem linken Antriebszylinder entwichen, führten zu einer ungeheuren Explosion.

Die NASA, die amerikanische Raumfahrtbehörde, hatte in den Folgemonaten ihr eigenes «Watergate». Untersuchungen lenkten das Augenmerk der Weltöffentlichkeit auf grobe Fehler, sowohl im Design als auch bei Entscheidungen vor dem Start.

Die ehrgeizigen US-Raumfahrtspläne wurden empört kritisiert – hatte man doch die Astronauten auf der «unreifen Frucht» undichter Antriebszylinder losgeschickt, nur um am Budget zu sparen.

Gleichzeitig hatten die Sowjets keinerlei Probleme mit ihrem Raumfahrtprogramm, das von Volk und Regierung voll unterstützt wurde: *«Dem anderen großer Ruhm.»*

ABRÜSTUNGSGESPRÄCHE – GENF

Die Reden vom Lac Leman
(Genfer See)
werden sich erzürnen.
Aus Tagen und Wochen werden
schließlich
Monate und Jahre; am Ende bricht
alles zusammen.
Die Berater werden ihre nutzlosen
Gesetze verfluchen.

I,47

Viele Interpreten haben diesen Vierzeiler auf das Scheitern des Völkerbunds bezogen, der 1946 aufgelöst und zur UNO umgebildet wurde. Heute ist die gleiche Stadt Schauplatz neuer Verhandlungen zwischen den Diplomaten aus USA und UdSSR über atomare Abrüstung. Genf sah im Herbst 1985 auch die erste historische Begegnung zwischen Präsident Reagan und Mikhail Gorbatschow. Man besprach sich und lobte einander, und hinterher war man dem Frieden keinen Schritt nähergekommen. Nostradamus hält nicht viel von solchen gutgemeinten Versprechungen.

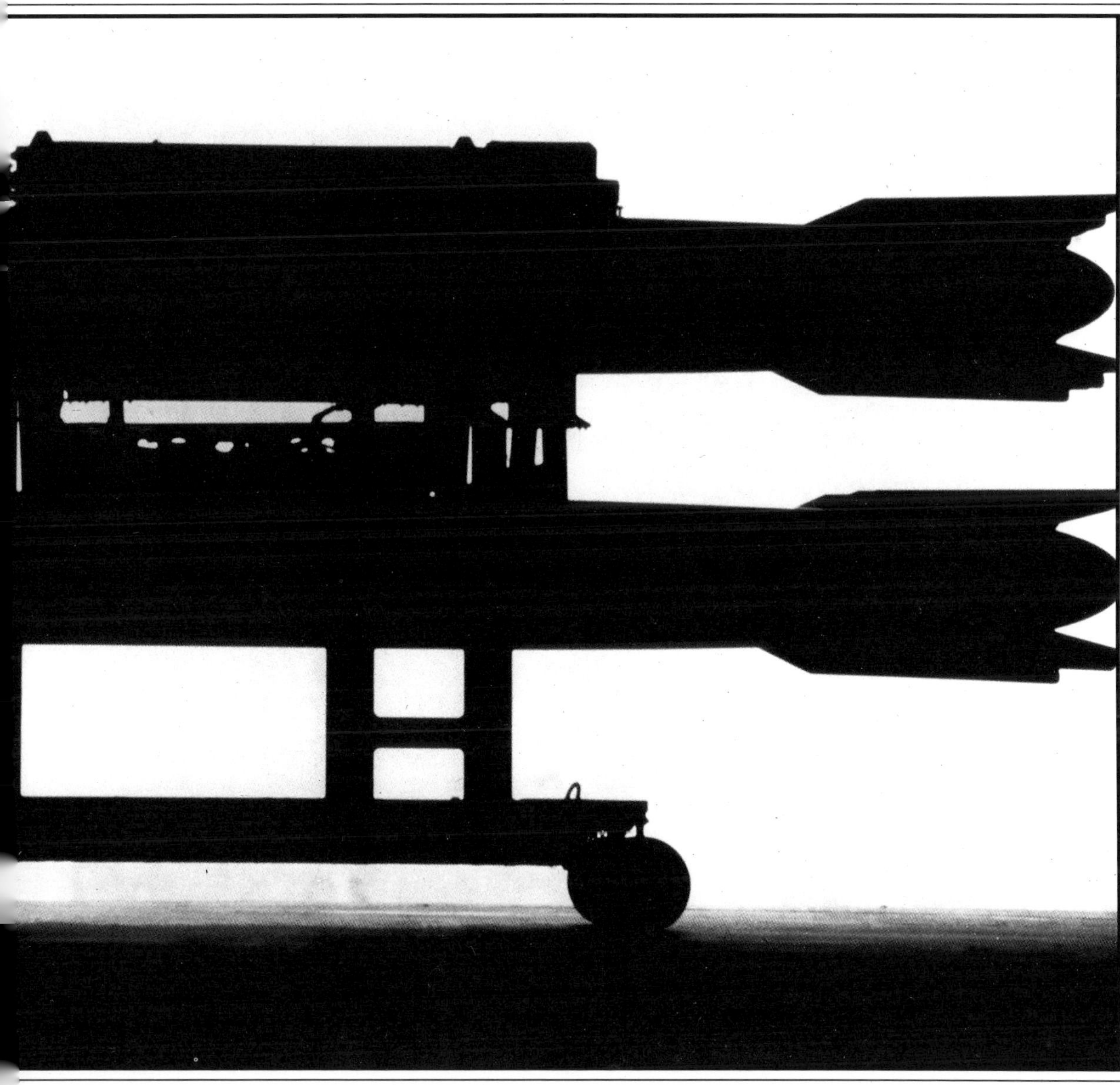

KAPITEL ACHT: DIE LETZTEN

DIE LETZTEN STEI
«DER RUIN NAHT – NICHT DEINEN MAUERN

NOSTRADAMUS

Oh ewiges Rom, dein Untergang
naht –
Nicht deinen Mauern,
sondern deinem Blut, deiner Substanz.
Durch Schriften wird das Böse
üble Schweinereien anrichten!
Spitzes Eisen wird bis zum Heft in
alle fahren.

X,65

1555 machte Nostradamus erstmalig seine Vorhersagen über die Schicksale der letzten sechs Päpste publik. Seine Vierzeiler ähneln sehr der Vision Malachis, der vier Jahrhunderte vor ihm lebte. Er beschreibt sogar Johannes Paul I. als den Mond (Malachi: «De medietate lunae») und Johannes Paul II. als «Das Werk der Sonne» (Malachi: «De labore solis»). Das Originalmanuskript Malachis wurde erst 1590 in den Archiven des Vatikans entdeckt, 24 Jahre nach Nostradamus' Tod.

AGE VON PETRUS, DEM FELS

ERTRETER CHRISTI –
NDERN DEINEM BLUT, DEINER SUBSTANZ»

MALACHI

BEI DER LETZTEN VERFOLGUNG DER HEILIGEN RÖMISCHEN KIRCHE WIRD PETER DER RÖMER DEN PAPSTSTUHL EINNEHMEN UND SEINE HERDE DURCH ZAHLREICHE VERFOLGUNGEN FÜHREN. NACH DIESEN VERFOLGUNGEN WIRD DIE STADT DER SIEBEN HÜGEL ZERSTÖRT UND DER SCHRECKLICHE RICHTER WIRD DIE MENSCHEN RICHTEN.

Im Jahre 1138 war der irische Priester Malachi in Rom und hatte in einer ekstatischen Trance die Vision von einer Gesamtabfolge von 112 Päpsten. Seine Detailbeschreibung jeden Papstes, bis zur tatsächlichen Namensnennung, haben sich als unheimlich genau erwiesen. Im Jahre 1988 stehen nach dieser Rechnung nur noch zwei Päpste aus, danach geht die Kirche von Rom endgültig unter.

GEISTLICHEN UND WELTLICHEN DINGEN ZUGETAN...

Pius XI.

Pius XII.

Johannes XXIII.

1922 kam Pius XI. im revolutionsgeschüttelten Nachkriegs-Italien auf den Papstthron. Vor die Wahl gestellt zwischen einem gottlosen Kommunismus und einem christlichen Faschismus, schlug er sich auf Mussolinis Seite. Der Duce ließ sich nicht lumpen, als – nach erteiltem päpstlichen Segen – der Klingelbeutel gereicht wurde.

Das Neue Römische Reich entfaltete seinen ganzen Pomp, als 1939 Pius XII. (rechts) gekrönt wurde. Im gleichen Jahr brach – wie Nostradamus vorausgesagt hatte – der Zweite Weltkrieg aus. Fünf Jahre später endete die faschistische Revolution. Ironischerweise trug das Wappen von Pius XII. (links) die Friedenstaube mit dem Ölzweig.

Das Wappen von Papst Johannes XXIII.

Nostradamus hat in seinen Vierzeilern ausführlich das Schicksal der katholischen Kirche kommentiert. Zu seinen faszinierendsten Prophezeiungen gehören die, in denen er den Niedergang des Vatikans unmittelbar für die jetzige Zeit ansetzt. Mit erstaunlicher Genauigkeit beschreibt er Leben und Taten dieser Männer unseres Jahrhunderts, die vielleicht die letzten Päpste waren.

Viele seiner Prophezeiungen gleichen denen, die der berühmte irische Prophet Malachi über sämtliche Päpste bis zur Jahrtausendwende geschrieben hat. Auch Malachi spricht von *«der letzten Verfolgung der Heiligen Römischen Kirche»* und der Zerstörung *«der Siebenhügel-Stadt»*.

Im Jahre 1929 unterzeichnete der Vatikan unter Papst Pius XI. eine Abmachung mit der Regierung Mussolini – den sogenannten Lateran-Vertrag. Dieser Vertrag anerkennt u. a. die Vatikanstadt als souveränen Staat mit eigenem diplomatischem Corps und entsprechenden Privilegien. Der Vatikan braucht seitdem keine Einkommens-, Eigentums- oder Einfuhrsteuern zu zahlen. Mussolini sicherte auch zu, in allen italienischen Gymnasien den katholischen Religionsunterricht zur Pflicht zu machen, sowie die italienischen Ehe- und Scheidungsgesetze mit dem katholischen Dogma in Einklang zu bringen.

Zusätzlich sah der Lateran-Vertrag vor, daß Italien dem Heiligen Stuhl eine Summe von siebenhundertfünfzig Millionen Lire in bar, sowie Aktien im Wert von einer Milliarde Lire zahlen werde – eine Summe, die 1929 dem heutigen Wert von einer halben Milliarde Dollar entsprach.

So begann die Saga der ständig wachsenden Verfilzung des Vatikans mit so weltlichen Geschäften wie das Management eines riesigen Finanzimperiums. Das hat dazu geführt, daß der Fels Christi heute eher einem undurchsichtigen Knäuel von Fäden gleicht, die zur Mafia oder etwa den mächtigen Mitgliedern einer rechtsextremen Freimaurerloge namens «P2» hinführen.

Es ist ein beredtes Zeugnis für die allgegenwärtige Macht und Diplomatie des Vatikan-Staates, daß die ganze Geschichte nie allzu publik wurde, und daß, obwohl eine Unmenge Einzelheiten bekannt sind, dies «Böse» nicht zu dem öffentlichen Skandal und Empörungssturm geführt hat, der sonst mit Sicherheit losgebrochen wäre. Aber im Licht der schon zutageliegenden Tatsachen gewinnen die Prophezeiungen des Nostradamus über den Untergang der Katholischen Kirche bis Ende dieses Jahrhunderts eine immer größere Brisanz.

DER PRIESTER UND DER POLITIKER

Nach einem Pontifikat von siebzehn
Jahren
Wird man fünf Jahre lang Verände-
rungen sehen (2. Welkrieg),
die dem Krieg ein Ende setzen.
Zur gleichen Zeit wird einer gewählt
werden,
Der nicht allzu konform mit den
Römern ist.

Als er den Heiligen Stuhl bestieg, hatte Pius XII. längst bewiesen, daß er in seiner Fähigkeit, mit faschistischen Regierungen auszukommen, seinem Vorgänger Pius XI. in nichts nachstand. Als Päpstlicher Nuntius hatte er 1933 beim Abschluß eines Vertrags mit Hitlerdeutschland eine Schlüsselrolle gespielt. Hitler konnte mit Pacellis Zuverlässigkeit durchaus zufrieden sein, denn trotz weltweiten Drucks weigerte er sich während des Zweiten Weltkrieges, Hitler oder Mussolini zu exkommunizieren. Die Position, die Pius XII. bezog – es handele sich um «bloße Kriege» – wurde der französischen und deutschen Geistlichkeit jeweils so vermittelt, daß sich die beiden feindlichen Regierungen in dem Gefühl wiegen konnten, bei ihrem gegenseitigen Vernichtungswunsch den Segen der Kirche zu haben. Seine Weigerung, den deutschen Überfall auf Polen zu verurteilen, rechtfertigte er mit den Worten: «Es gibt im Reich vierzig Millionen Katholiken. Was würde aus ihnen, wenn der Heilige Stuhl einen solchen Schritt machen würde?»

Pius XII. hegte auch keine Aversionen dagegen, den geschäftlichen Bestrebungen Nogaras seine Unterstützung zu geben: drei seiner Neffen waren häufig bei Aufsichtsratssitzungen von italienischen Firmen zugegen, die vom Vatikan kontrolliert wurden.

Von dem Vertrag zwischen dem Vatikan und Hitler hat ein Element noch heute Gültigkeit: *die Kirchensteuer,* die automatisch von den Löhnen aller Deutschen abgezogen wird, die nicht ausdrücklich aus der Kirche austreten. Die Steuer wird der Katholischen und Evangelischen Kirche zugeleitet. 1978 bezog die Katholische Kirche aus dieser Steuerquelle 5,7 Milliarden DM, wovon ein beträchtlicher Teil nach Rom geflossen ist – zum Vatikan.

Zur gleichen Zeit wird einer gewählt werden,
Der nicht allzu konform mit den Römern ist.

PIUS XII. entstammte einer römischen Adelsfamilie und unterstützte das Neue Römische Reich Mussolinis. Nostradamus sieht einen Papst voraus, der im 4. Jahrzehnt des 20. Jahrhunderts einem deutschen Feldherrn namens Hister helfen wird.

Die kriegerische Partei,
durch den großen Papst.
Wer wird die Grenzen der Donau
unterwerfen:
Die mit dem krummen Kreuz…

Zeichen der Zeit. Bischöfe grüßen den Duce mit dem Faschistengruß. Das Kruzifix wird zum «krummen Kreuz», wie es der französische Prophet vorausgesehen hatte.

DER REFORMKURS WÄHRT NICHT LANGE – DANACH: BUSINESS WIE GEHABT

Vier Jahre lang wird der Stuhl
ein wenig zum Guten beitragen.
Einer wird ihn besteigen, der
weltlicher ist.
Ravenna und Pisa, Verona werden ihn
stützen,
Zum höheren Ruhm des päpstlichen
Kreuzes.

Nach dem Tod des sehr gealterten
Papstes,
Wird ein Römer guten Alters gewählt:
Er wird angeklagt werden, den
Heiligen Stuhl
zu schwächen und wird lange Zeit
bleiben.
Seine Arbeit wird umstritten sein.

V,56

Johannes XXIII. war ein beliebter, ja geliebter Hirte. In den vier Jahren seines Amtes setzte er viele Reformen durch, und die Kirche begann, große religiöse, gesellschaftliche und demokratische Verantwortungen zu übernehmen. Johannes war mit seiner großzügigen Erscheinung und seinem Image von Mitgefühl ein schroffer Kontrast zur orthodoxen Strenge Pauls VI.

Eine zeitgenössische italienische Karrikatur: der Petersdom als Krake mit seinen langen Fangarmen. Nach 2000 Jahren scheint sich an den geistlichen Zielen des ersten «Fels Christi» einiges geändert zu haben...

Der unspirituelle, weltliche, aber in Glaubensfragen strikt orthodoxe Paul erwärmte nicht die Herzen der Menschen, wie vor ihm Johannes. Unter dem Einfluß seiner Ratgeber und deren korrupten Politik hinter Vatikanmauern untergrub er das spirituelle Image des Heiligen Stuhls. Das Pontifikat geriet wieder in den Sog weltlicher Habgier und weltlicher Machtinteressen.

Papst Johannes XXIII. war ungemein populär, und sein Zweites Vatikanisches Konzil legte eine Reihe neuer Grundsätze fest, die die Katholische Kirche aus ihrer weltfremden und elitären Haltung herausholen und in eine demokratischere und sozial verständnisvollere Rolle lenken sollte. Er galt als der erste Papst seit sehr langer Zeit, dem es wirklich am Herzens lag, die Kirche wieder in den Dienst der einfachen Menschen zu stellen.

Aber Johannes, der erst in fortgeschrittenem Alter Papst wurde, starb schon vier Jahre nach Amtsantritt und hatte keine Gelegenheit, dafür zu sorgen, daß die Grundsätze des Zweiten Vatikanischen Konzils in die Tat umgesetzt wurden.

Der Nachfolger von Johannes XXIII. war allerdings sehr viel weltlicher und politisch aktiver als sein unschuldiger und apolitischer Vorgänger. Unter Pauls langer Amtszeit avancierte ein alter Freund – Michele Sindona, ein sizilianischer Bankier mit engen Banden zur Mafia – zum Finanzberater der Vatikanbank. Sindonas Machenschaften und die Rollenbesetzung seiner großangelegten Transaktionen mit Vatikangeldern führten 1982 zu einem großen Skandal. Als eine der Banken, die von Sindonas Gruppe kontrolliert wurden, beinahe zusammenbrach, kam ein riesiges, immer verzweigteres Netz von Korruption, Mord und Betrug ans Tageslicht, ein Netz, dessen Finanzierung nur durch die enormen Geldmassen des Vatikans möglich war.

Das Pontifikat Pauls VI. stand unter einem ständig wachsenden Druck nach endlicher Veränderung. Seine konservative Haltung während all dieser langen Jahre, sein offensichtlicher Mangel an Charisma und persönlicher Ausstrahlung und seine engstirnige Einstellung zur Geburtenkontrolle und Abtreibung, trugen wesentlich zu einer Spaltung der in den sechziger Jahren immer aktivistischer werdenden katholischen Kirche bei. An einer Stelle läßt Nostradamus möglicherweise eine kleine Spitze auf Pauls «Keuschheit» los, der – einem weit verbreiteten Gerücht zufolge – einen homosexuellen Liebhaber gehabt haben soll. «Paul der Keusche», sagt er, «wird drei Meilen von Rom entfernt sterben.» Diese Maßangabe bei Nostradamus entspricht auf den Kilometer genau der Entfernung zwischen Rom und der Villa, in der Paul 1978 starb.

JETZT HABEN WIR EINEN WIRKLICHEN PAPST

Albino Luciano überraschte mit seiner Wahl zum Papst nach dem Tod Pauls VI. die ganze Welt. Mit seiner lachenden Freimütigkeit und praktischen Intelligenz hatte er sich dem üblichen Gemauschel ferngehalten, das sonst einer Papstwahl immer vorausgeht. Doch hatte er während seines Kardinalamts in Venedig viele Freunde unter den Kardinälen in aller Welt gewonnen, was ihm den Sieg über die «Vatikan-Insiders» eintrug – worüber er ebenso überrascht war, wie die geübtesten Vatikanbeobachter.

Sein Stil wurde gleich nach der Wahl klar. Bei seiner Antrittsrede verzichtete er auf den pluralis majestatis, das königliche «Wir» in bezug auf sich selbst – all seine Vorgänger hatten es benutzt. Auch verzichtete er auf den übermäßigen Prunk früherer Papstweihen und bestand darauf, statt der Tiara eine einfache Kappe zu tragen, und zu Fuß zu gehen, statt sich in einer Sänfte zu dem extravaganten, mit Pfauenfedern geschmückten, speziell für diese Zeremonie angefertigten Thron tragen zu lassen.

Nur dreißig Tage nach seiner Wahl starb Papst Johannes Paul I. In seiner kurzen Amtszeit hatte er so denkwürdige Dinge gesagt wie: «Gott ist nicht nur euer Vater, sondern auch eure Mutter» – ein Wort, das für die existierende Männerhierarchie des Vatikans schwer verdaulich war. Sein Eintreten für die Frauenrechte und seine Bereitschaft, die uralte Feindschaft der Kirche gegenüber allen künstlichen Verhütungsmitteln zu revidieren, erboste die Kurie und bekümmerte die Konservativen der Kirche.

Und nicht nur das: Johannes Paul war fest entschlossen, tief in die Finanzaffairen des Vatikans hineinzuschauen und eine Reihe von alten Hasen – Schlüsselfiguren der sogenannten «Vatikan & Co.» – loszuwerden. Seine Untersuchung hätte die Verbindungen zwischen Vatikan und Mafia und der mächtigen rechtsextremen Freimaurergruppe «P2» bloßgelegt. Doch noch bevor die Untersuchung beginnen konnte, war er ein toter Mann.

Der zum Papst Gewählte wird von
seinen Wählern verlacht werden.
Dieser entschlossene und vorsichtige
Mann wird plötzlich zum
Schweigen gebracht werden.
Seine übergroße Milde und Güte
provoziert seinen Tod.
In panischer Angst wird man ihn
nachts in den Tod führen.

X,12

In den kurzen 30 Tagen seines Lebens als Papst prägte sich Johannes Paul I. mit seiner sonnigen, menschlichen Ausstrahlung und seiner natürlichen, aber nicht verletzenden Ehrlichkeit tief in die Herzen der Menschen ein. Als geborener Reformer verbitterte er sofort die Konservativen der Kurie und jagte all denen, die in früheren Jahren heimlich ihre Machtprivilegien mißbraucht hatten, eine panische Angst ein.

Auf einem Spaziergang mit seinem Innenminister, Kardinal Villot. Am Abend vor seinem Tod hatte Johannes Paul dem Kardinal eine Liste gegeben: die radikale Umbesetzung der Schlüsselpositionen in der Machthierarchie des Vatikans. Villot machte später Polizei und Presse gegenüber falsche Aussagen über die Todesumstände des Papstes. Die umstrittene Liste ist nie gefunden worden.

ANFANG SEPTEMBER 1978
Papst Johannes Paul I. bittet seinen Innenminister, Kardinal Jean Villot, eine Untersuchung der Transaktionen der Vatikanbank einzuleiten. Er erklärt sich bereit, eine Delegation des US-Kongresses zu empfangen, um über das Thema Bevölkerungsexplosion und Empfängnisverhütung zu beraten.

28. SEPTEMBER 1978
Johannes Paul I. gibt Kardinal Villot eine Liste von Männern, die versetzt, zum Rücktritt aufgefordert oder entlassen werden sollen. Alle Namen auf der Liste stehen unter Verdacht, zur Freimaurergruppe «P2» zu gehören. Das Revirement würde den Nerv der bestehenden Machtstruktur im Vatikan treffen.

29. SEPTEMBER 1978
Johannes Paul I. wird tot in seinem Bett aufgefunden. Villot macht vor der Presse falsche Aussagen über die Umstände des Todes, entfernt Schlüsselbeweise aus dem Zimmer des Papstes und ordnet die augenblickliche Einbalsamierung des Leichnams an – ohne vorherige Autopsie.

OKTOBER 1978
Papst Johannes Paul II. wird als Nachfolger von Johannes Paul I. gewählt. Keine der Anweisungen von Johannes Paul I. an Villot wird durchgeführt.

21. JANUAR 1979
Ermordung des Mailänder Richters Emilio Alessandrini, der die Transaktionen der Banco Ambrosiano untersucht. Ihr Direktor, Roberto Calvi, hat enge Verbindungen zu Michele Sindona und zum Vatikan.

20. MÄRZ 1979
Ermordung Mino Pecorellis, eines Journalisten, der eine Artikelserie über Mitglieder und Machenschaften der «P2» recherchiert – jener mächtigen Freimaurergruppe, die an Finanzgeschäften des Vatikans beteiligt war und deren Gründer, Lucio Gelli, mit Roberto Calvi zusammenhing.

25. MÄRZ 1979
Unter falschen Beschuldigungen werden Mario Sarcinelli und Paolo Baffi (Bank von Italien) verhaftet. Die beiden Bankiers hatten Druck gemacht, die finanziellen Machenschaften von Roberto Calvi und der Banco Ambrosiano endlich aufzuklären.

«UNTER MORD WIRD MORD BE

11. JULI 1979
Ermordung von Giorgio Ambrosioli, der offiziell als Zeuge über Sindonas finanzielle Geschäfte mit Roberto Calvi ausgesagt hatte – sowie über andere Vatikan-Interessen, über den Einfluß der «P2» auf wichtige Kreise von Regierung und Industrie, und über die Verbindungen zwischen Calvi, Sindona und Bischof Paul Marcinkus, dem Chef der Vatikan-Bank.

Er, der die Regierung des großen Mantels innehaben wird,
Wird sich in gewissen Fällen gezwungen sehen, hinzurichten.
Die zwölf Roten werden die Decke verderben.
Unter Mord wird Mord begangen werden.

NGEN WERDEN»

Wenn das große Römische Grabgewölbe gefunden wird: Am Tag danach wird ein Papst gewählt werden. Der Senat wird ihn nicht billigen. Sein Blut wird im Heiligen Kelch vergiftet.

13. JULI 1979
Ermordung von Oberstleutnant Antonio Varisco, Chef des römischen Sicherheitsdienstes, der die Aktivitäten und Mitgliedschaften der «P2» untersucht und mit Giorgio Ambrosioli zwei Tage vor dessen Ermordung gesprochen hatte.

21. JULI 1979
Ermordung von Boris Guiliano, stellvertretender Polizeikommandant von Palermo und Chef des CID von Palermo. Guiliano hatte zwei Tage vor Ambrosiolis Tod mit diesem über Michele Sindonas Methode gesprochen, Mafiagelder über die Vatikan-Bank in die Schweiz «weißzuwaschen».

OKTOBER 1979
Bombenexplosion in der Wohnung von Enrico Cuccia, Manager der Mediobanca und Zeuge der Morddrohung Michele Sindonas gegenüber Georgio Ambrosioli.

2. FEBRUAR 1980
Der Vatikan zieht im letzten Augenblick seine Einwilligung zurück, Kardinal Guiseppe Caprio, Kardinal Sergio Guerri und Bischof Marcinkus per Video als Zeugen für Michele Sindona bei seinem Prozeß in den USA aussagen zu lassen. Sindone stand dort unter Anklage wegen Betruges, Verschwörung und Veruntreuung von Geldern, im Zusammenhang mit dem Bankrott der Franklin National Bank.

23. MAI 1980
Michele Sindona macht im Gefängnis einen Selbstmordversuch (durchschnittene Pulsadern und eine Überdosis Digitalis-Präparat).

13. JUNI 1980
Michele Sindona wird zu 25 Jahren Gefängnis verurteilt.

Im Jahre 1978 wurde ein Grabgewölbe entdeckt, das man anfangs für das von Petrus hielt. Kurz nach dieser Entdeckung wurde Johannes Paul I. zum Papst gewählt.

8. JULI 1980
Roberto Calvi macht einen Selbstmordversuch, während er in U-Haft sitzt wegen Betruges etc. Später auf Kaution freigelassen und erneut als Vorsitzender der Banco Ambrosiano bestätigt.

1. SEPTEMBER 1981
Die Vatikan-Bank verschickt – offenbar auf Wunsch Roberto Calvis – sog. «Trostbriefe», worin sie ihre Verantwortung für – und entschiedenes Interesse an – einer Dollarschuld von über einer Milliarde seitens einer Reihe von Banken bekundet, die von Calvi kontrolliert wurden.

12. JANUAR 1982
Eine Gruppe von Teilhabern der Banco Ambrosiano schicken einen Brief an Johannes Paul II., worin sie die Verbindungen zwischen der Vatikan-Bank, Roberto Calvi, der «P2» und der Mafia darstellen. Der Brief wird nie beantwortet.

27. APRIL 1982
Mordversuch an Roberto Rosone, Chefmanager und stellvertretender Vorsitzender der Banco Ambrosiano, der «Ordnung» in die Operationen seiner Bank zu zu bringen versucht. Der Angreifer, Danilo Abbruciati, wird von einem Sicherheitsbeamten der Bank erschossen.

17. JUNI 1982
Graziella Corrcher, Sekretärin Roberto Calvis, stirbt durch Sturz aus dem vierten Stock der Banco Ambrosiano in Mailand.

17. JUNI 1982
Roberto Calvi wird unter einer Brücke in London erhängt aufgefunden. Ein paar Tage später wird ein «Loch» von 1,3 Milliarden Dollar in der Banco Ambrosiano, Mailand, entdeckt.

2. OKTOBER 1982
Guiseppe Dellacha, Top-Manager der Banco Ambrosiano, stirbt durch Sturz aus einem Fenster der Banco Ambrosiano in Mailand.

23. MÄRZ 1986
Michele Sindona stirbt vergiftet in dem italienischen Gefängnis, an das er aus amerikanischer Haft unter Anklage, den Mord an Giorgio Ambrosioli befohlen zu haben, ausgeliefert wurde.

DER PAPST AUS DEM ALTEN FRANKENREICH

Johannes Paul II. wurde im Südwesten von Polen geboren, wo einst die Grenze des Reiches Karls des Großen verlief – des *«alten Frankenreichs»*. Als der Nachfolger von Papst Johannes Paul I. gewählt wurde, ging das Gerücht um, der nächste Papst werde kein Italiener sein. Unter den nicht-italienischen Kandidaten war einer aus Polen, ein anderer aus Lateinamerika. Zur Zeit des Nostradamus galt Südamerika als Teil Spaniens – daher also *«nicht aus Spanien, sondern aus dem alten Frankenreich.»*

Kurz nachdem Papst Johannes Paul II. den Heiligen Stuhl bestieg, tauchte die große Seuche AIDS auf. Nicht nur in seinen Versen, auch in seinen Briefen warnt Nostradamus vor der großen Pest, die zur Regierungszeit von Johannes Paul II. den katholische Klerus befallen werde. Inzwischen sieht sich die Kirche selber gezwungen, öffentlich zu versichern, daß AIDS nicht durch das Austeilen der Kommunion übertragbar sei. Ob AIDS die *«große Pest»* ist, von der Nostradamus spricht, und wer *«der Feind»* ist, der diese Seuche unters Volk gebracht hat, das ist das faszinierende Rätsel dieses Vierzeilers, und zweifellos wird die Antwort mit der Zeit immer klarer zutage treten.

Nostradamus warnt Johannes Paul II. (den er mal *«Pol»* nennt, wortspielerisch den Klang seines Namens mit seinem Herkunftsland mischend, mal *«Mansol, das Werk der Sonne»*, in Übereinstimmung mit Malachis Symbol für Johannes Paul II.) und sagt mehrfach, daß er von Feinden verfolgt, und seine Anhängerschaft gefangen und getötet werden würde.

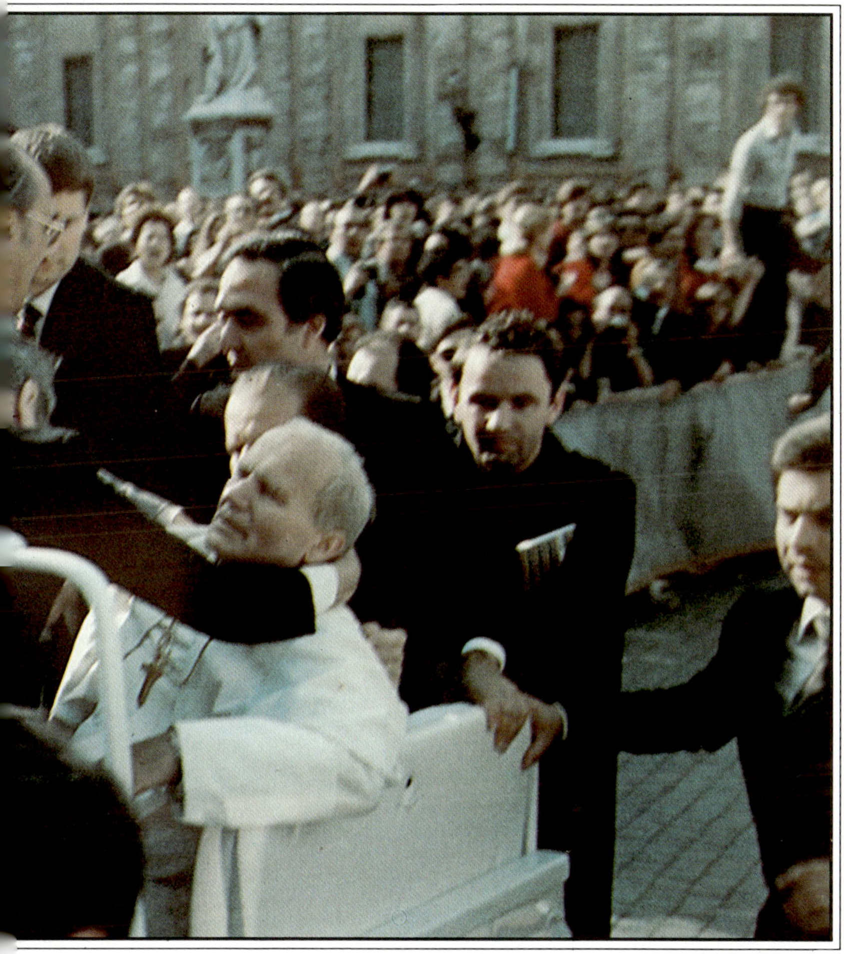

Der erste Mordanschlag auf Johannes Paul II. blieb ohne Erfolg. Bei dem mysteriösen Attentat spielten offenbar Geheimdienstpläne aus dem Balkan mit Ostblockunterstützung eine Rolle – und ein bizarrer Attentäter, der von sich behauptet, der wiedergeborene Erlöser Jesus Christus zu sein.

In den heiligen Tempeln werden
skandalöse Dinge geschehen,
Man wird sie für ehrenwert
und des Lobes wert halten,
Von einem, den sie auf Silber, Gold
und Medaillen prägen.
Am Ende wird es sehr seltsame
Qualen geben.

VI,9

Kurz vor der Ermordung des Heiligen
Monarchen (Papstes) wird es
Zwillingsbrüder im Pontifikat geben
(Joh. Paul I. und II.),
einen haarigen Stern
(Halley'scher Komet),
Der öffentliche Schatz wird geleert
sein…

II,15

Ganz nah dem Tiber droht der Tod,
Kurz nach der großen Flut.
Der Kopf der Kirche wird gefangen
und verstoßen werden,
Das Kastell (St. Angelo) und der
Palast (Vatikan) in Flammen.

II,93

Einer, den weder Pest noch Waffen zu
töten vermochten,
Wird auf der Höhe eines Hügels
(Rom) sterben,
vom Himmel getroffen.
Der Abt wird sterben, wenn er die
vom zerstörten
Pontifikat ruiniert sieht,
sich an den Felsen der Kirche
klammernd.

II,56

«...ein Sturzbach wird das marmorne Grabmal öffnen und zu dem großen Römer mit dem Mendusine-Wappen führen...» Im Frühjahr 2000 wird das Grabmal von Petrus nach der Flut in den Ruinen des Vatikans bloßgelegt werden. «Der große Römer» wird als der Heilige Petrus gedeutet, da «Mendusine» ein Anagramm für «Deus in Me» ist, «Gott ist in mir» – das Motto von Petrus.

Sieben Monate lang wird ein falscher Papst auf dem Heiligen Stuhl sein und ein Schisma wird die Kirche in Ultrakonservative und Reformer spalten. Nostradamus nennt den 111. Papst «Clemens» (Malachi: «De Gloria Olivæ»). Beide Propheten sind sich einig, daß der letzte Papst auf dem Heiligen Stuhl Petrus sein wird, um somit den zweitausendjährigen Zyklus zu schließen. Einer römischen Volkstradition zufolge wird die Leiche von Petrus schändlich durch die Stadt geschleift werden, während der Vatikan geplündert wird und die Kirche untergeht.

DIE ERSTEN UND DIE LETZTE

‹PSTE IN ROM: ALPHA UND OMEGA – DER KREIS SCHLIESST SICH

KAPITEL NEUN

In seinen berüchtigtsten Prophezeiungen kommt Nostradamus auf den «Anti-Christ» zu sprechen. Das Hauptthema seiner Vorhersagen für unser ausgehendes Jahrtausend umkreist «drei Männer des Bösen», jeder von ihnen ein Meilenstein bei der Evolution der Menschheit, die entweder auf den potentiellen Untergang oder aber auf eine große Bewußtseinsveränderung zusteuert.

Man darf nicht vergessen, daß Nostradamus im 16. Jahrhundert lebte und schrieb, zu einer Zeit also, die zutiefst durchdrungen war von religiösen Dogmen; schon das Wort «Anti-Christ» sagt uns alles über die herrschenden Glaubensinhalte einer Ära, in der die Kirche allmächtig war und mehr Furcht und Schrecken einzuflößen vermochte, als jeder König oder weltliche Machthaber. Noch heute übt das Wort «Anti-Christ» seinen eigentümlichen Bann auf uns aus, und wenn wir auf die Männer zurückblicken, die Nostradamus als die beiden ersten ihres Schlages nannte, sehen wir, daß sie allerdings Schrittmacher der Menschheit auf dem langen Marsch in die drohende Katastrophe waren.

DER ANTI-CHRIST

Rom 1985:
Das Blutbad im Flughafen.

GADDAFI

Im Jahre 1986 konfrontierte er im Golf von Sidra die USA. 1990 riet er von der Besetzung Kuwaits ab – ist er für oder gegen Amerika?

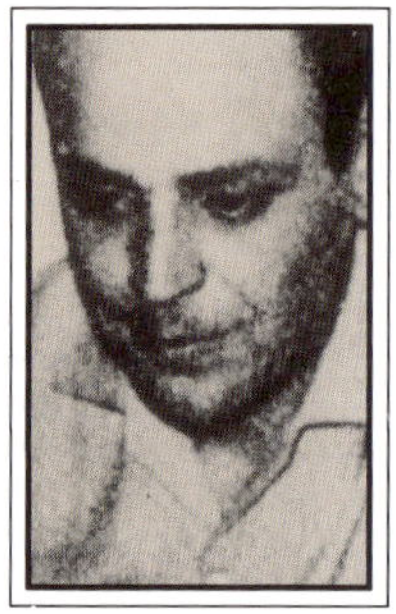

ABU NIDAL

«. . . der böse Geist, der nur bei Nacht umgeht . . . und ihnen ständige Alpträume macht.»

ABU ABBAS

Ein weiterer Anwärter auf den Titel des dritten Anti-Christ: eine dunkle und gewaltige Gestalt, verantwortlich für die Geiselnahme des Luxuskreuzers Achille Lauro.

In früheren Kapiteln ist uns die erste dieser Gestalten begegnet – Napoleon Bonaparte, dessen Ehrgeiz, Europa zu erobern, zwei Millionen Menschenleben und vierzehn Jahre Krieg kostete. Der zweite Anti-Christ sollte Hitler sein, ein Mann, der den Begriff «*Anti-Christ*» im Sinne von Nostradamus zu bisher unvorstellbaren Dimensionen ausweitete – als grauenvollster Mensch, der je auf Erden gelebt hat, auf dessen Konto etwa fünfzig Millionen Tote und ein nahezu weltweiter Krieg gehen, der sechs Jahre dauerte – die langen Jahre des Wiederaufbaus ungerechnet. Die Kosten des Zweiten Weltkrieges sind auf etwa Tausend Millionen Millionen Dollar (Kurswert von 1950) geschätzt worden.

Wenn dies also der zweite – und größeres Elend über die Welt bringende – Anti-Christ war, was haben wir vom dritten zu erwarten? Nostradamus beschreibt ihn in einigen seiner Verse und es ist anzunehmen, dass er die politische Bühne noch nicht betreten hat. Wir können daher lediglich die verschiedenen Alternativen in Betracht ziehen, die sich uns in den vergangenen Jahren präsentiert haben.

Es fällt nicht schwer, auf die wichtigsten Führer des Mittleren Ostens als warscheinliche Kandidaten für diesen wenig schmeichelhaften Titel zu deuten. Nur weil sie die «*imperialen*» Bestrebungen der Westmächte stören, bedeutet dies nicht, daß sich unter ihnen der schreckliche Irre befindet, der mit Hitler zu vergleichen wäre. Saddam Hussein ist, in der Interpretation der Verse Nostradamus, sicherlich der Favorit unter den despotischen Herrschern der achtziger und neunziger

Mabus wird dann bald sterben, und ein gräßliches Blutbad von Menschen und Tieren wird folgen. Dann plötzlich wird man die Rache kommen sehen aus hundert Landen. Durst und Hungersnot, wenn der Komet vorbeikommen wird. II,62

HUSSEIN

Ein Mitglied des Kommandounternehmens, das 1959 versuchte, den irakischen Premier Abdul Qassem zu ermorden. Hussein, ein zum Mörder ausgebildeter Führer.

Jahre und fügt sich in einige der Vierzeiler, die Nostradamus uns als Beschreibung des dritten Anti-Christ überlieferte. Der Verweis auf ein «*gräßliches Blutbad von Menschen und Tieren*» scheint relevant zu sein. Berichte von unzähligen Opfern im Irak, skrupellosen Morden an den Feinden des Präsidenten und dem Tod vieler Tiere im Mittleren Osten, möglicherweise als Folge einer Ölpest durch die kuwaitischen Ölvorkommen, passen nahtlos in den Vierzeiler auf dieser Seite.

Hussein zeigt das typische Verhalten eines despotischen Führers mit übermächtigen persönlichen Ambitionen, die nichts oder wenig mit den Wünschen seines Volkes zu tun haben. Der Westen ist schnell dabei wenn es darum geht, auf die potentiellen Gefahren solcher Individuen aufmerksam zu machen. Seit dem Zweiten Weltkrieg gab es jedoch eine Reihe von staatlichen Entscheidungen, die zur Invasion fremder Territorien führten – die Sowjetunion in der Tschechoslowakei und Afganistan, China in Tibet –, die kaum eine Reaktion der übrigen Weltmächte hervorriefen. Allerdings findet sich in Tibet auch kein Öl!

Wirtschaftliche Interessen sind mit die Ursache aller Kriege. Unser Vierzeiler aber bezeugt weiterhin, was nach Nostradamus im Mittleren Osten während eines «*Golfkrieges*» geschehen würde – «*Dann plötzlich wird man die Rache kommen sehen aus hundert Landen*» – scheint auf die schnelle Entschlossenheit der Alliierten hinzudeuten, Hussein auf seinem Weg zur Herrschaft über die arabische Welt aufzuhalten.

«DANN PLÖTZLICH WIRD MAN DIE RACHE

Der Konflikt um die *«rehtsmässige»* Zugehörigkeit Kuweits geht zurück auf die frühen sechziger Jahre. Als am 19. Juni 1961 das Land für unabhängig erklärt wurde, mussten britische Truppen einmarschieren und diesen Anspruch gegenüber dem Irak verteidigen. Am 16. Juli 1979 wurde Saddam Hussein irakischer Präsident und begann nahezu sofort den Krieg gegen den Iran. Das Land befindet sich seitdem fast ständig im Kriegszustand. Eine natürliche Folge dieser kriegstreiberischen Haltung sind gravierende wirtschaftliche Probleme innerhalb des Landes, die – unbillig – einer Lösung bedürfen. Was bietet sich mehr an als ein Einmarsch in die «Ölmine» Kuwait. Wenig zählt das Leben, wenn Geld auf dem Spiel steht. Nostradamus sah diese Möglichkeit als Teil der sich ausweitenden «Buschkriege» (!) der neunziger Jahre, die sich am Ende des Jahrtausends zu einem Dritten Weltkrieg entwickeln.

KOMMEN SEHEN AUS HUNDERT LANDEN»

Präsident Bush – konfrontiert mit den Problemen am Golf – kämpft für den amerikanischen Glauben an das Recht aller Staaten, sich gegen despotische Vereinnahmung zu wehren, und für das Recht des freien Handels mit Öl. Man glaubt, dass die königliche Familie Kuwaits allein aus eigenen Mitteln einen zehn Jahre dauernden Krieg in der Golfregion finanzieren könnte!

«VERGIESST EUER BLUT, SCHÜTZT DEN ISLAM, STÜRZT DEN TYRANNEN!»

Hussein, «angemessen» gekleidet in der goldbesetzten Robe des arabischen Potentaten, entzündet ein übergrosses Phallussymbol.

Die frühen Stadien des Golfkrieges lassen darauf schliessen daß Hussein keineswegs gut organisierte Truppen hinter sich hat – ja daß selbst seine Stellung als mächtiger Führer in der «*Mutter aller Schlachten*» angesichts der unvorstellbaren amerikanischen Kriegsmaschinerie einen empfindlichen Schlag erleidet. Doch was ist mit dem Landkrieg, für den Hussein anscheinend, auch nach seiner eigenen Meinung, besser gerüstet ist? Er hatte immerhin neun Jahre gegen den Iran gekämpft – die Erfahrung lehrt und erzieht zu Vervollkommnung . . . oder doch nicht? Vielleicht wird sogar der religiöse Fanatismus der arabischen Welt einmal müde am unablässigen Morden zum Nutzen . . . wovon?

Doch Anti-Christ? Warscheinlich nicht. Denn Hussein ist weder Soldat noch Priester oder Politiker, sondern ein sich wichtignehmender Schauspieler, der viel zu verlieren hat und sich durch eine gefahrvolle, von Kriegen gezeichnete Amtsperiode schlängelt, die, so Nostradamus, irgendwann im Juni 1991 enden wird.

EINE MILLION MÄNNER WERDEN DURCH IRAK NACH ÄGYPTEN EINFALLEN

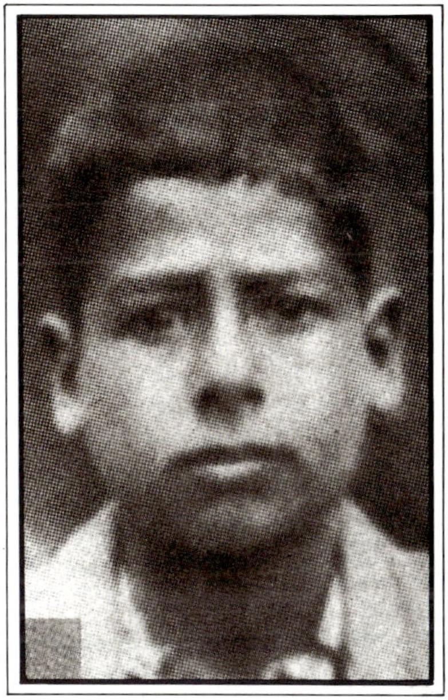

In den späten vierziger Jahren verbrachte Saddam Hussein eine erbärmliche und einsame Kindheit in Takrit – keineswegs das, was man sich als Herkunft eines arabischen Potentaten vorstellt.

Die 6. US-Flotte beginnt mit dem Countdown für den Vergeltungsschlag. Am 24. März 1986 überquerten um 01.00 Uhr drei US-Schiffe Gaddafis «Todeslinie». Von hier aus eskaliert, Nostradamus zufolge, eine Konfrontation zwischen der islamischen Welt und Europa.

Die Macht der westlichen Flotte wird herausgefordert durch einen eventuellen islamischen Atomangriff. *«Das Schmelzen einer großen Flotte... Aufgrund einer Hitze, so heiß wie die Sonne, werden die Fische fast gekocht sein...»*

Gaddafi, der 1986 Schlagzeilen machte, ist der zweite Kandidat für Nostradamus' dritten Anti-Christ. Dieser Libyer wird von ihm als ein Mann erwähnt, der aus Nordafrika kommen und einen König stürzen wird. Den Quellen zufolge wird er die westliche Welt beeinflussen und Konflikte provozieren, wie schon im Golf von Sidra geschehen. Das von Nostradamus entworfene Bild gegenseitiger Angriffe bestätigte sich während der Arbeiten an diesem Buch, wenig später dann auch die Bedrohung Italiens. Schon diese Zusammenhänge stellen die Richtigkeit der Vorhersagen außer Zweifel.

02

Gaddafis Protektion der Terroristen läßt archetypische Bilder vermummter Reiter aus der Wüste wiederaufleben. Immer klarer zeigt sich, daß die politischen Führer des Westens wenig von den fanatischen Werten der Araber wissen.

Ein Oberst putscht aus Ehrgeiz.
Er wird den größten Teil der Armee
gegen seinen Prinzen an sich reißen,
durch eine falsche Erfindung…
Religion, benannt nach dem Meer,
wird die Oberhand behalten
Gegen die Sekte des Sohnes
Adaluncatif:
Die hartnäckige, beweinte Sekte wird
Angst vor den
zwei verwundeten Aleph und Aleph
(Alif) haben.

X,96

Das Wort «adaluncatif» ist ein klassisches Beispiel dafür, wie der Prophet versteckte Hinweise gibt. Bei Neumischung der Buchstaben ergibt sich Cadafi Luna – Gaddafi Mond – oder: Gaddafi mit dem Halbmond (Islam).

EIN GURU ODER HEILAND DES ISLAM: DIE GROSSE GEBÄRDE DES MESSIANISCHEN VISIONÄRS

Gaddafi stürzte König Idris in der libyschen Revolution von 1969 und überlebte frühere Versuche der USA, eine Blockade gegen sein wachsendes Terroristenreich zu verhängen, vor allem dadurch, daß US-Verbündete, die auf seine Ölquellen angewiesen waren, sich für ihn verwendeten.

Innerhalb Libyens wird Gaddafi als eine Art Guru oder islamischer Heiland betrachtet; er gibt sich als messianischer Visionär und hält an den exzentrischen Gewohnheiten einer Kindheit in der Wüste fest, als Sohn eines Beduinenhirten.

In so mancher Hinsicht scheint er zugeschnitten auf den von Nostradamus beschriebenen Typus des Anti-Christ, für den alle Mittel recht sind, um ein fanatisches Ziel zu erreichen... ziemlich im Stil der Mittelalter-Gesellschaft von Attentätern. Die religiöse Glut kommt diesem Image noch zusätzlich zugute und taucht diesen Oberst aus Nordafrika in eine Glorióle, die er offensichtlich genießt. Man fragt sich, ob er – wie z. B. Hitler – Nostradamus selber gelesen hat und jetzt vielleicht absichtlich die Vorhersagen von vor über vierhundert Jahren erfüllt.

Mit der selbstgewählten Rolle der USA, als im Frühjahr 1986 amerikanische Politiker sich zu Rächern der Welt ernannten, für Terrorakte, die angeblich von Gaddafis Leuten ausgeübt worden waren, begann eine ganz neue Art der Kriegsführung. Betrachtet man die heutige Situation mit den Augen der Nostradamus-Ära, der jeglicher Terrorismus unbekannt war, so läßt sich mit gewissem Recht sagen, daß der Dritte Weltkrieg bereits voll im Gange ist. Die Konfrontation zwischen Gaddafi und Reagan mag unter diesem Gesichtspunkt nur ein Scharmützel unter vielen sein im Dauerkrieg des Mittleren Ostens, den der große Astrologe so präzise vorausgesagt hat.

«DER BÖSE GEIST, DER NACHTS UMGEHT UN

Weiter kommt als Kandidat für den fragwürdigen Titel eines «Anti-Christ» Abu Nidal in Frage, vielleicht der gefürchtetste unter den Terroristen des Mittleren Ostens; oft wird er als Psychopath mit messianischen Tendenzen beschrieben. Es ist auch viel über die Hilfe spekuliert worden, die Nidal angeblich von Gaddafi bekommen hat, als er mit seiner ehemaligen Gruppe «Fatah» unschuldige Menschen in den internationalen Flughäfen von Wien und Rom niedermetzelte.

Eines der verschlüsselten Wörter, die Nostradamus auf den dritten Anti-Christ gemünzt hat, paßt auf die Beschreibung, die dieser Mann von sich selbst gibt. Nostradamus nennt ihn *«Blutiger Alus»*, oder *«den Bösen»*, und man weiß, daß Nidal von sich gesagt hat, er sei *«der böse Geist, der nachts umgeht... und ihnen ständig Alpträume macht»*. Man nimmt an, daß er heute Libyen als Operationsbasis benutzt.

Eine neue Art der Kriegsführung mit neuen Regeln. Während einerseits die Sicherheitsmaßnahmen verschärft werden, greifen die Terroristen zu unsichtbaren Waffen: statt Flugzeuge zu entführen, schmuggeln sie tödliche, schwer auffindbare Plastiksprengsätze an Bord.

NEN STÄNDIG ALPTRÄUME MACHT.»

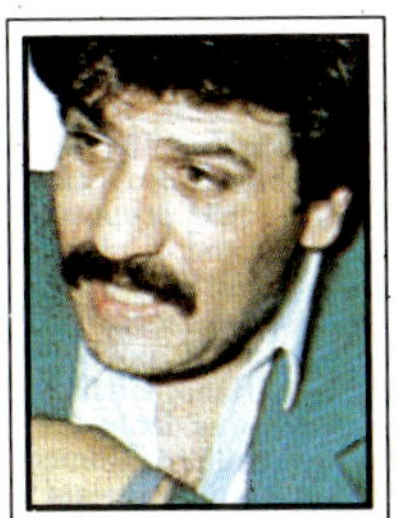

Der letzte Kandidat bei dieser makabren Kür ist ein Mann, dessen Name dem Namen «Mabus», den uns Nostradamus nennt, am nächsten kommt. Mit Hilfe der rhetorischen Tricks, die dem Propheten so lieb sind, wird aus Abu Abbas ohne weiteres «Mabus». Als Anführer der palästinensischen Befreiungsfront und mutmaßlicher Anstifter vieler brutaler Überfälle – einschließlich der Geiselnahme der «Achille Lauro» im Jahre 1985 – kommt dieser Mann dem von Nostradamus angekündigten dritten Anti-Christen vielleicht am nächsten. Das Schiff «Achille Lauro» wurde einen Monat vor dem Erscheinen des Halley'schen Kometen entführt, worauf ein anderer Vierzeiler von Nostradamus verweist: «*...wenn der Komet vorbeizieht.*»

Falls der Prophet mit «Mabus» einen Menschen gemeint haben sollte, dann muß Abu Abbas als erster Kandidat in Frage kommen. Mischt man die Buchstaben neu, paßt sein Name. Abbas, der für die Geiselnahme der «Achille Lauro» im Jahre 1985 – einen Monat vor dem Auftauchen des Halley'schen Kometen – verantwortlich war, könnte der dritte Anti-Christ werden.

Einer, den die infernalischen Götter des Hannibal (Baal Hammon)
Wiedergeboren sein lassen – Erschrekker des Menschengeschlechts.
Niemals werden die Zeitungen Grauenhafteres berichten können,
Als das, was den Italienern durch Babel widerfuhr.

II,30

Der Bezug auf Hannibal ist bei Nostradamus ein Hinweis auf dessen Gott Baal Hammon, der auch unter dem Namen «König des Himmels» bekannt ist. Wurde er gereizt, stieg er als Schrekkenskönig vom Himmel nieder. Auch taucht in diesem Vierzeiler – ganz unbekannt im 16. Jahrhundert – das Wort «iournaulx» (Zeitungen) auf!

Mabus wird dann bald sterben, und ein gräßliches
Blutbad von Menschen und Tieren wird folgen.
Dann plötzlich wird man die Rache kommen sehen aus hundert Landen.
Durst und Hungersnot, wenn der Komet vorbeikommen wird.

II,62

Einer der berühmtesten Nostradamus-Vierzeiler, heute zur Identifizierung des dritten Anti-Christ besonders interessant. Mabus mag ein einzelner Mann oder eine ganze Gruppe sein – nur wann und wie wir das herausfinden werden, ist noch unklar. Aber wenn wir es schließlich wissen, wird es, sagt der Prophet, wohl schon zu spät sein, um den Schaden, den er anrichten wird, noch zu verhüten.

DER KRIEG DES ANTI-CHRIST

1973–2000 «DIE ZEIT WIRD SCHMUTZIG SEIN, VOLLER SEUCHEN UND GEWALT»

Die Zeit wird schmutzig sein, voller
Seuchen und Gewalt,
Eine furchtbare Moslem-Attacke und
Invasion.
Große Katastrophen werden im April
ausgelöst,
Und große Persönlichkeiten werden
lächerlich gemacht,
außer zwei von ihnen.

Vorhersage 60, April.

Der letzte große Krieg, den Nostradamus vorhergesagt hat, die endgültige Apokalypse, die zur «Erneuerung der Zeiten» führen wird, hat vielleicht schon begonnen. Wie bereits in früheren Kapiteln untersucht, wird sich dieser Krieg, folgt man dem «Drehbuch» des Nostradamus, aus den Spannungen im Mittleren Osten entwickeln, wobei Europa zum Schauplatz einzelner Gefechte wird. Dann aber wird in einer komplexen Ereignisabfolge allmählich ganz Europa und schließlich die übrige Welt in den chaotischen Strudel der Zerstörung hineingerissen. Wir sind es gewohnt, uns die Erfahrungen der Vergangenheit zur Elle zu machen, mit der wir die Ereignisse der Gegenwart und der Zukunft messen wollen. Wir stellen uns vor, daß zukünftige Kriege – nach Maßgabe des I. und II. Weltkrieges, des Vietnam-Krieges usw. – sich ebenfalls im Rahmen begrenzter Territorien und begrenzter Zeitabläufe abspielen werden. Das muß nicht so kommen. Wenn man bedenkt, daß das Atomzeitalter jeden Krieg alten Musters verhindert, und wenn man davon ausgeht, daß es kein «zweites Vietnam» mehr geben wird – von keiner Nation und für keine «Sache» mehr inszeniert – dann ist es denkbar, daß die Saat des großen Krieges, den Nostradamus vorhergesagt hat, nicht nur schon gesät ist, sondern bereits im Aufgehen begriffen ist.

Nostradamus hat prophezeit, daß dieser Krieg siebenundzwanzig Jahre währen wird, mit einer kritischen Endphase von drei Jahren und sieben Monaten, in der die blutigen und entscheidenden Schlachten geschlagen werden. Nicht nur Nostradamus, sondern eine ganze Reihe von anderen Propheten gehen davon aus, daß bis Ende dieses Jahrtausends – im oder um das Jahr 2000 – die Auseinandersetzung geklärt sein wird. Wenn dies stimmt, dann hätte der große Krieg 1973 begonnen – genau in dem Jahr, als die Osteroffensive im Konflikt zwischen Israel und Ägypten stattfand und der Öl-Boykott der ölproduzierenden Staaten (OPEC) die Welt in die große «Energiekrise» der siebziger Jahre stürzte...

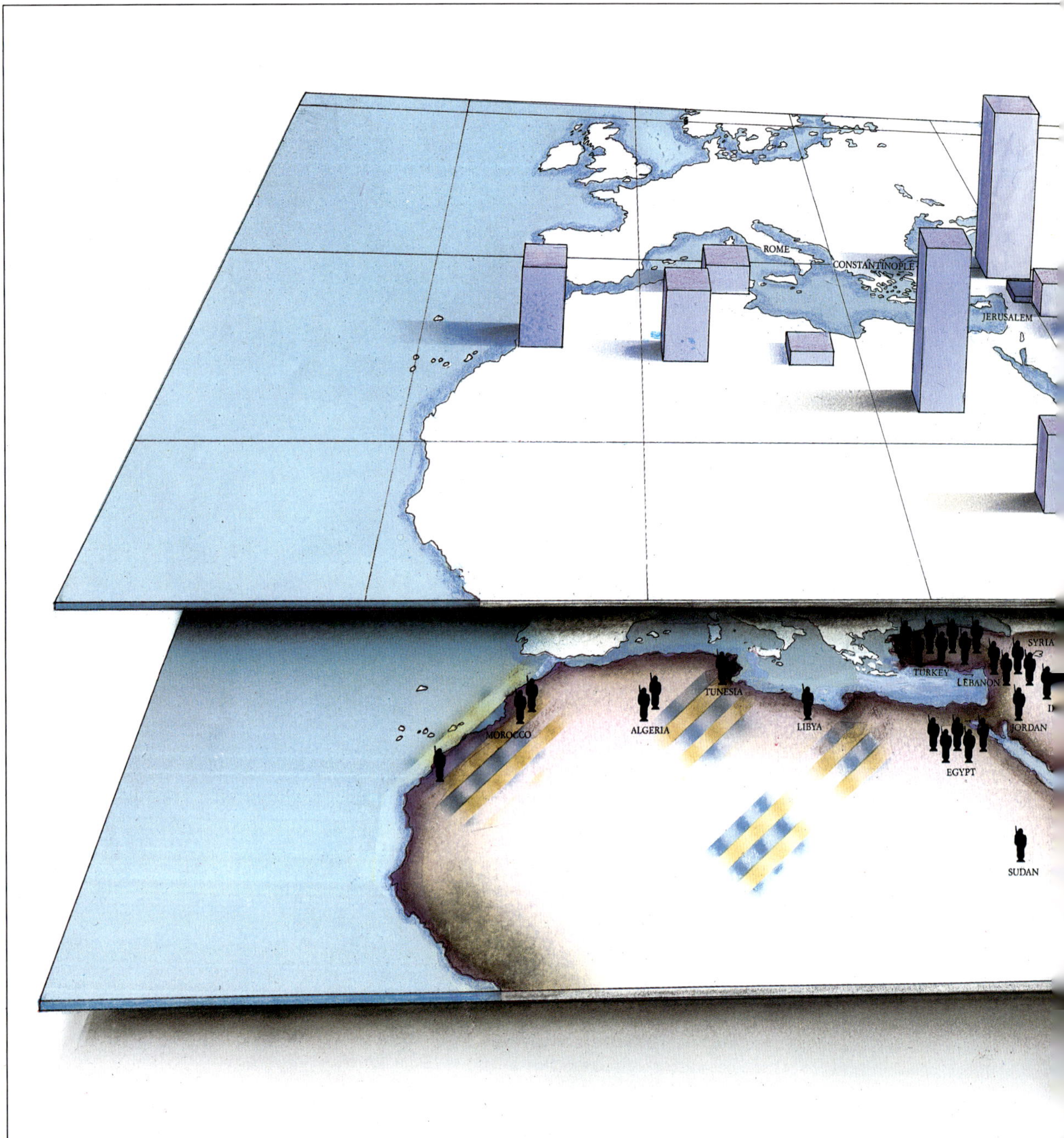
ROME
CONSTANTINOPLE
JERUSALEM
SYRIA
TURKEY
LEBANON
TUNESIA
MOROCCO
ALGERIA
LIBYA
JORDAN
EGYPT
SUDAN

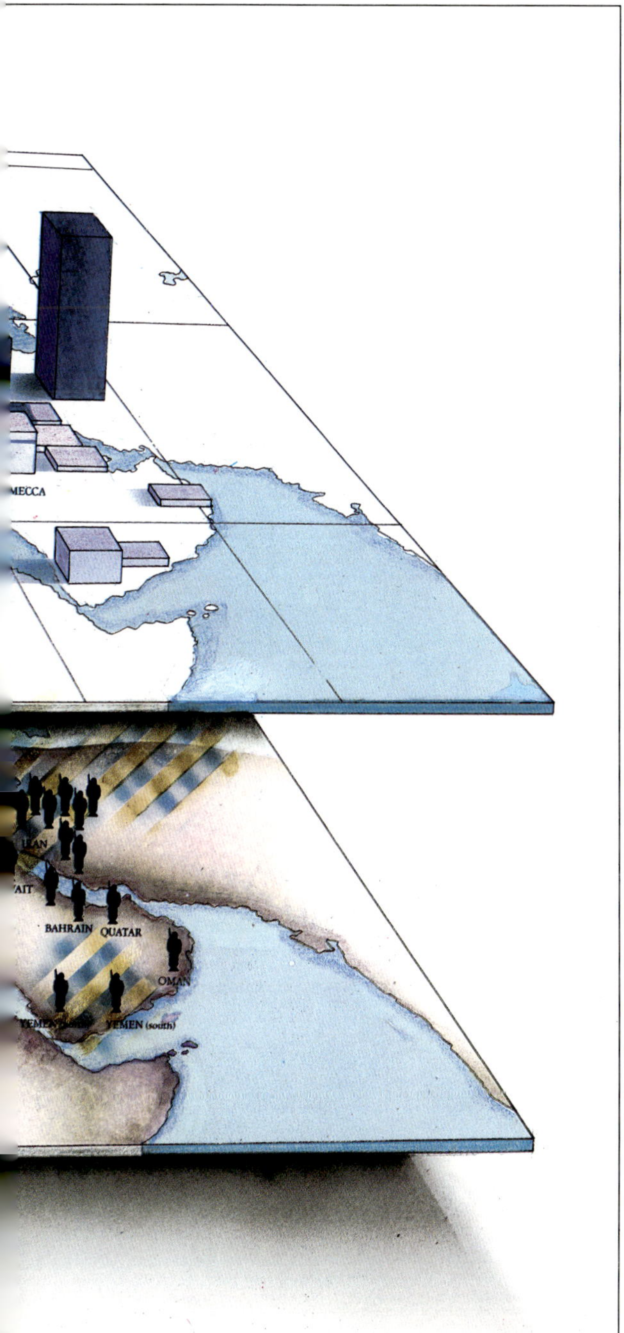

DER MITTLERE OSTEN DIE STEIGENDE FLUT DES ISLAM IM BRENNPUNKT DES KONFLIKTES

Mittlerer Osten & Nordafrika	Bevölkerung (in Mio.)	Streitkräfte	Schiiten in %	Alliiert mit
ALGERIEN	21,7	130 000		
BAHREIN	0,4	2 800	60%	
ÄGYPTEN	47,2	460 000		USA
IRAN	42,5	1 000 000	98%	
IRAQ	14,9	650 000	60%	UdSSR
JORDANIEN	2,5	76 500		
KUWAIT	1,75	12 500		USA
LIBANON	2,7	20 300	77%	
LIBYEN	3,5	73 000		UdSSR
MAROKKO	23,4	144 000		USA
OMAN	1,6	21 500		
QUATAR	0,27	6 000		
SAUDI ARABIEN	10,4	51 000	15%	USA
SYRIEN	10,4	362 000	5%	UdSSR
SUDAN	23,25	58 000		
TUNESIEN	7,0	35 000		
TÜRKEI	48,6	602 000		USA
VEREIN. EMIRATE	1,3	43 000		
JEMEN (NORD)	7,5	36 500		
JEMEN (SÜD)	2,2	27 500		UdSSR
Summe	273,07	3 811 600		

Schiiten («Gefolgschaft»).
Sie sind das blanke Schwert des Islam. Im Westen kennt man sie als iranische Sturmtruppen, Terroristen, Kidnapper und Kamikazeflieger. Als fanatische Fundamentalisten bildeten sie bisher eine Minorität in allen Ländern außer Persien. Die «unmoralischen und korrupten Werte des Westens» sind ihnen zuwider.

Sunniten («Sitte»).
Die Mehrheit aller Moslems sind gemäßigt und nehmen den Status Quo und den Einfluß des Westens – sogar eine gewisse Emanzipation der Frau – als gegeben hin.

Konfliktzonen

DIE ÖKONOMIE VON PRIESTERSCHAFT UND POLITIK

Nach Schätzungen der Unesco ist der Islam heute die am schnellsten wachsende von den großen Religionen der Welt. Sein simplizistischer Glaube und rigoroser Moralkodex bieten unkomplizierte Antworten auf eine Welt, die von Zweifel, Zweideutigkeit und Korruption zerrissen ist. Aber obwohl der Islam die Mehrheitsreligion in den arabischen Ländern ist, sind sich seine Anhänger durchaus nicht immer in der Anwendung ihrer Glaubenssätze auf ihr politisches und kulturelles Leben einig. Diese Unterschiede, vor allem die zwischen den gemäßigteren Sunniten und den fundamentalistischen Schiiten, sind durch den plötzlichen Ölreichtum im Mittleren Osten noch verschärft worden. Dieser Reichtum hat nicht wenige Konflikte und gesellschaftliche Unruhen in den islamischen Staaten ausgelöst. Im Augenblick sind die islamischen Staaten weit davon entfernt, den monolithischen Machtblock zu bilden, der zu jenem «jihad» (heiligen Krieg) größten Ausmaßes nötig wäre, den Nostradamus prophezeit hat. Es mag Drohungen geben, schrill akzentuiert durch entsetzliche Terroranschläge, aber man kann nicht behaupten, ein dritter Weltkrieg stünde unmittelbar bevor. Weder das Gleichheitsversprechen des Sozialismus noch die Wohlstandsverlockung des Kapitalismus haben im Mittleren Osten bisher die Oberhand gewonnen. Nach wie vor kämpft er um eine sinnvolle Lösung der ökonomischen und politischen Probleme des Übergangs: hier mausert sich eine Zone der Dritten Welt zu einem Gebiet von zentraler Bedeutung – in einer Welt, die Energiequellen braucht.

Nostradamus zufolge wird der III. Weltkrieg durch die Einigung der islamischen Länder unter einem «starken Herrn des mohammedanischen Gesetzes» ausgelöst, der gegen Europa und die USA zu Felde zieht.

Die grausame Sekte der Moslems wird kommen,
Mit spitzen Dolchen, versteckt in langen Gewändern:
Ihr Führer wird Florenz nehmen und zweimal niederbrennen,
Nachdem er sittenlose und gerissene Kundschafter vorausgeschickt hat.

X,33

Zu Lebzeiten des Nostradamus war das türkische Reich der Ottomanen Europas Hauptfeind. Nostradamus beruhigte die Europäer des 17. Jahrhunderts, indem er richtig prophezeite, daß es mit diesem Feind nach der vergeblichen Belagerung Wiens von 1683 bergab gehen werde. Damals auf der Höhe der Macht, sank der Stern der islamischen Völker, und sie fristeten ihr Leben bis nach dem Zweiten Weltkrieg in Unterdrückung und Kolonisation.

Aber Nostradamus sah voraus, daß der Islam im 20. Jahrhundert durch die Entdeckung seiner riesigen Ölvorkommen zu neuem Leben erwachen würde. Tatsächlich ist der plötzliche Reichtum und ökonomische Einfluß, den die arabischen Ölproduzenten gewannen, sowohl zur Missionierung in der Dritten Welt als auch zur Stärkung ihrer militärischen Präsenz benutzt worden. Letzteres haben nicht nur Israel, sondern auch die islamischen Staaten untereinander zu spüren bekommen, und freilich die ganze Welt durch die zunehmenden Terrorakte auf militärische und zivile Ziele.

Daß Nostradamus die islamische Welt als die treibende Kraft der Apokalypse ausmachen konnte, ist ein beeindruckendes Zeugnis für seine visionäre Kraft. Es ist um so bemerkenswerter, als er den Aufstieg des Mittleren Ostens schon zu einer Zeit kommen sah – vor vierhundertfünfzig Jahren! –, als er weder etwas von Öl wußte, noch von dem Reichtum und der strategischen Wichtigkeit, die es symbolisiert.

ALLE WEGE FÜHREN ZUR HEILIGEN STADT

Die Kuppel des Felsendoms in Jerusalem, «ferner Platz der Anbetung» —ein islamisches Heiligtum, das nur noch von Mekka und Medina übertroffen wird. Jerusalem war eintausend Jahre lang eine mohammedanische Stadt gewesen, als sie 1967 von den Juden zurückerobert und zur «Ewigen Hauptstadt» Israels gemacht wurde. Diese Situation wieder rückgängig zu machen, ist das einzige Ziel, worüber sich die ansonsten zerstrittene islamische Welt einig ist.

DER BÄR SPIELT MIT DEM SCHWERT UND DEM FEUER

Ein Fünftel der islamischen Bevölkerung der Welt lebt in Rußland. Anfang des zwanzigsten Jahrhunderts begrüßten die Väter der heutigen Moslems in den zentralasiatischen Städten begeistert den Sieg von Lenins Revolution als eine große Befreiung. Sie sahen das Ende ihres jahrhundertelangen Kampfes gegen die Versuche der Zaren gekommen, ihre Länder um Taschkent, Samarkant und Bokhara herum zu kolonisieren.

Doch legte sich ihr Enthusiasmus für den «Islamischen Marxismus» sehr bald, als Stalin die Moslems in der UdSSR brutal zu Tausenden beseitigte.

Heute zählt die Moslembevölkerung in der UdSSR fünfundvierzig Millionen, mit einer dreimal höheren Zuwachsrate als die der europäischen Russen. Wenn dieser Trend zunimmt, werden die Anhänger Allahs – die bei weitem stärkste unassimilierte Gruppe in der Sowjetunion – bis Ende des Jahrtausends ein Viertel bis ein Drittel der Gesamtbevölkerung Rußlands ausmachen.

Bis Ende der siebziger Jahre schien die russische Regierung sich damit abzufinden. Aber seit jeher dürfen die Bürger nicht frei die Landesgrenzen überschreiten, es heißt: Russen bleiben Russen, und in Rußland.

Die russischen Moslems sind dies leid. Ihre Loyalität bindet sie mehr an Damaskus und Riadh oder Karachi als an die «unreligiösen», ja atheistischen russischen Technokraten, die über die sechs großen Sowjetrepubliken bestimmen, in denen die meisten von ihnen leben.

Shi'itische und sunnitische Streitkräfte kämpfen gemeinsam im «Vietnam» der Sowjets.

Kaum hatte Rußland freilich Afghanistan besetzt, änderte sich plötzlich das bisherige Gleichgewicht. Dieser Akt, verbunden mit der iranischen Revolution im gleichen Jahr, entzündete in den Herzen der russischen Moslems ein größeres Feuer, als das sowjetische System verkraften kann.

Der Kaukasus, nur einen Steinwurf weit vom Iran entfernt, ist wohl die krisenanfälligste Zone im Sowjetreich. Iranische Revolutionspropaganda, in vielen Sprachen mit massiven Transmittoren vom persischen Gebirge aus gesendet, ist leicht zu empfangen. Im Kaukasus wie in Turkmenien hört man die emphatische Botschaft mit: «Der wahre Islam hat mit den Ideologien von Ost oder West nichts zu schaffen!» Bisher hat die UdSSR noch keinen Weg gefunden, die Propaganda zu stören. Rußlands Politik, sein Volk zu isolieren, wird heute also nicht nur von der «Stimme Amerikas» und den «BBC-Weltnachrichten» torpediert, sondern auch von den dogmatischen Lehren des islamischen Glaubens.

Die eigentliche und größte Gefahr bildet im Augenblick die islamische Erhebung in Afghanistan selbst. Es scheint, Rußland hat mit der Invasion seines Nachbarn einen grundsätzlichen Denkfehler gemacht. Wie konnte sie auch gelingen? Die afghanische Sprache und die örtlichen Sitten sind dem slawischen Geist absolut fremd.

Nach dem Kampf der Großen
(wie Panzer)
Werden sie den islamischen Wider-
stand als gebrochen erklären.
Zu töten bei Nacht, in den Bergen,
Zu ruhen in Hirtenkleidung.
Rote Schlucht (Ströme von Blut) in
den tiefen Tälern.

VI,8

Also rekrutierte Rußland Hunderte von Turkmenen, Usbeken und Tadschiken als Soldaten, Technokraten und Logistiker und schickte sie ins Innere Afghanistans, um dort auf allen Ebenen des Managements und der Verwaltung tätig zu werden – offenbar in dem Glauben, daß diese Leute ihre patriotische Loyalität über ihre religiöse und stammesmäßige Zugehörigkeit setzen würden, aus Eifer für «den Aufbau des Kommunismus» in dem von ihnen besetzten Land. Es ging schief. Viele von den eingeschleusten «Patrioten» des russischen Idealismus sympathisierten mit dem afghanischen Volk und verließen ihre Posten, um sich den Guerillas anzuschließen, während alle Verwaltungsbeamten, die es nicht taten, ihre Sympathien dadurch bezeugten, daß sie die Widerstandskämpfer deckten. Binnen zwölf Monaten wurden sie durch zuverlässigere Russen ausgetauscht. Aber damit war das Problem nicht gelöst. Heute verursacht die islamische Situation mit ihren unverhältnismäßig schneller wachsenden Geburtenziffern der russischen Regierung immer heftigeres Kopfzerbrechen.

EIN JIHAD – EIN HEILIGER KRIEG KOMMT END

Eine Rakete wird am Nachthimmel erscheinen
Nahe der Quelle der Rhone. Hunger und Krieg
Werden kommen, und die Hilfe wird zu spät kommen.
Wenn der Iran mobil macht,
Mazedonien zu überrennen.

Die fanatischen Schiiten des Irans werden der Vorhersage nach den Irak überrennen und mit einer Million Mann nach Ägypten einfallen. Ihr Ruf nach einem Jihad oder Heiligen Krieg fällt auch bei gemäßigteren Regierungen auf fruchtbaren Boden, da sie unter sozialen Unruhen und Vertrauenskrisen aufgrund fallender Ölpreise und überspannter Rüstungsausgaben leiden. Anfang der neunziger Jahre kommt es zu einer Konfrontation im Mittelmeer, bei der eine ganze Flotte durch Atomwaffen eingeschmolzen wird. Sobald das Mittelmeer offen ist, landen die Moslems mit Invasionstruppen in Frankreich, Griechenland, Italien und Spanien. Der Krieg eskaliert durch schwere Terroristenangriffe auf die Groß- und Küstenstädte Südeuropas, mit entsprechenden Vergeltungsschlägen der europäischen Länder und der USA.

Vom Osten her wird der furchtbare Schlag kommen,
Der die Adria und die Erben des Romulus (Italien) treffen wird.
Mit der libyschen Flotte fürchten und zittern
Die Bewohner Maltas und seines Archipelagos.

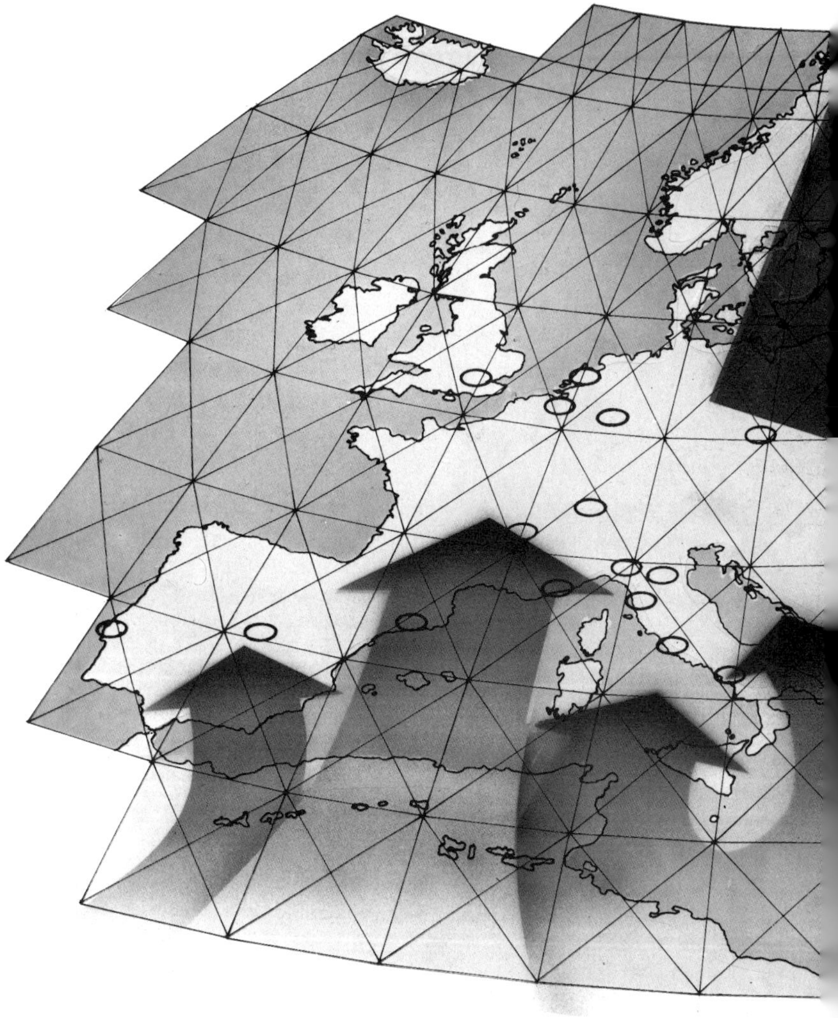

ES SIEBTEN JAHRTAUSENDS ÜBER EUROPA

Rußland schließt sich, zur Unterstützung des islamischen Jihad von Norden her einfallend, dem Krieg an. In der totalen Endphase des Krieges, die drei Jahre und sieben Monate dauern wird, scheint Rußland seine Politik umzukehren und sich dem Westen anzuschließen, um die islamische Invasion zurückzudrängen. 1999 ist dann der letzte Krieg des Jahrtausends vorbei, und die alte Welt bleibt «gänzlich in Trümmern und Trostlosigkeit» zurück.

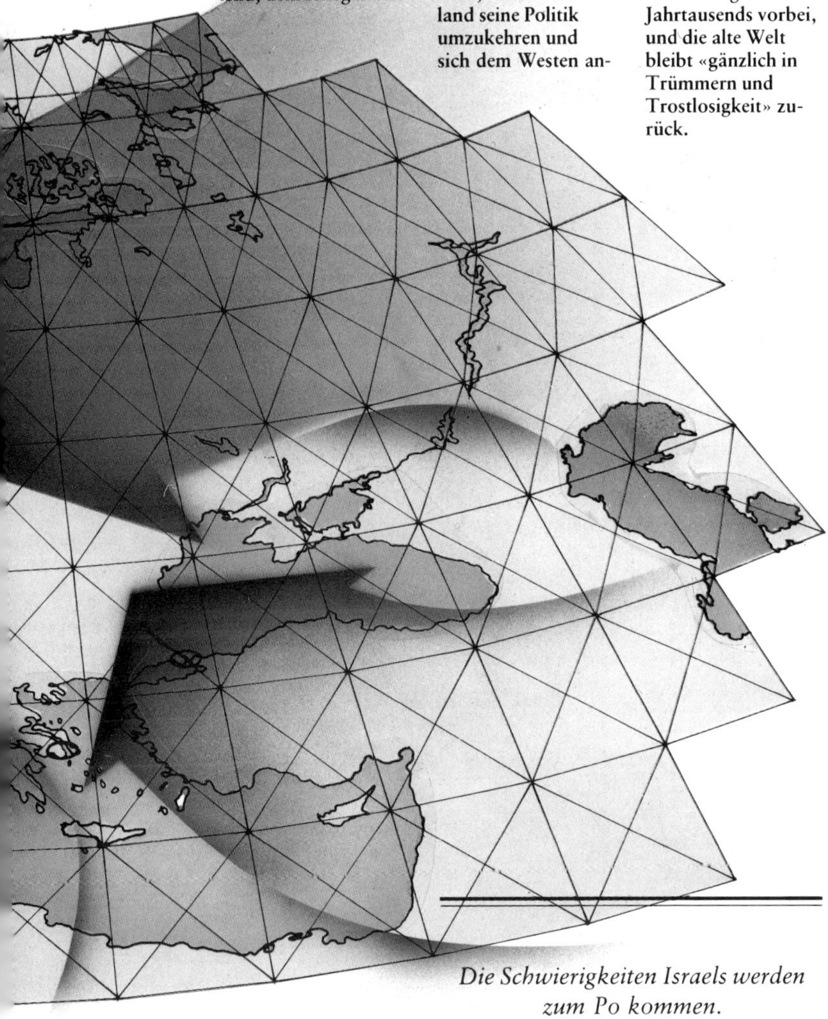

Truppen werden sich von Rußland her nähern.
Der Zerstörer wird die alte Stadt (Paris) in Schutt und Asche legen.
Italien wird zerstört sein, und niemand wird wissen,
Wie das große Feuer, das entfacht wurde, zu löschen ist.

II,96

Ich weine um Nizza, Monaco, Pisa, Genua,
Savona, Siena, Capua, Modena und Malta,
Die von Blut bedeckt sein werden im Kampf.
Krieg und Erdbeben und Revolution werden ungewohntes Unglück schaffen.

IV,82

Die Schwierigkeiten Israels werden zum Po kommen.
Tejo, Tiber, Genfer See und Toskana.

Frankreich wird von fünf Seiten aufgrund seiner Unachtsamkeit angegriffen.
Algerien und Tunesien werden von den Persern aufgewiegelt.
Leon, Sevilla, Barcelona werden fallen
Und nicht durch die Armee Italiens gerettet werden.

III,71

DIE SOWJETISCH-AMERIKANISCHE ALLIANZ

Eines Tages werden die großen Mächte Freunde werden.
Man wird ihre große Macht wachsen sehen.
Das neue Land (Amerika) wird auf der Höhe seiner Macht sein.
Dem Mann des Blutes (der Anti-Christ) wird die Zahl hinterbracht.
II,89

Die beiden werden nicht lange alliiert bleiben.
Innerhalb der dreizehn Jahre werden sie vor den barbarischen iranischen Führern kapitulieren.
Auf beiden Seiten wird es solche Verluste geben,
daß man Petrus Romanus (den letzten Papst) segnen wird.

Es gibt bereits Anzeichen dafür, daß sich USA und UdSSR durchaus eine Zukunft vorstellen können, wo sich ihre Länder angesichts der Unruhen im Mittleren Osten zweckmäßigerweise verbünden werden. Nostradamus zufolge mag dies gegen Ende der achtziger Jahre geschehen. Und so wie sich die Dinge entwickeln, könnte der neue sowjetische Führer, Mikhail Gorbatschow, ein offenbar hochintelligenter Mann, einer solchen Allianz die Bahn ebnen. Nicht einmal die heutige Generation von Kommunistenhassern in den USA hätte diese Entwicklung vorhersehen können – um wieviel erstaunlicher, daß jemand es schon vor vierhundert Jahren konnte. Doch die Allianz wird nicht lange währen.

DER ABLAUF DES DRITTEN WELTKRIEGES

DER ATOMARE WINTER

Versuchen wir, diesen Zusammenbruch der amerikanisch-sowjetischen Allianz zu datieren, so scheint er in die Phase des endgültigen Holocausts zu fallen. Wenn es sich denn um den Dritten Weltkrieg handeln sollte, muß das Ausmaß des Krieges total sein, und so ist zu erwarten, daß sich bis dahin auch alle Großmächte in das heillose Kriegsgeschehen verstrickt haben werden. Interessant ist auch, daß die Numerierung der Vierzeiler einen Hinweis auf die Jahre, in denen dieser Krieg stattfinden soll, zu enthalten scheint, nämlich zwischen 1987 und 1999.

Lebendiges Feuer und versteckter Tod... V,8
...sich nordwärts ausdehnend... II,91
Blutgetränkte Leichen, Wasser und roter eisiger Regen bedecken die ganze Erde. VIII,77

Ein letzter Schlagabtausch von etwa fünftausend Megatonnen nuklearer Sprengköpfe würde einen Mantel der Dunkelheit über die Erde breiten, der das Sonnenlicht auf der nördlichen Erdkugel binnen Wochen auf einen minimalen Prozentsatz reduzieren würde.

Die überlebende Bevölkerung würde unter extremer Kälte, Hunger und allgemeiner radioaktiver Verseuchung leiden, und ca. zwei Millarden Menschen würden sterben. Verletzungen durch die Bombenangriffe, für die es keine Krankenversorgung gäbe, würden vielleicht eine weitere Milliarde Opfer kosten, und Strahlungswolken und Vergiftungen würden noch mehr Leben fordern. Ohne Ernten würde der Rest verhungern, und ohne Sonnenlicht würde die Photosynthese der Pflanzen zerstört. Das Meeresplankton würde beschädigt und damit die gesamte Meeresökologie; das Leben im Meer würde weithin vernichtet. Und so weiter und so fort...

Und dies alles, folgt man Nostradamus, als Resultat der Taten eines einzigen Menschen (oder einer Gruppe), der/die den Ehrgeiz hat, die Welt zu beherrschen. Sollten sich diese Prophezeiungen auch nur entfernt bewahrheiten, gäbe es nicht mehr sehr viel zu beherrschen. Und natürlich kann ein solcher Holocaust nicht allein auf das Konto eines dritten Anti-Christ gehen; Nostradamus und seiner Weltanschauung nach wären wir alle – mit unserer Angst und unserem Haß – an diesem grauenhaften Schicksal mitschuldig.

Die Herrschaft wird zweien überlassen bleiben, aber nur kurz.
Drei Jahre und sieben Monate lang werden sie Krieg führen,
Die Vasallen beider rebellieren gegen sie,
Der Sieger wird auf armonikanischem Boden spätgeboren.

IV,95

»...Aber um nicht zu tief und über dein Fassungsvermögen hinaus zu gehen, mein Sohn, und auch, weil ich die Wissenschaften so große und unvergleichliche Überheblichkeiten begehen sehe, so wisse denn: die Welt wird vor dem endgültigen Weltbrand große Sintfluten und Überschwemmungen erleiden, daß kaum Erde sein wird, die nicht von Wasser bedeckt ist. Und dies für so lange, daß außer der Geschichte und der Geographie alles untergegangen sein wird. Auch wird es vor und nach diesen Überschwemmungen in manchen Ländern so wenig regnen, und wird eine solche Fülle an Feuer und brennenden Steinen vom Himmel fallen, daß nichts unverbrannt bleiben wird. Und dies wird kurz vor dem letzten Weltbrand (1999) geschehen. Denn ehe der Mars (Krieg) sein Jahrhundert beschließt, wird er im letzten Moment noch einmal herrschen. Die einen werden vom Wassermann (Revolution), die andern noch anhaltender vom Krebs (wirtschaftlicher Ruin) beherrscht sein...«

Michel Nostradamus, in: »Gesundheit und Glück meinem Sohn César Nostradamus.« 1555

KAPITEL ZEHN

Nostradamus bediente sich beim Kampf gegen die Pest medizinischer Methoden, die um Jahrhunderte seiner Zeit voraus waren. Insbesondere eine seiner Prophezeiungen hat zu Spekulationen geführt, ob dieser Arzt des 16. Jahrhunderts vielleicht zur Rettung von Menschenleben auch sein prophetisches Talent einsetzte. In dem berühmten Vierzeiler I,25 heißt es: «*Das verlorene Ding, viele Jahrhunderte verborgen, ist entdeckt. Pasteur wird als Halbgott verehrt. Dies wird kommen, wenn der Mond seinen großen Zyklus erfüllt. Er wird durch andere Gerüchte entehrt.*»

Die Entdeckung Louis Pasteurs, daß Bakterien die Atmosphäre verunreinigen, war einer der größten Meilensteine in der Geschichte der Medizin, und seine Zeitgenossen nannten ihn tatsächlich einen Halbgott. Doch ehe seine Theorien entgültig bestätigt waren, mußte er erbitterte Angriffe von einflußreichen Medizinerkollegen über sich ergehen lassen. Nicht nur seinen Namen gab No-

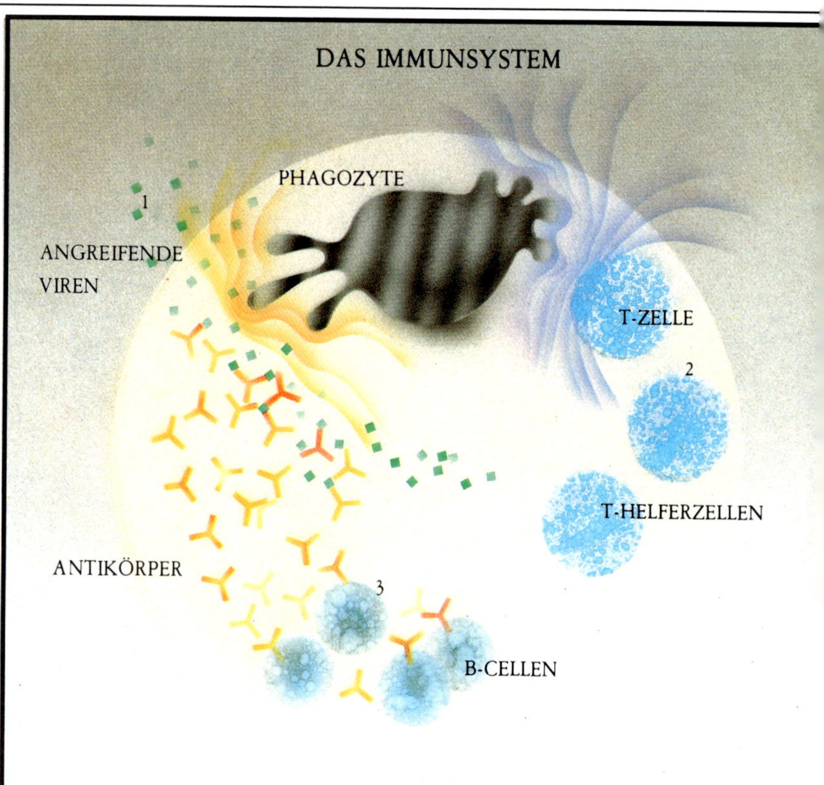

1. Das Virus dringt in einen gesunden Körper ein und wird von Phagozyten entdeckt und identifiziert. Die Phagozyte alarmiert eine T-Zelle.
2. Die T-Zelle wird aktiviert und teilt sich in mehrere Arten von T- Zellen auf. T-Helferzellen stimulieren die B-Zellen.
3. Die B-Zellen vervielfachen sich und bringen Antikörper hervor, die das eindringende Virus angreifen und töten.

«...SCHWERTER FEUCHT VOM BLUT FERNER LÄNDI

BLUTPEST

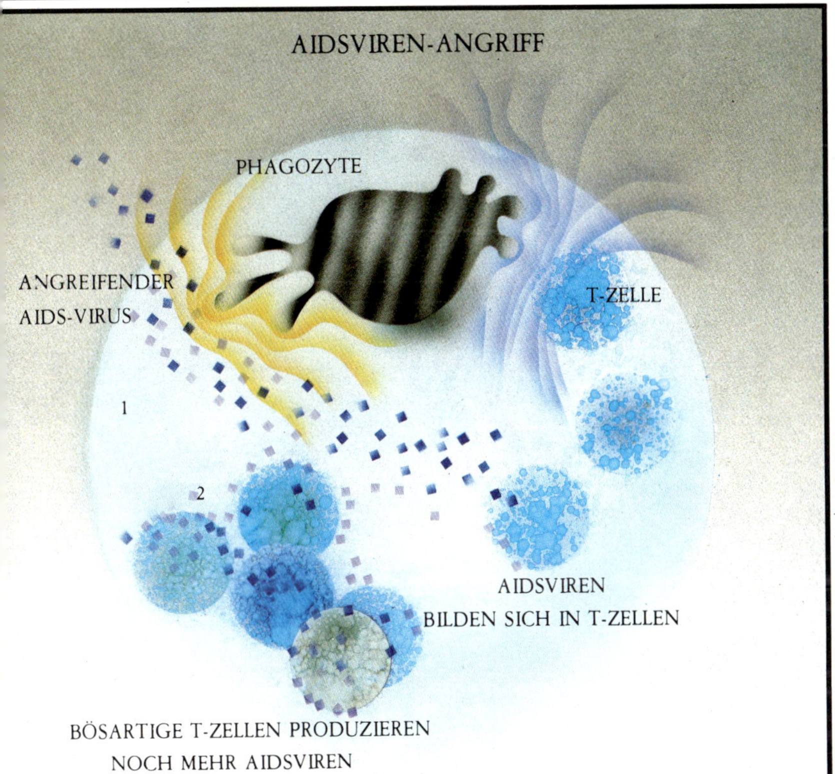

1. Wenn das Aidsvirus angreift, infiziert es die T-Helferzellen und blockiert ihre Fähigkeit, Fremdkörper zu entdecken; danach wandelt es die T-Zellen in Aidsviren-Fabriken um.
2. Weil die T-Zellen nicht mehr ihrer Aufgabe nachkommen, Infektionen zu bekämpfen, stoßen die einfallenden Viren auf keinen Widerstand und verteilen sich im ganzen Körper. Die beschädigten T-Zellen bringen noch mehr Aidsviren hervor, die wiederum noch mehr T-Zellen befallen.

...NE SEHR GROSSE PEST WIRD KOMMEN...»

5

stradamus richtig an, sondern auch, wann das Institut Pasteur gegründet wurde, nämlich am Ende des großen astrologischen Mondzyklus, der 1535 begann und 1889 endete – dem Gründungsjahr des Instituts.

Nostradamus' medizinisches Interesse wird ihn auch zum Zeugen der bis heute allergrößten Herausforderung der Medizin berufen haben – eine Blut-Pest, die in unserer Zeit alle früheren Pestilenzen weit zu übertrumpfen droht. Von dieser Pest heißt es, daß sie *«Milch, Blut und Frösche»* regnen wird. Im medizinischen Volksmund seiner Zeit nannte man Lymphe und Samen oft *«Milch»*, und *«Blut»* galt als das vitalisierende Element des Immunsystems, während *«Frösche»* Inbegriff aller Viruskrankheiten (vgl. *«Frosch im Hals»*) waren. Das gibt uns den Schlüssel zu diesem Rätsel: es handelt sich um die heutige Pest Aids – die erworbene Immunschwäche, die durch Samen und Blut von Mensch zu Mensch übertragen wird.

Louis Pasteur, der Pionier der Immunologie und Mikrobiologie, hatte schon dreihundertdreiunddreißig Jahre vor ihm in Nostradamus seinen ersten Kommentator gefunden.

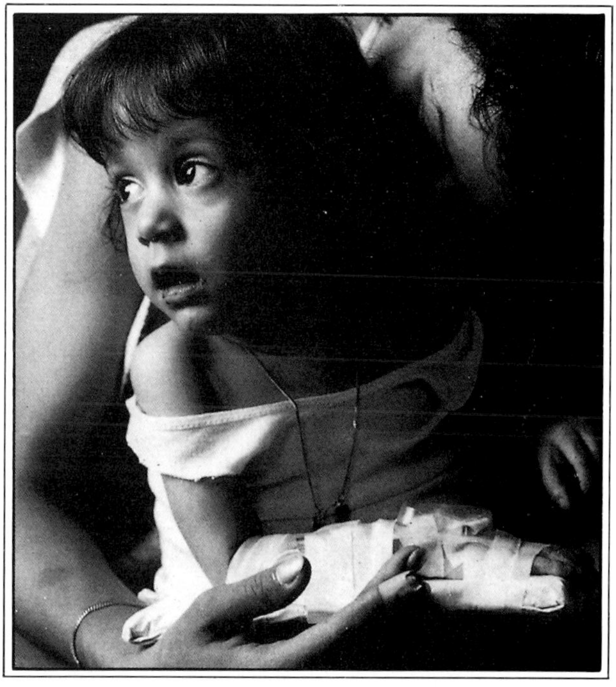

Aids breitet sich nicht nur unter Homosexuellen aus. In New York City zum Beispiel sind sieben Prozent aller Opfer heterosexuell, darunter auch neugeborene Säuglinge.

Der Mann, der Pasteur voraussah, kann auch Aids prophezeit haben – vielleicht in jenem Vierzeiler, wo von seiner Verbreitung über ganz Frankreich, Italien und Spanien die Rede ist: *«...Schwerter feucht vom Blut ferner Länder: Eine sehr große Pest wird kommen mit einem großen Schorf. Erleichterung nah, aber die Heilmittel weit entfernt.»* III,75

Wissenschaftler am Institut Pasteur und in Amerika haben das Retrovirus von Aids in Rekordzeit entdeckt, und mikroskopische Aufnahmen zeigen uns ein Virus, auf das das Wort, welches der Prophet benutzt, erschreckend genau zutrifft: *«gousse»* heißt *«Schorf»*, *«Schale»* oder *«Panzer»*.

Allzu oft haben Interpreten von Nostradamus die okkulten Bedeutungen seiner Wörter übersehen. Das Schwert ist in der Sprache der Magie das Symbol der Männlichkeit oder des kosmischen Yang-Prinzips: der Phallus. Vor diesem Hintergrund wird das Wort *«Schwerter»* zu männlichen Phalloi, die bei der Initialverbreitung von Aids durch homosexuelle Praktiken eine so entscheidende Rolle spielten.

Die Krankheit ging von Zentralafrika aus – für den Propheten in der Tat *«ferne Länder»*. Und *«Erleichterung ist nah»* für die Aids-Opfer, da die medizinische Forschung nach der baldigen Entdeckung des Virus lindernde Mittel wie etwa AZT entwickeln konnte, welches den Zerfall des Abwehrsystems verlangsamt.

Aber traurigerweise sind wir einem Heilmittel gegen Aids noch keinen Schritt näher, und selbst sehr optimistische Schätzungen sehen keine Änderung dieses Umstands bis zum Jahre 2000 voraus. Bis dahin könnte diese Seuche, folgt man der Prophezeiung des Nostradamus, die halbe Welt infiziert haben. Zweidrittel der Menschheit könnte gestorben sein, ehe ein Impfstoff endlich parat ist: *«Erleichterung nah, aber das Heilmittel weit entfernt.»*

Im okkulten Symbolismus steht das Schwert für den männlichen Phallus.

DIE AUSBREITUNG VON AIDS

In der sogenannten «Epistel», dem Brief, den Nostradamus an Heinrich II. schrieb, vertraut er seinem König, und mit ihm zukünftigen Generationen an, wie seine Vision vom Ende des 20. Jahrhunderts aussieht, wenn alle Glaubenskriege von der größten Seuche der Geschichte überschattet sein werden: «*...Dann werden die Unreinheiten und Abscheulichkeiten an die Oberfläche dringen und sichtbar werden... gegen Ende eines Thronwechsels (vielleicht des englischen Thrones, den Elisabeth II. für Charles räumen wird). Die Führer der Kirche werden in ihrer Liebe zu Gott lauwarm sein... Von den drei Sekten wird die katholische in Dekadenz verfallen, aufgrund von Zwist zwischen den verschiedenen Richtungen. Die Protestanten werden in ganz Europa und einem Teil Afrikas durch die Ismaeliten (Moslems) gänzlich zugrundegerichtet werden, die, angeführt von Irren (Terroristen), mit Hilfe weltlichen Reichtums (Öl) die Lehre verfälschen werden... Inzwischen (kommt es zu) eine(r) so große(n) Pest, daß Zweidrittel der Menschheit sterben und verwesen werden. So viele (sterben), daß niemand mehr weiß, wem Felder und Häuser wirklich gehören. Das Unkraut in den Straßen der Städte wird über die Knie wachsen, und die Priesterschaft der Kirche wird gänzlich dahingerafft sein.*»

Aids wird vor allem durch Analverkehr und jeden Kontakt von Blut mit Blut oder Samen mit Blut weitergegeben, wie medizinische Untersuchungen ergeben haben. Dadurch wurde zunächst die homosexuelle Subkultur zur höchsten Risikogruppe. Mit wenig Abstand folgten Drogensüchtige, die gemeinsam die gleiche Nadel benutzen, Hämophile und alle Benutzer von Blutprodukten, sowie Haitianer, die die Krankheit aus Afrika in den Westen brachten. Inzwischen ist die Seuche aber in die gesamte Bevölkerung eingedrungen und nicht mehr durch Risikogruppen eingrenzbar.

Eine große Hungersnot durch eine
verpestete Welle.
(Sie) wird ihre Herrschaft
bis über den arktischen Pol hinaus
erstrecken,
Samarobrin, einhundert Seemeilen
vom Erdball entfernt,
Sie werden ohne Gesetz leben, frei von
Politik.

VI,5

USA und UdSSR planen Weltraumsatelliten für Mitte der neunziger Jahre, die in entsprechender Höhe um die Erde kreisen werden; aufgrund der Challenger-Katastrophe werden vermutlich die Sowjets mit ihrem «Samarobrin» den USA zuvorkommen.

Sollte die Erforschung von im Weltraum gezüchteten Kristallen zum Erfolg führen, könnte hier vielleicht das so verzweifelt gesuchte Mittel gegen Aids gefunden werden.

«...ERLEICHTERUNG NAH, ABER DAS HEILMITTEL WEIT ENTFERNT.»

Nostradamus lebte in einer abergläubischen Zeit: Heere von Dämonen und himmlischen Engeln suchten die Erde heim, um mit unsichtbaren Pest-Pfeilen und übernatürlichen Seuchen-Schwertern die sündigen Menschen zu strafen. Das Wort «Schwerter» mag daher als poetische Analogie auf die Ausbreitung einer Seuche anspielen.

Untersuchungen über die Herkunft des Aids-Virus führten die Wissenschaft nach Zentralafrika, zu einer Spezies grüner Affen, die sich gern in Menschennähe aufhält und das Virus offenbar durch Bisse schon im Jahre 1945 übertragen hat. Die Krankheit breitete sich dann in den folgenden vier Jahrzehnten in Afrika aus, unterstützt durch schlechte Ernährung, heißes Klima und andere Krankheiten, wie auch durch gewisse Stammesrituale, bei denen Blutaustausch eine Rolle spielt.

Man nimmt an, daß Haitianer, die Anfang der sechziger bis Mitte der siebziger Jahre in Zaire arbeiteten, die Krankheit nach Nordamerika und Europa einschleppten, wo sie in der homosexuellen Bevölkerung und später in anderen Gesellschaftsbereichen in Erscheinung trat. 1986 waren bereits über 9500 Todesopfer (seit 1979) registriert worden.

Da die Medizin bisher keinen Impfstoff entwickeln konnte, verdoppelt sich die Zahl alle zehn Monate. Damit schickt sich diese neue Seuche an, zur größten Gesundheitsbedrohung unseres Jahrhunderts zu werden.

Vorsichtige Schätzungen in den USA sprechen von ca. einer Million Aidsträgern. Und jeder kann Hunderte, ja Tausende von anderen anstecken. Und in den sechs langen Jahren Inkubationszeit, können sie Tausende von anderen anstecken. Bei der jetzigen Zuwachsrate werden allein in Amerika bis 1999 zweihundert Millionen Menschen an Aids sterben!

Bei der Suche nach Gegenmitteln haben jüngst zwei neue Medikamente das Interesse auf einen weiteren Nostradamus-Vierzeiler gelenkt. Wie so oft bei diesem unergründlichen Propheten lassen sich gewisse Bedeutungen erst entdecken, wenn neue Wörter in unseren Sprachgebrauch dringen. Die Medikamente heißen Sumarin und Ribavarin. In dem Vierzeiler auf S. 155 erscheint der Name «Samarobrin» – ein Wort, über das Nostradamus-Interpreten sich seit eh und je den Kopf zerbrechen! Was immer es sein mag – jedenfalls soll es ca. vierhundert Kilometer über uns im Raum hängen. Vielleicht als sowjetischer Satellit?

Ein grauenvoller Krieg bereitet sich im Westen vor.
Im Jahr danach wird die Seuche kommen,
So grausig, daß Junge, Alte oder Tiere
(sie nicht überleben werden.)
Blut, Feuer, Merkur, Mars, Jupiter in Frankreich.

IX,55

Dem Propheten nach wird im Westen ein großer Krieg geplant, und die große Seuche folgt ein Jahr später. Alles stirbt mit Mann und Maus. Das angegebene Datum ist 1993.

«Samo» heißt «Selbst» und «robrin» heißt «Betätiger» auf Russisch – «Selbstbetätiger».

Früher hat man diesen Vierzeiler auf die Spanische Grippe bezogen, die 1918 gleich nach dem Ersten Weltkrieg wütete. Aber heute haben wir allen Grund, ihn auf Aids zu beziehen, eine Seuche, die zu der Gruppe der «Lentiviren» gehört, die in Schafen, Ziegen und Pferden anzutreffen sind und in mutierter Form sogar aus der Luft kommen könnten.

Merkur und Jupiter sind September 1993 in Konjunktion. Mars in achtundzwanzig Grad Waage verfehlt die Konjunktion, ist ihr aber immer noch nahe.

Aber wir können statt dieser makabren Lesart auch auf die andere Möglichkeit des Vierzeilers verweisen, der *«Samarobrin»* erwähnt: eventuell die beiden Medikamente Suramin und Ribavarin. Vielleicht will uns Nostradamus auf die kombinierte Kraft dieser beiden Mittel hinweisen, wenn sie in Weltraumlabors etwa mit Schwerelosigkeit in Berührung kommen. Untersuchungen dieser Art sind bereits in Gang, und vielleicht wird eine Zeit kommen, daß Wissenschaftler in Labors, hoch über unserer Erde, um die Herstellung eines Heilmittels für die seuchenzermürbte Welt ringen werden.

«In den schwachen Listen, großes Unglück über Amerika... Seuche... Merkur in Schütze, Saturn warnend.» II,65

Die US-Gesundheitsbehörden berufen sich bei all ihren Vorhersagen – z. B. der, daß bis 1991 zweihundertsiebzigtausend Menschen von Aids befallen sein werden – auf den homosexuellen Bevölkerungsprozentsatz, der vom Kinsey-Report (1949) geschätzt wurde. Natürlich ist allein dieser Prozentsatz seither enorm gestiegen, ganz zu schweigen von der unbekannten Durchseuchungsquote der übrigen Bevölkerung – «die schwachen Listen», auf die sich der Prophet bezieht, werden von ihm auf Dezember 1987 datiert.

KAPITEL ELF: DIE ERDE

SCHLÄGT ZURÜCK

Mexiko 1985

Für Nostradamus waren der Mensch, seine Erde und das Universum um sie herum eine organische Einheit.

Ebenso, wie die Mißhandlung des menschlichen Körpers zu Krankheit führt, wird auch die vom Menschen mißhandelte Erde reagieren.

Die große Hungersnot, die ich kommen spüre,
Wird oft (an verschiedenen Orten) auftauchen,
und schließlich allgemein werden.
Sie wird so riesig sein und so lange dauern,
Daß (die Menschen) die Wurzeln von den Bäumen und die Kinder von der Brust reißen werden.

I,67

Die Angewohnheit des Menschen, seinen schönen Planeten auszubeuten, geht auf prähistorische Zeiten zurück. Vom Tage an, als er aus seiner Affenwiege in den Bäumen fiel, sah sich dieser schutzlose, wenn auch potentiell intelligente Zweifüßer gezwungen, die Welt und ihre Kreaturen als Gegner im Überlebenskampf zu betrachten. Aber obwohl diese Phase, wo sich der Mensch höhere Evolutionsstufen erkämpfen mußte, längst hinter ihm liegt, wirkt der Instinkt, die Natur bezwingen zu müssen, in ihm fort.

James Lovelock, ein englischer Pionier, Erfinder und Biochemiker, sieht die Erde als einen riesigen Organismus, der sich durch unbewußte Kontrollsysteme – etwa die Photosynthese der Pflanzen, die für die Erneuerung und Reinigung der Luftzirkulation sorgt, oder die Meeresströmungen, oder vulkanische Bewegungen – ständig im Gleichgewicht hält, ähnlich der «Homöostasis» im menschlichen Körper – eine Art Gesundheitskontrolle, koordiniert durch die Gesamtheit aller natürlichen Funktionen.

Viele von unseren berühmtesten Propheten, inklusive Nostradamus, haben zu der Naturverachtung und hartnäckigen Zerstörung durch *Homo sapiens* Stellung bezogen. Die prophetische Stimme warnt ganz allgemein, daß eines Tages – und keines fernen Tages – dieser fortgesetzte Mangel an Einsicht zu furchtbaren weltweiten Naturkatastrophen führen wird.

Minute für Minute werden ganze Quadratkilometer Regenwald abgeholzt und gerodet. Der Regenwald, der unsere Erdatmosphäre ernährt, schrumpft täglich um einhundert Quadratmeilen, jährlich um etwa die Gesamtfläche von England, Schottland und Wales... Jahr für Jahr. Der Regen schwemmt den Erdboden fort, und in zwei Jahren wird das Land nicht mehr nutzbar sein. Im Jahre 2000 werden wir den größten Teil dieser wichtigsten Luftreinigungsfabrik unseres Planeten verloren haben.

Bäume absorbieren Kohlendioxyd und erzeugen Sauerstoff durch Photosynthese. Mit den Flächenentwaldungen durch Brand werden Milliarden Tonnen von Karbon in die Atmosphäre geworfen. Hinzu kommen Tonnen an chemischer Luftverschmutzung. Auf diese Weise staut sich die Sonnenhitze in der Atmosphäre und heizt unsere Erde auf wie ein Glashaus. Von diesen neuen Ödgebieten geht keine Feuchtigkeit mehr aus, das kahle Land wirft die Sonnenhitze zurück, was den Glashaus-Effekt noch bestärkt und wiederum Wetter- und Meereszyklen beeinträchtigt und weltweite Dürren und Hungersnöte anbahnt.

Die Hungersnöte, Seuchen- und Dürren haben bereits begonnen. Nostradamus nennt 1986 als Stichdatum – danach sieht er eine weltweite Dürre und nachfolgende Hungersnot Anfang der neunziger Jahren kommen.

Die jüngsten Rekorddürren in Afrika und im Südosten der USA sind das Ergebnis dieses Glashauseffekts, und die Wissenschaftler sehen unvorstellbare Trockenzeiten und Hungersnöte voraus. Nostradamus scheint riesige Weizenreserven gesehen zu haben, eingesetzt als politischer Hebel seitens der Industrienationen. Weizen wird mehr noch als Öl zum Druckmittel gegen andere Länder werden, sobald die ganze Welt in «äthiopische Zustände» gerät. «*...Wenig Regen, heiße Winde, Kriege und Überfälle... Weizengarben werden so hoch steigen, daß der Mensch seinen Mitmenschen verschlingen wird.*» IV,67; II,75. Er gibt astrologische Hinweise, wann die Weltdürre ihren Höhepunkt erreichen wird: bei der nächsten Konjunktion von Mars, Merkur und Mond. Dies war 1985 zweimal der Fall, als einundzwanzig afrikanische Länder eine der schlimmsten Hungersnöte der Geschichte erlitten. Die Konjunktion wiederholte sich Herbst 1987 und wird im Sommer 1989 wiederkommen.

An anderer Stelle stellt er fest: «*Nahe dem Großen Bären und nahe der weißen Wolle (der Milchstraße), Widder, Stier, Krebs, Löwe, Jungfrau (vielleicht für eine Dauer von fünf Monaten) werden Mars, Jupiter und die Sonne die große Ebene, Wälder und Städte verbrennen...*» IV,35.

Die erwähnten Planeten und die Sonne durchliefen von April bis August 1987 diese Konstellationen, manchmal in Konjunktion, und werden es von April bis August 1991 wieder tun. Wissenschaftler haben entdeckt, daß die Sonne seit Jahrmilliarden reguläre, etwa zwanzigjährige Zyklen von Sonnenflecken-Aktivitäten hat. Diese gehen mit Trockenzeiten einher, so etwa bei der berühmten «*Staubpfannen-Dürre*» der dreißiger Jahre im Agrargürtel Amerikas. Angesichts der Komplikationen durch Entwaldung, Überbevölkerung und Glashaus-Effekt sind viele Klimatologen der Überzeugung, daß wir 1990 oder 1991 mit der wohl schlimmsten Dürre

Mexiko: Erdbeben 1985

der Weltgeschichte rechnen müssen.

Nostradamus sagt auch ab 1986 mehr und mehr Erdbeben voraus. Die von der modernen Wissenschaft oft prophezeiten «Superbeben», die Dr. Jeffrey Goodman in seinem Buch «Wir sind die Erdbeben-Generation» erwähnt, werden von Nostradamus schon ab 1987 angesetzt. Er schreibt von einem Superbeben in Indien, das eine Kette von schweren Nachbeben auslöst, über Kleinasien und Griechenland und bis möglicherweise an die Westküsten Europas: *«Gegen Süden wird eine große Dürre sein. Ein Erdbeben wird von der Südspitze Asiens (Indien) gemeldet werden. Korinth (Griechenland) und Ephesus (Kleinasien) in einem unsicheren und bedrängten Zustand.»* III,3. In einem anderen Vierzeiler stehen Korinth und Ephesus auch für England und Holland: *«Mehrere Nächte lang wird die Erde beben, im Frühling zwei große Anstrengungen zusammen; Korinth und Ephesus werden in zwei Meeren schwimmen...»* II,52. Diese Prophezeiung wird gemeinhin als der Krieg von 1665/7 zwischen England und Holland gedeutet. Da aber aus jener Zeit kein Großbeben von mehreren Tagen bekannt ist, kann die Zukunft gemeint sein. Nostradamus sagt voraus, daß halb England bei einem Beben, das sich bis über tausend Meilen weit auswirken wird, im

Fortsetzung S. 164

GRÖSSERE ERDVERÄNDERUNGEN 1990–2000

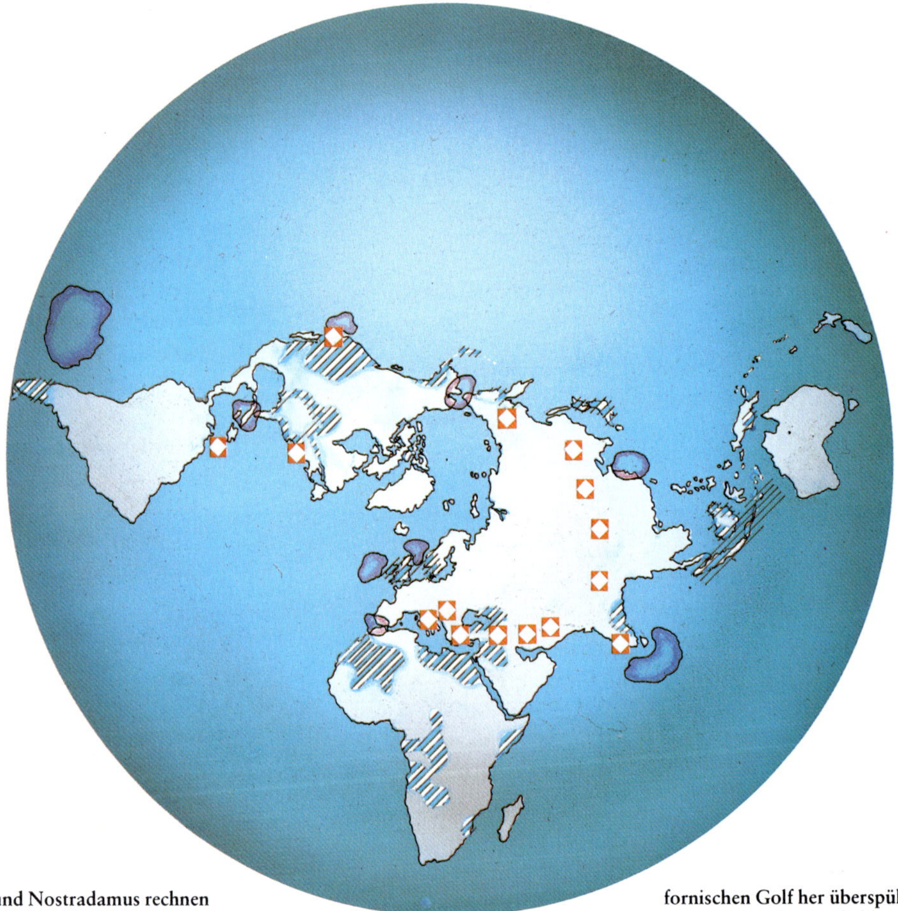

Heutige Hellseher und Nostradamus rechnen mit einer ganzen Kette von Superbeben, deren erstes auf oder nahe dem indischen Subkontinent stattfinden soll. Ende der 80er Jahre kommt es zu einer plötzlichen Eskalation von Erdbeben, die Westküste Indiens, anschließend Japans überflutend und dann auf der Erdkruste westwärts ziehend, mit Rekordausbrüchen des Ätnas und des Vesuvs in Italien. Die Küstenlinien Nord- und Westeuropas werden gewaltsam verändert – der Atlantik wird westwärts bis Paris und London vordringen. Als nächstes kommt das langerwartete Superbeben in der San-Andreas-Falte und erschüttert die Westküste Amerikas. Meerwasser wird die südkalifornische Wüste vom kali fornischen Golf her überspülen. Die Westküste wird vom Festland abbrechen. Eine zweite Welle von Superbeben wird für Mitte der 90er Jahre erwartet. Bis dahin ist der Westen Amerikas versunken oder zu Inseln geschrumpft. Ostafrika wird in drei Teile zerfallen. Südamerika und Feuerland brechen ebenfalls auseinander. New York City und Florida werden durch das Auftauchen neuer Kontinente vor der Karibik, vor der früheren kalifornischen Küste und im Südpazifik überflutet. Neuseeland, Australien, Sibirien, Nordkanada, sowie Neumexiko und Virginia in den USA werden von heutigen Hellsehern als «sichere Gebiete» angesehen.

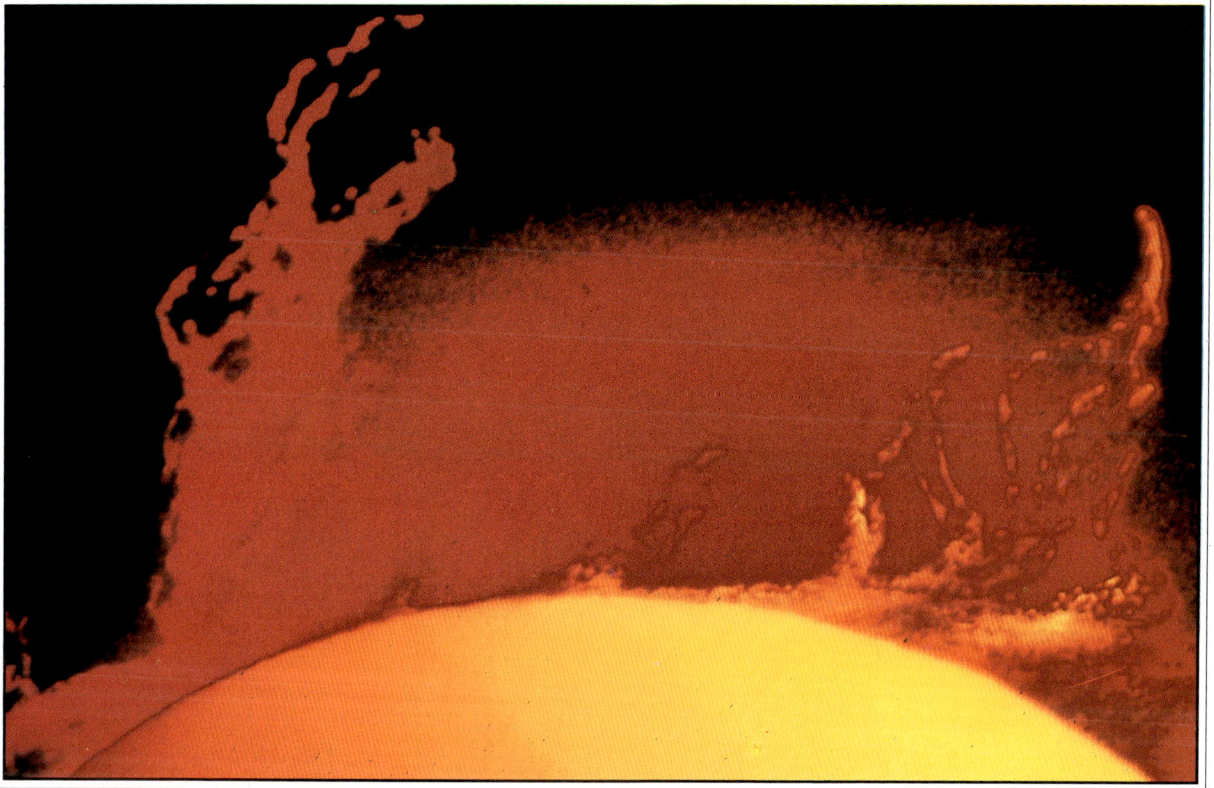

Sonnen-Eruptionen
Wissenschaftler haben festgestellt, daß die Sonnenflecken-Aktivitäten sich seit Milliarden von Jahren in regelmäßigen Zwanzig-Jahres-Zyklen abspielen, die mit Dürrezeiten einhergehen, wie z. B. bei der «Staubpfannen»-Dürre im Agrargürtel der USA in den 30er Jahren. Die Sonnenflecken-Tätigkeit tritt gerade wieder in eine neue Phase ein, die bis zum Jahre 2000 dauert.

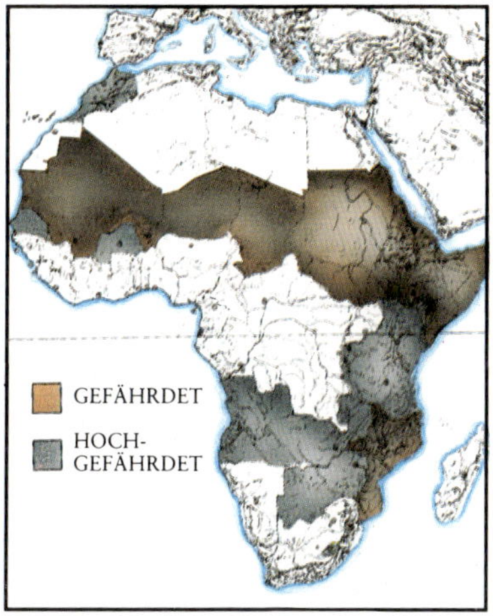

Afrika

Nostradamus zufolge ist Afrika heute und in naher Zukunft die größte Risikozone für Dürre und Hungersnot. Dieses natürliche Katastrophengebiet leidet seit drei Jahren (braune Felder) unter schwersten Hungersnöten, und das Risiko wird sich genau zu den Zeitpunkten wiederholen, die der Prophet vorhergesagt hat.

Am achtundvierzigsten Breitengrad wird
Bis Ende des Krebses (22. Juli) eine ganz große
Dürre sein … Not durch Feuer im Himmel.

V,98

Nostradamus nutzt oft die Bezifferung seiner Vierzeiler, um eine Prophezeiung zu datieren. Wenn das hier zutrifft, können wir im Juli 1998 eine weltweite Dürre erwarten. Der «Glashaus»-Effekt könnte Wetterzyklen ändern und Klimabedingungen, die zum Weizenanbau erforderlich sind, um Hunderte von Kilometern nach Norden verlagern.

Atlantik versinkt. Er sagt: *«Das Beben der Erde bei Mortara. Die Zinn-Inseln von St. Georg halb versunken...»* IX,31. «Zinn-Inseln» ist ein Name für die Scilly Islands und Cornwall, aber auch für das Britische Inselreich. Hier wird offenbar gesagt, daß Süd-west-England im Meer versinken wird.

Der irische Prophet St. Columbkille sah im Jahre 522 sein Irland sieben Jahre vor dem Jüngsten Gericht in einer Springflut versinken. Ein Seher unserer Zeit, Edgar Cayce, hat gesagt, daß England und die Küste Nordwesteuropas durch Erdbeben und Sturmfluten in *«einem einzigen Augenblick»* verändert würden.

Wenn das Jahr 2000 das Jahr des von vielen Propheten angekündigten «Jüngsten Gerichtes» ist, dann werden die Britischen Inseln im Jahre 1993 versinken. Ein Superbeben in Indien, das mit Riesenwellen Bombay verschlingen wird, wurde von zeitgenössischen Hellsehern prophezeit und soll laut Nostradamus stattfinden, wenn *«Mars, Merkur und Mond in Konjunktion sind...»* Das wird das nächste Mal im August und Oktober 1989, im Oktober 1991, im Januar 1992 und Oktober 1993 der Fall sein.

Nostradamus glaubte, gute Gedanken würden Harmonie und Gesundheit zeitigen, und böse Gedanken würden uns und die Welt um uns herum aus dem Lot wer-

Die Erde, Feuer speiend aus der Erdmitte,
Wird die Türme um die Neue Stadt erbeben lassen:
Zwei große Felsen werden lange Zeit miteinander Krieg führen,
Und dann wird Arethus einen neuen Fluß rot färben.

I,87

Dieser Vierzeiler mit der Zahl 87 mag andere Vierzeiler stützen, die das Jahr 1987 als frühesten Termin für die Superbeben ansetzen. Die zwei großen Felsen stehen für die beiden Kontinentalplatten der Erde, die sich aneinander reiben (Krieg führen). Vielleicht will uns Nostradamus sagen, daß Ende der achtziger Jahre die Stadt San Francisco oder Los Angeles mit ihrer prekären Lage über der St.-Andreas-Falte mit dem «Ganz Großen» zu rechnen hat. Vulkanausbrüche werden ebenfalls in der letzten Zeile angedeutet. Arethusa ist eine griechische Nymphe, die sich der Sage nach in eine Quelle verwandelte. Indem er Arethusa «rot» nennt, warnt uns Nostradamus vor Lavaströmen.

fen. Er hat einmal gesagt: *«Haß kann den Gehaßten wie den Hassenden töten.»* Die Medizinmänner der Hopi-Indianer sagen, daß das Gleichgewicht der Welt vom geistigen und spirituellen Gleichgewicht des Menschen abhängt. Seine unbewußten, unterdrückten Gedanken können, falls sie nicht durch ein liebendes Bewußtsein transformiert werden, die ganze Erde negativ genug stimmen, um Erdbeben zu provozieren oder, schlimmer noch, den ganzen Planeten aus dem Gleichgewicht zu werfen und eine Verschiebung der Polachse zu bewirken.

Wissenschaftliche Untersuchungen darüber, inwiefern physikalische Veränderungen auf geistige Ursachen zurückzuführen sind, haben kaum erst angefangen. Aber diese Unwissenheit ist wohl auch nur ein Symptom der Angst vor dem Unbekannten, die heute so stark ist wie zur Zeit des Nostradamus. Wer weiß, unsere unbewußten Regungen des Hasses und der Angst, in Milliarden Hirnen schwelend, könnten auslösende Faktoren bei der Achsenverschiebung der Erde sein...

Das Thema, daß Mutter Erde sich am Ende für die Mißhandlung durch den Menschen rächen werde, ist ein uraltes prophetisches Leitmotiv, und die nostradamische Version ist besonders erschreckend. Wie schon in früheren Kapiteln behandelt, sieht er das Jahr 2000 als den Höhepunkt eines siebentausendjährigen Geschichtszyklus an. Auszüge aus seiner «Epistel» an Heinrich II. geben uns einen Geschmack von seiner Vision des chaotischen Endes unserer Zivilisation in einer seismischen Klimax aus Erdbeben und Vulkanausbrüchen zwischen 1975 und der Jahrtausendwende.

Er schreibt: *«Alle christlichen Reiche, aber auch die der Ungläubigen, werden fünfundzwanzig Jahre lang beben...»* Die

Erde wird zu Beginn des neuen Milleniums entweder in zwei plötzlichen Stößen zwischen Frühjahr und Herbst 2000 oder in einer langsamen, sechsmonatigen Verschiebung ihre Achse verschieben. «*Im Frühjahr wird es Omen geben, und danach unerhörte Veränderungen, politische Umwälzungen und mächtige Erdbeben... Und im Monat Oktober wird eine große Bewegung des Erdballs sein, dergestalt, daß man meinen wird, daß die Erde ihre natürliche Schwerkraft verliert und sie nunmehr in den Abgrund ewiger Finsternis fallen wird.*» Das plötzliche und ständige Ansteigen von seismischen Aktivitäten seit 1975 beweist, daß wir nicht nur wegen dieser Prophezeiung, sondern auch aufgrund anderer beängstigender Warnzeichen mit einer Achsenverschiebung zur Jahrtausendwende rechnen können.

Mt. Pelée: Das Werk eines Vulkans... Im Jahre 1902 brach der Mount Pelée auf Martinique aus und legte die Stadt in Schutt und Asche. Die zerstörerische Macht der Natur übersteigt die des Menschen bei weitem.

URALT-ZUKÜNFTIGE KATASTROPHEN

...Massenaussterben von prähistorischem Leben...

Eine Verschiebung der Erdachse ist nichts Neues. Beweise deuten darauf hin, daß die polaren Eiskuppen sich in den vergangenen Milliarden Jahren mindestens zweihundertmal gegenüber ihrer jetzigen Position verschoben haben. Vielleicht geht das Massenaussterben prähistorischen Lebens auf das Konto dieser Verschiebungen. Und solche Katastrophen könnten auch schon den Menschen heimgesucht haben.

Jede Rasse hat ihre Arche-Noah-Legende, und alte Völker zu beiden Seiten des Atlantiks überliefern Geschichten über ein großes Inselreich, das eines Nachts versank und die Welt dabei überflutete. Das Fabelland Atlantis, wie es die Iberer und später die Griechen nannten, hieß bei den Basken Atlatika, bei den irischen Kelten Avalon und bei den Wikingern Atli.

Charles Hapgood, Professor für Naturwissenschaften am Keene College, New Hampshire und Autor von «*Earth's Shifting Crust*» («Verschiebungen der Erdkruste») nimmt an, daß in den vergangenen 100 000 Jahren drei »Polsprünge« stattgefunden haben. Der Nordpol hat sich erst aus der kanadischen Yukon-Zone in die Grönland-See verlagert, ist dann zur Hudson-Bucht zurückgewandert und nimmt seit etwa zwölftausend Jahren seinen jetzigen Standpunkt ein. Dies korrespondiert mit der Datierung des Untergangs von Atlantis bei Plato. Hapgood vermutet, daß sich solche Polsprünge bei Seitwärts-Verlagerungen der flüssigen Magmamassen im Erdinnern unter dem Druck der atlantischen Eiskuppe ergeben. Rechnet man die immer zittriger werdende Erdrotation hinzu, können wir uns darauf einstellen, daß sich die Erdkruste oder «Lithosphäre» zwischen dreißig und neunzig Grad über ihrem magnetischen Kern verlagert.

VERSCHIEBUNGEN IM NÖRDLICHEN MAGNETKERN

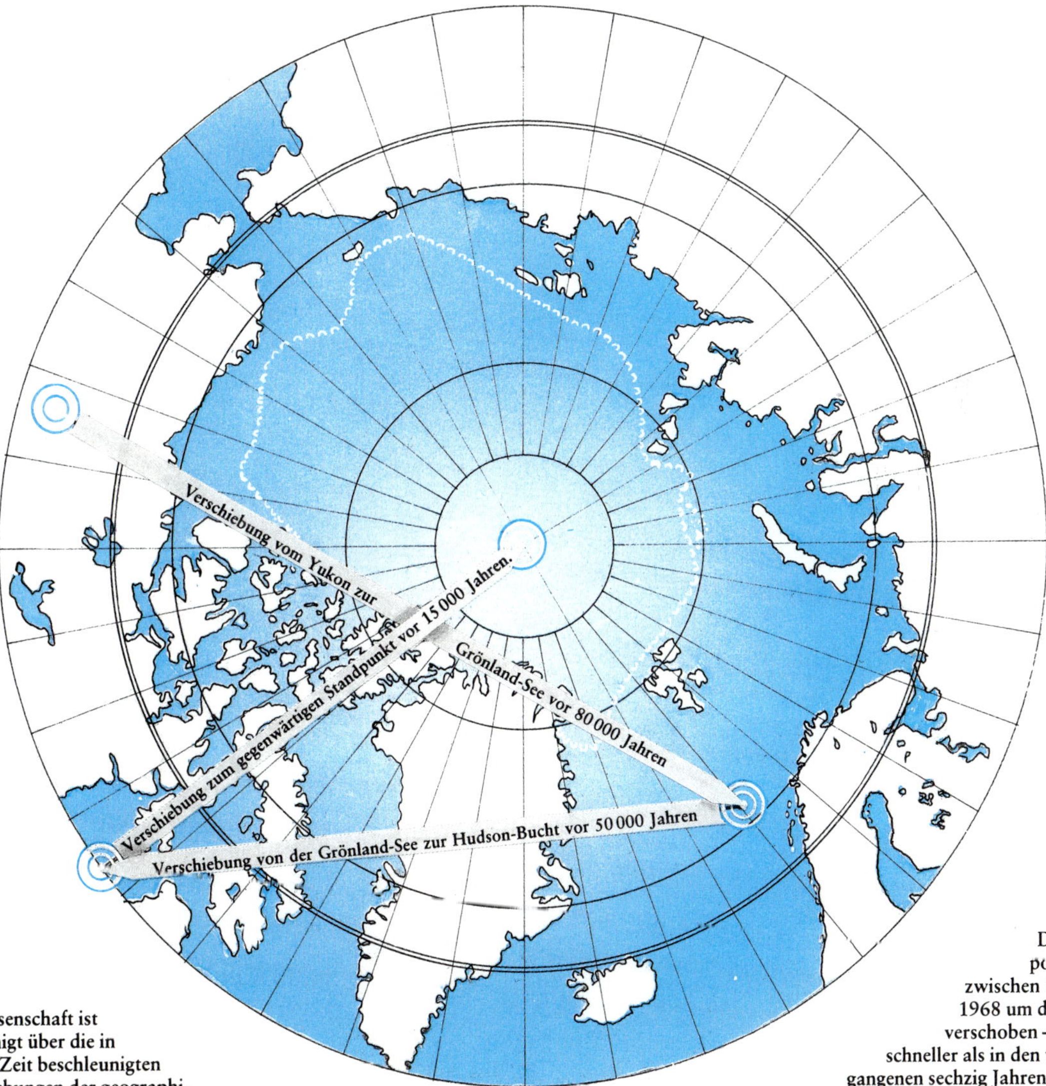

Die Wissenschaft ist beunruhigt über die in neuerer Zeit beschleunigten Verschiebungen der geographischen und der magnetischen Erdpole. Führende Wissenschaftler wie Hapgood glauben, daß wir Zeuge einer sich bereits vollziehenden neuen Achsenverlagerung sind.

Der Nordpol hat sich zwischen 1960 und 1968 um drei Meter verschoben – achtmal schneller als in den voraufgegangenen sechzig Jahren. Der magnetische Nordpol hat sich zwischen 1931 und 1984 vierhundertachtzig Mal nach Nordwesten verschoben, während der magnetische Südpol auf den Indischen Ozean zugaloppiert.

NOSTRADAMUS UND DIE PLANETE

Am 5. Mai 2000 wird der Neumond mit Erde, Sonne, Jupiter und Saturn eine Linie bilden. Fünf Planeten ziehen auf der anderen Seite der Sonne von uns fort. Welche Auswirkungen dieses planetarische Tauziehen auf die für diese Zeit ohnehin erwartete Desorientierung der Erdrotation haben wird, ist nicht abzusehen. Man rechnet damit, daß sich die Sonnenflecken-Aktiviäten um zwanzig Prozent erhöhen werden, bedingt durch die nahezu exakte Ausrichtung der anderen großen Planeten Jupiter und Saturn mit Erde und Sonne. Die Wechselwirkung von Sonnenflecken und Dürren könnte die nächste große Dürre, die für die 90er Jahre vorhergesagt wird, verschlimmern. Der Planet Uranus steht fast im rechten Winkel zu der Linie, die Saturn, Jupiter, Sonne und Mond bilden, und die alle von der Erde wegziehen.

Im geophysischen Teil von «*Nature*» (1959) stellt Dr. R. Tomaschek, München, fest, daß «man eine signifikante Korrelation zwischen der Stellung von Uranus und dem Vorkommen großer Erdbeben aufgedeckt hat...» In seiner Studie wurden 134 Erdbeben ab Stärke 7,75 über einen Zeitraum von 43 Jahren untersucht. Viele dieser Erdbeben fanden statt, wenn sich Uranus zur gleichen Zeit im oberen oder unteren Transit innerhalb fünfzehn Grad vom Meridian des Epizenters befand. Tomaschek macht Uranus für drei der schlimmsten Beben dieses Jahrhunderts verantwortlich: das von 1923 in Tokio, von 1933 in Honshu und von 1950 in Assam, Indien. Es kann sein, daß durch die Uranus-Einwirkung eine solche Energie auf die Kraftlinie Saturn, Jupiter, Sonne und Mond ausgeübt wird, daß die Erde aus ihrer Polachse geworfen wird.

Die große Stadt des maritimen Ozeans,
Umringt von einem Sumpf aus Kristall:
Wird bei der Wintersonnenwende und im Frühjahr
Von einem schrecklichen Wind heimgesucht.

IX,48

Die ganz aus Glas bestehenden Fassaden der modernsten Wolkenkratzer der Welt, die das Gesicht von Städten wie New York und Hong Kong verändert haben, könnten einem Mann des 16. Jh. vorkommen wie Kristall-Sümpfe, die von Stürmen mit eineinhalbtausend km Geschwindigkeit vernichtet werden.

Ein Beben der Erde bei Mortara,
Die Zinn-Inseln von St. Georg halb versunken:
Vom Frieden schläfrig, wird Krieg sie erwecken,
Der Abgrund des Tempels aufgerissen an Ostern (Frühjahr).

IX,31

England im Frühling überflutet? Wenn hier der Mai des Jahres 2000 gemeint ist, dann ist der Krieg der Dritte Weltkrieg (1999), und der Tempel steht vielleicht für den Vatikan, der Feuer und Springfluten anheimfällt – ein Drama, welches auch in anderen Vierzeilern über die zukünftigen Heimsuchungen des letzten Papstes festgehalten wird.

UFREIHUNG VOM 5. MAI 2000

Je nach Grad und Plötzlichkeit einer solchen Verlagerung verheißen uns Wissenschaftler Flutwellen von 300 m Höhe, die mit 1500 km Geschwindigkeit, begleitet von ebensoschnellen Winden, ganze Städte begraben werden – und das ganze untermalt von Erdbeben jenseits der Richter-Skala...

Dieses Szenario nimmt vollends die Dimensionen von Science-Fiction an, wenn wir uns noch folgende von Nostradamus prophezeiten Begleiterscheinungen vor Augen halten:

a) Die Sonne oder der Mond wird reglos am Himmel stehen und blutrot werden.

b) Die Sterne verlassen ihre Position und der Himmel – *«so dunkel wie Sacktuch»* – verschwindet hinter einer Wolke aus Staub und Wasserkondensation aufgrund atmosphärischer Schockwellen.

c) Arktische, gemäßigte und tropische Klimazonen wandern buchstäblich ziellos über den Globus.

In mindestens fünf Vierzeilern wird Bezug genommen auf plötzliche und gewaltsame Naturphänomene, die im Frühjahr stattfinden – vor allem im Monat Mai. Das Jahr wird nicht direkt erwähnt, bis auf die Vorhersage eines Super-Eisregens im Jahr 3755 A. D. Die anderen vier könnten Beschreibungen einer kosmischen Katastrophe am 5. Mai 2000 sein.

Die Sonne zwanzig Grad in Taurus (10. Mai),
Wird ein ungeheures Erdbeben kommen,
Das große Theater (mit Menschen) gefüllt
wird in Trümmern liegen,
Die Luft, Himme und Erde verdunkelt und finster,
Wenn die Ungläubigen Gott und die Heiligen
anrufen werden.

IX,83

Dieser Vierzeiler weckt Assoziationen von einem riesigen Sportstadium des 20. Jahrhunderts, randvoll gefüllt, und die Schreie von Abertausenden inmitten eines Erdbebens.

Ein großes Königreich wird verwüstet werden,
Nahe dem Ebro werden sie in großen Mengen
versammelt sein.
Die Berge der Pyrenäen werden ihn trösten,
Wenn im Mai große Erdbeben stattfinden.

VI,88

VIII,81 spricht ebenfalls von einem großen Reich in Not, das nach Süden ausweichen muß – ebenso III,92. Hier mag die Völkerwanderung der Überlebenden einer großen Katastrophe gemeint sein. Je tiefer wir in Nostradamus und seine noch unberührten und oft unübersetzbaren Vierzeiler über unsere Zukunft eindringen, desto mehr weitet sich die Vorstellungskraft, und uns dämmert allmählich das wahre Format und Genie dieses unglaublichen Propheten.

Viele Menschen wollen die großen Machthaber,
die ihnen den Krieg bringen werden,
zur Vernunft rufen.
Doch man will absolut nicht auf sie hören.
Wehe, wenn Gott jetzt der Welt
keinen Frieden schickt!

VIII,4 (Duplikat-Vierzeiler)

Alle, die sich mit den Prophezeiungen des Nostradamus beschäftigen, sind es fast bis zum Überdruß gewohnt, von den darin enthaltenen Katastrophen und kommenden Verwüstungen zu lesen. Praktisch alle Bücher, die in diesem Jahrhundert über das Werk des Propheten erschienen sind, richten ihr Augenmerk auf den negativen Aspekt seiner Aussprüche.

Sind wir aber *tatsächlich* unumstößlich zu einem Schicksal verdammt, das von Naturkatastrophen, Pest und Atomkrieg geprägt ist? Und ist an der Zukunft, wie sie sich diesem Mann darstellte, nichts mehr zu rütteln? Oder haben wir Spielraum, unsere Überlebens-Chancen zu verbessern?

Hier und da tauchen zwischen all den apokalyptischen Visionen auch Weissagungen auf, deren Leitmotiv ein neues religiöses Bewußtsein ist, welches, so sagt er, vor Ende dieses Jahrhunderts aufkommen und zur Blüte gelangen wird.

Dieses neue Bewußtsein ist offenbar das zentrale Thema der positiven Vorhersagen bei Nostradamus. Hatte er doch selbst einen ausgeprägten Sinn für die Entfaltung seiner geistigen Anlagen und des spirituellen Potentials seiner Zeit – was natürlich nicht ausschließt, daß er auch gerade für unsere Zeit eine Botschaft hat. Kein Zweifel: den Menschen unseres Jahrhunderts gehen allmählich die Augen auf, wie dringend wir unser Bewußtsein – über den technischen und wissenschaftlichen Fortschritt hinaus - noch auf ganz andere Dinge ausweiten müssen.

Nichts weist darauf hin, daß die etablierten Kirchen und Religionen aus eigener Kraft noch Impulse zur Befriedung unseres Planeten geben könnten. Die meisten der fünftausend Kriege, die in den letzten dreitausend Jahren geführt wurden, gingen auf Glaubensfehden, auf ideologische Konflikte über «die Wahrheit» zurück. Nostradamus kün-

ZWÖLF: EIN NEUES ERWACHEN

GEFÄHRLICHE SEHER

digt eindeutig eine völlig neue Religion an. Das schließt von vornherein traditionelle Religionen wie Christentum, Islam, Judaismus, Buddhismus und Hinduismus aus. Und was die Katholische Kirche betrifft, eine der größten Religionen überhaupt, so sagt er unmißverständlich ihren Untergang voraus.

Was also ist diese neue Religion? Und wieviel davon ist bereits heute, zum jetzigen Zeitpunkt, im Entstehen begriffen?

Die gesamte Geschichte hindurch, und ganz gewiß bis auf den heutigen Tag, stößt jeder radikale Versuch, das Bewußtsein der Menschheit zu heben, auf gewaltsamen Widerstand, besonders von seiten derjenigen, deren eingefleischte Machtinteressen auf den Status Quo angewiesen sind. Alle großen Erkennenden sind von unseren Politikern und Priestern verfolgt und getötet worden; und ironischerweise waren es gerade diese «Herrschaften», die, nachdem sie die ursprüngliche, lebende Stimme jeweils zum Schweigen gebracht hatten, auf deren Grab die ausgeklügeltsten Religionen errichteten. Ihrer Macht und Manipulation gelang es bisher immer, sich das Neue in ihr starres Weltbild einzuverleiben.

Das heidnische Rom, das Jesus gekreuzigt hatte, erhob das Christentum später zur Staatsreligion. Nur so konnte die römisch-katholische Kirche, konnte der Vatikan buchstäblich über den Knochen eines gekreuzigten Simon Petrus errichtet werden.

Homo sapiens ist – als Spezies – hartnäckig gegen jede Veränderung. Seit Menschengedenken haben wir allen Mystikern und Sehern, die unser Bewußtsein anheben wollten, nach dem Leben getrachtet. Sokrates (rechts) mußte für seine Bemühungen im 4. Jahrhundert vor Christus den Giftbecher trinken.

ZOROASTER

Persischer Mystiker des 6. Jahrhunderts v. Chr – Gründer der Zoroastrischen Religion: Erdolcht.

SOKRATES (470?–399 v. Chr.)

Der griechische Philosoph wurde des Hochverrats angeklagt und beschuldigt, die Jugend Athens geistig verdorben zu haben – Zum Gift-Tod verurteilt.

GAUTAMA SIDDHARTHA, DER BUDDHA (563?–483? v. Chr.)

Einer der wortgewaltigsten erleuchteten Meister der Welt. Der Mann, von dem der Buddhismus ausging: Gesteinigt von orthodoxen Hindus.

«ICH BIN DIE WAHRHEIT»

JESHUA VON NAZARETH
(später Jesus Christus genannt)
(0–33 n. Chr.)

Ein gemeiner Mörder namens Barrabas wurde von den rechtschaffenen Bürgern Jerusalems begnadigt, damit statt seiner ein exzentrischer Heiler gekreuzigt werde, der lehrte: «Gott ist die Liebe».

MOHAMMED
(570–632 n. Chr.)

Der Begründer des Islams litt während der letzten sieben Jahre seines Lebens unter schweren Magenschmerzen; der Grund war ein Giftmordversuch.

AL-HILLAJ MANSUR
(Sufi-Mystiker des 17. Jhs.)

Ein berühmter Sufi, der wegen seines Ausrufs «Ana'l haq!» – «Ich bin die Wahrheit!» – hingerichtet wurde. Er starb lachend, trotz der sehr grausamen Hinrichtungsart: Zerstückelung.

NOSTRADAMUS GIBT HINWEISE AUF DIE NEUE RELIGION

Unter den Prophezeiungen des Nostradamus finden sich ca. sechzig Vierzeiler, die eine Art Chronik der spirituellen Leitfiguren von heute und deren Bewegungen darstellt. Die verstreuten Textstellen bilden ein Raster, das ein historisch einmaliges Phänomen einfängt – die sog. «Human Potential» – oder auch «New Age»-Bewegung.

Dieser Pauschalbegriff deckt eine unübersehbare Flut von Gruppierungen, die neue Seelen- und Körper-Therapien praktizieren und mit alternativen – oft östlich orientierten – Lebensweisen, Weltanschauungen und religiösen Überzeugungen experimentieren. Obwohl im einzelnen sehr unterschiedlich, sucht jede dieser Gruppierungen doch im allgemeinen nach neuen Wegen zu Weltfrieden und ökologischem Gleichgewicht. Gemeinsam haben sie auch, daß sie im Menschen das Potential zu einem höheren Bewußtsein wecken wollen, ehe wir uns mitsamt der Erde endgültig zerstören.

Innerhalb dieser sechzig Vierzeiler sind acht Hauptschlüssel angegeben, woran die kommende neue Religion zu erkennen sein wird, was sie lehren wird, und welche Gruppe oder Person den visionären Anstoß zu diesem Neuen Zeitalter geben wird.

Im folgenden Abschnitt dieses Buches nun sollen diese Hinweise in ihrem jeweiligen Textzusammenhang vorgestellt und im Detail erörtert werden. Anschließend lassen wir die noch lebenden oder jüngst verstorbenen Persönlichkeiten Revue passieren, auf die diese Hinweise passen könnten. Dabei soll es dem Leser überlassen bleiben, sich selbst ein Bild von der Überzeugungskraft der einzelnen «Qualifikationen» zu machen. Diese so weitreichende, komplexe und kontroverse Frage soll hier also gewissermaßen in der Form eines «Propheten-Quiz» behandelt werden.

1. AUS OSTEN KOMMEND BLÜHT DIE LEHRE IM WESTEN

«Er wird in Asien erscheinen (und wird) in Europa zuhause (sein)...»
«Der Mann aus dem Osten wird seinen Sitz verlassen, Den Appenin überqueren und Frankreich sehen. Er wird durch den Himmel fliegen...»

2. DER STAB DES HERMES – DIE LEHRE

«...Er wird durch Himmel, Regen und Schnee fliegen, Und jeden mit seinem Stab schlagen.» «...Er wird in Asien erscheinen, in Europa zuhause. Einer, der aus dem großen Hermes hervorging...»

Alle beide der zentralsten Vierzeiler über den «Mann aus Osten» enthalten Hinweise auf den «Stab des Hermes». Die Interpreten übersehen oft die okkulten Symbole bei Nostradamus, und so wird bei ihnen aus dem Hermesstab z. B. eine Atomrakete, was den «Mann aus Osten» dann zum Anti-Christ abstempelt. Doch war der Hermesstab – der Kaduzäus (heute zum Äskulap-Stab verflacht) – für die abendländische Alchemie das Symbol der Erleuchtung. Er ist ein Zauberstab: er transformiert, er befreit zur Wahrheit. Man kann also damit rechnen, daß dieser östliche Lehrmeister die Welt an ihren wunden Punkten trifft und dafür nicht gerade geliebt wird.

3. DAS GESETZ VERSTÖSST DEN LEHRER

«Ein Mann wird angeklagt, er zerstöre die Tempel und Religionen, durch Hirngespinste verfälscht. Er tut eher Steinen etwas zuleide als Menschen. Ohren erfüllt von brillanten Reden.»

Das Thema, daß eine alte Religion nur noch Hirngespinst, nur noch der Schatten ihrer einst lebendigen Lehren ist, taucht auch an anderer Stelle auf. Dieser «Mann» wird also ein notorischer Kritiker alter, versteinerter Glaubensdogmen sein und den kollektiven Zorn aller organisierter Religionen der Welt auf sich ziehen.

4. DIE FARBE ROT

«Gegen die Roten werden sich die Religionen zusammenschließen...
Die Rose(nfarbe) mitten auf der Bühne der Welt... Um die Wahrheit zu sprechen, halten sie den Mund ge-

«Der Lehrer wird vom Gesetz verstoßen». Bhagwan Shree Rajneesh in Ketten in Amerika, 1985.

schlossen. Wenn er schließlich gebraucht wird, kommt der Erwartete spät.»

Im allgemeinen nimmt man an, daß Nostradamus hier mit der Farbe Rot auf Revolutionäre anspielt. Aber Rot oder Rot-Töne tragen auch die Wahrheitssucher und Mystiker des Ostens, als Symbol des Feuers der Bewußtheit, des Sonnenuntergangs der alten Welt und des Erwachens innerer Erleuchtung.

5. MARS, HERMES, DIE FARBE ROT UND DIE FLAMME

«...Am Vorabend einer anderen Katastrophe, wenn die verkommene Kirche auf der Höhe ihrer äußeren Ehre steht... wird ein Erbe einer längst totgesagten Linie kommen, der die Menschen der Welt von einer schwächlichen und freiwilligen Sklaverei befreien und sie unter den Schutz von Mars stellen wird.»

«...die Flamme einer Sekte wird sich über die ganze Welt verbreiten...»

(Epistel an Heinrich II.)

Mit seiner Formulierung «freiwillige Sklaverei» entlarvt dieser Prophet des 16. Jahrhunderts das Prinzip der blinden Hingabe an einen Glauben – und damit das Fundament aller heutigen großen Religionen. Dieser ohnehin schon verschleierte Hinweis auf die Befreiung der Menschen von den Strukturen eines toten «Glau-

Gautama der Buddha (rechts) lebte 560–483 v. Chr. Er erklärte, daß sich das «Rad des Weltgesetzes» alle fünfundzwanzig Jahrhunderte einmal drehe und dem Menschen dann neue Bewußtseinshöhen eröffne. Am Ende unseres Jahrtausends ist es wieder soweit... Als einen der wesentlichsten Schlüssel zur Identität der Person, die diesmal das «Rad drehen» wird, verrät uns Nostradamus, daß sein zweiter Name «Mond» bedeuten soll. Ein weiterer Schlüssel (rechts außen) wird uns im Symbol der Vögel gegeben, die am Himmel fliegen werden.

bens» und von der uralten Ausbeutung durch religiöse Führer, die ihre Anhänger immer wieder in die Falle blinden Gehorsams zu locken verstehen, wird durch den letzten Satz des obigen Zitats aus der Epistel an Heinrich II. noch kryptischer: «*...wird sie unter den Schutz von Mars stellen.*» – bis wir den Zusammenhang zwischen Mars in seiner höheren Form und Hermes, dem Träger des Stabs der Erleuchtung erkennen. Die philosophischen Querverbindungen zwischen hermetischen Lehren und dem Tantra Indiens, der Quelle aller östlichen Philosophien, lassen erwarten, daß die neue Religion nicht, wie die alten Religionen, das Leben verneinen sondern bejahen wird. Damit stünde sie völlig im Einklang mit der heutigen «New Age»-Bewegung, die sich in geradezu magischer Beschwörung dem Leben zuwendet und durch das Leben zur Erfahrung des Göttlichen aufzusteigen sucht.

6. DER MOND – SYMBOL ODER NAME

«*Früher und später werdet ihr große Veränderungen sehen, Extreme Schrecken und Vergeltungen, denn der Mond wird von seinem Engel geleitet. Die Himmel nähern sich der Waage.*» (Astrologisch: Pluto-Transit der Waage 1972–1984). «*Der vorletzte Name des Propheten wird Dianas Tag (den Tag des Mondes) zu seinem Tag stiller Ruhe machen. Reichlich Silber von Diana (Mond) und Merkur (Hermes). Die Bilder werden im See gespiegelt (im Geist der Meditation). Der Bildner sucht nach neuem Ton. Er und seine Anhänger werden in Gold getränkt sein, (hermetisches Bild für die erreichte Erleuchtung). Der Mond in der Mitte der Nacht... Der junge Weise, allein mit seinem Geist, hat ihn gesehen. Seine Jünger fordern ihn auf, unsterblich zu werden. Sein Körper im Feuer.*»

Ausdrücke wie «*stille Ruhe*», «*Bilder... gespiegelt*» und «*allein mit seinem Geist*» verweisen deutlich auf Meditation – die bei Buddha «Dhyana» oder «Dhyan» heißt; Nostradamus erwähnt Diana – sicher nicht aus purer Wort-

spielerei. Hier auch wieder die Verbindung von Feuer und Hermes. Die erste Zeile des Vierzeilers II,28 scheint ein Hinweis darauf zu sein, daß der Name des fraglichen spirituellen Meisters mit dem Mond zu tun hat.

7. DER LEHRER REIST UND IST UMSTRITTEN

«...(er) wird den Tag Dianas zum seinem Tag stiller Ruhe machen.
Er wird überall herumreisen, zwangsläufig provozierend, und wird viele Menschen vom Joch befreien.»

Es sind die gleichen «*Menschen*», von denen beim fünften «Schlüssel» die Rede war. Und an dieser Stelle findet eine Querverbindung statt zwischen Mond und Meditation und Hermes. Auch wird hier gesagt, daß ein Lehrer aus dem Osten nach Westen kommen wird. Mitschwingen mag auch, daß dieser Mann gezwungen wird – *«zwangsläufig provozierend»* – immerzu weiterzureisen.

8. DAS VOGEL-RÄTSEL – UND DIE BOTSCHAFT «JETZT!»

»...der Anti-Christ kehrt ein letztes Mal zurück... Die Länder der Christen und Heiden werden beben... fünfundzwanzig Jahre lang. Kriege und Schlachten werden kummervoller sein als je. Dörfer, Städte und Burgen und alle anderen Bauten werden zerstört sein... Der Fürst Satans wird so viele Verbrechen begehen, daß fast die ganze Welt brach und verödet sein wird. Vor diesen Ereignissen werden viele seltene Vögel durch die Luft rufen: «Jetzt! Jetzt!» – und kurz darauf verschwinden. (Epistel an Heinrich II.)

Nostradamus wählte für seine Botschaften an zukünftige Generationen oft Tier-Rätsel; z.B. dienen ihm Bienen und Adler als Hinweis auf Napoleon, der sie als Wappentiere führte. Die oben zitierten Vögel aus der Epistel an Heinrich II. könnten auch so ein Rätsel und symbolischer Hinweis auf einen weiteren Aspekt des religiösen Lehrers sein, der den Menschen helfen soll, die düsteren Ereignisse, von denen hier die Rede ist, abzuwenden.

NOSTRADAMUS STELLT VOR: DIE SEHER DES NEUEN ZEITALTERS

Zehn Männer stehen seit den fünfziger Jahren im Brennpunkt des «New Age». Im folgenden Abschnitt wollen wir uns diese Persönlichkeiten einmal einzeln im Licht der Vierzeiler des Propheten betrachten.

JÜNGST VERSTORBENE GEISTIGE FÜHRER

SWAMI PARAMAHANSA YOGANANDA

Indischer Mystiker; Gründer der «Stiftung für Selbstverwirklichung».

Yogananda führte Kriya Yoga in den Westen ein. Er lehrte, daß Geist und Herz aus dem eingeschränkten moralischen Bewußtsein zur Vereinigung (Yoga) mit dem göttlichen Bewußtsein geführt werden müsse. Yogananda und seine Jünger trugen manchmal nach östlicher Tradition das orangene Gewand des Wahrheitssuchers.

Der Hinweis, *«die Lehre kommt aus dem Osten und blüht im Westen»*, trifft ebenso auf diesen Lehrer zu, wie der Vierzeiler, der von ausgedehnten Reisen und untraditionellen Lehrmethoden spricht. Yoganandas Neigung jedoch, eine Synthese aller großen Religionen herstellen zu wollen, läßt ihn zu diplomatisch erscheinen, als daß er der Rebell sein könnte, den Nostradamus uns ankündigt: *«...gegen die Roten werden sich die Religionen verbünden.»* Dies war bei den Anhängern Yoganandas nicht der Fall.

Meher Baba lehrte durch Schweigen; das entspricht Nostradamus' Prophezeiung, der Mann, der unser Bewußtsein schulen werde, würde «die Wahrheit dadurch (lehren), daß er den Mund geschlossen hält».

MEHER BABA (1894–1969)

Ein indischer Sufi-Mystiker

Ein Meister auf dem Sufi-Weg letzter Hingabe, lehrte Meher Baba dreiundvierzig Jahre lang, von 1925 bis zu seinem Tod, durch Schweigen. *«Um die Wahrheit zu sprechen, halten sie den Mund verschlossen.»* Er verkündete der Welt, daß er gekommen sei, die Saat der Liebe in alle Herzen zu säen. Sein Motto war: «Keine Sorge, freu dich!»

Er war gegen alle religiöse Hierarchie, Rituale und Zeremonien, und seine Anhänger richteten überall auf der Welt «Baba Lover»-Zentren ein. Allein in Amerika schätzt man seine Jünger auf sechstausend.

Doch war Meher Baba ein friedlicher Rebell, und seine Lehren bieten keine Konfliktstoffe oder Provokationen für etablierte Religionen. Obwohl es wesentlicher Grundsatz seiner Lehre war, «jetzt» zu leben, taucht in seiner Philosophie nirgendwo ein Vogelsymbol auf, kein Mondaspekt und keine Farbe Rot.

Der junge Krishnamurti (rechts) im Jahre 1910. Einer der prominentesten Meister unserer Zeit. Sein Leben lang bereiste er Amerika, Europa und Indien und gab sein Prinzip des «Unbeteiligten Zuschauens» an Tausende von Anhängern weiter. Der junge Yogananda (links) predigte als Erwachsener die Vereinigung mit Gott durch ein höheres Bewußtsein. Aber keiner dieser beiden Männer entspricht den Kriterien des Propheten, denen zufolge es ein Anführer sein wird, der stark genug ist, der Menschheit über die kommenden Jahrzehnte hinwegzuhelfen.

SWAMI PRABHUPADA (1896–1978)

Gründer der Hare-Krishna-Bewegung

Dieser indische Mystiker flog nach Westen, um die Botschaft des Krischna-Bewußtseins zu verbreiten. Eins der Symbole für Bewußtsein ist die Flamme, in Rottönen dargestellt. Die orangegekleideten Hare-Krishna-Leute, die auf den Straßen des Westens zu sehen waren, haben die etablierte Gesellschaft zwar empört und verwirrt, lösen inzwischen aber eher Belustigung als Ärger aus.

Die Lehren Prabhupadas wollen Menschen des Westens ermuntern, nach den Vorschriften der alten Veden, der Heiligen Schrift der Hindus, zu leben, die zwar für den Westler neu, im Grunde aber uralt sind.

L. RON HUBBARD (1916–1986)

Erfinder der Dianetik, Gründer der Scientology-Kirche.

Hubbard entwickelte die «Scientology», um Menschen spirituell über psychische und geistige Traumata hinwegzuhelfen und sie in einen «klaren» geistigen und spirituellen Zustand zurückzuversetzen. Er und seine «neue» Religion sind auf der ganzen Welt juristisch und politisch angefochten worden. Viele etablierte Religionen betrachten ihn und seine ca. fünf Millionen Anhänger als gefährlich.

Hubbards Vorstellungen sind hauptsächlich dem Hinayana-Buddhismus und der gängigen Psychologie verpflichtet und im Kern traditionell. Auch kommt er nicht aus Asien.

J. KRISHNAMURTI (1895–1986)

Indischer Philosoph, Meditierer.

Krishnamurti wurde von den Theosophen als der Maitreya – der wiedergekehrte Buddha – ausgerufen, doch lehnte er öffentlich diesen Anspruch ab und löste die Gesellschaft auf, die extra zur Verbreitung seiner messianischen Botschaft geschaffen worden war. Danach reiste und lehrte er über siebzig Jahre in Amerika, England, der Schweiz und Indien. Meditation heißt für ihn «Zeuge-sein» – das Bewußtsein als Zeuge, das ohne Einmischung zuschaut und dadurch die reine Freiheit erlangt.

Krishnamurti war gegen jegliche «Guru»-Vorstellung und wollte kein Religionsstifter sein. Seine Einsichten waren nicht herausfordernd oder gegen den Status Quo gerichtet.

NOCH LEBENDE LEHRMEISTER DES GEISTES
(Zur Zeit der Niederschrift)

Die folgenden Personen leben noch und sind damit Kandidaten im «Rennen» um jene führende Rolle, die Nostradamus angedeutet hat. Natürlich kann jederzeit noch ein neuer Name auftauchen, aber von heutiger Warte aus wird unter den nächsten fünf Namen derjenige sein, der in den neunziger Jahren an der Spitze eines neuen und weltweiten religiösen Wiedererwachens stehen wird.

Satya Sai Babas hat eine der zahlreichsten Anhängerschaften im Vergleich zu anderen spirituellen Führern. Doch stellen seine Lehren im Augenblick keinerlei Bedrohung der bestehenden Ordnung dar.

SWAMI SATYA SAI BABA

Satya Sai Baba hat erklärt, er sei die Wiedergeburt des islamischen Mystikers Sai Baba (1856–1916). Er ist ein sog. Siddhi-Yogi, d. h. Wundertäter und ist als solcher sehr beachtet, mit einer ständig wachsenden Anhängerzahl im Westen und Millionen von Anhängern in Indien. Er trägt orangene Gewänder nach Tradition des hinduistischen Sannyasin (Sucher und Jünger). Obwohl er an Reisen in den Westen im Augenblick nicht interessiert scheint, kann sich das jederzeit ändern. Seine Lehren sind im Augenblick nicht weiter kontrovers. Doch wäre seine Anhängerschaft stark genug, den etablierten Religionen Probleme zu machen. Andererseits fehlen aber seiner Arbeit alle hermetischen Aspekte.

Sun Myung Moon trägt einen Namen, der direkt an die Mond-Prophezeiung des Nostradamus anklingt, und die Tatsache, daß er im Gefängnis saß, stimmt ebenfalls mit einem der prophezeiten Aspekte überein.

SUN MYUNG MOON

Moon ist der Gründer der umstrittenen Vereinigungskirche, die endlose Probleme mit den Behörden hat; Moon selbst war bis vor kurzem im Gefängnis. Der Nordkoreaner behauptet, der wiedergekehrte Jesus Christus zu sein – der ja selbst eine Zweite Wiederkunft verheißen habe. Sein Nachname stimmt zweifellos mit der Prophezeiung des Nostradamus überein, der neue religiöse Führer sei mit dem Mond assoziiert.

Moon hat sich mit seiner felsenfesten Behauptung, mit Jesus Christus liiert zu sein, viele Feinde geschaffen. Auch kreiden ihm die öffentliche Meinung und viele Familien an, er zerstöre das Familienleben seiner Anhänger. Andererseits fehlt jede Verbindungen zu Hermes oder der Farbe Rot.

BHAGWAN SHREE RAJNEESH

Der ehemalige Philosophieprofessor aus Indien hat in den vergangenen Jahren in aller Welt für Schlagzeilen und Aufregung gesorgt. Seine rotgewandeten Anhänger, Sannyasins genannt, haben in Indien und im US-Staat Oregon mit neuen Kommune-Modellen experimentiert, wurden dabei aber von Politikern, Medien und Kirchen scharf angegriffen. Vor Verlassen der USA wurde er kurzfristig inhaftiert; anschließend reiste er nach Indien, Europa und Südamerika. Heute (1988) lehrt er wieder in Indien und greift in seinen Reden nach wie vor schonungslos alle politischen und kirchlichen Institutionen an.

Berichten zufolge soll die US-Regierung nach seiner Deportation aus Oregon Druck auf andere Regierungen ausgeübt haben, ihm die Einreise zu verweigern.

Seine Lehren haben mit Tantra zu tun – der indischen Religion, die, wie wir sahen, mit hermetischen Lehren korrespondiert. Ein Hauptpunkt seiner Lehre ist das meditative Leben in der Gegenwart, im «Jetzt». Symbol seiner Religion sind zwei Vögel im Flug.

Was diesen Mann aber vor allem in die Nähe der Weissagungen des Nostradamus rückt, ist sein Name Rajneesh, was «Vollmond» heißt. Zudem bedeutet sein mittlerer (Nostradamus: «vorletzter») Name, Chandra, ebenfalls »Mond«. Sein voller bürgerlicher Name ist Rajneesh Chandra Mohan.

Obwohl seine Anhänger heute nur eine lose Gemeinschaft bilden und ihr einst notorisches Rot offenbar abgelegt haben, passen alle acht Kriterien, die uns Nostradamus angibt, verblüffend gut zu ihm. Freilich können wir aber kaum entscheiden, ob Nostradamus in seinen Versen nur einen einzigen religiösen Anführer voraussieht – es könnten mehrere sein: «Viele seltene Vögel werden durch die Lüfte rufen: ‹Jetzt! Jetzt!›»

DA FREE JOHN

Ein erst in den letzten Jahren bekannt gewordener Lehrer, der eine ständig wachsende Gefolgschaft um sich schart, ist Da Free John, ein schwer einzuordnender amerikanischer Mystiker, der z. Zt. auf den Fidschi-Inseln lebt. Er nennt sich einen Meister des Herzens und lehrt die Transzendenz des Selbst und die Verschmelzung mit Gott. Hier klingt die hermetische Lehre des göttlichen Bewußtseins an. Selbstbeobachtung in jedem Augenblick (*«Jetzt!»*) soll dem Jünger hierbei helfen. Da Free John ist wiederholt von etablierten Religionen und Regierungen angegriffen worden.

Zwar stammen seine Lehren, nicht aber der Mann selbst aus dem Osten. Und obwohl seine Lehren eine gewisse Assoziation zur *«Flamme»* der Selbstbeobachtung haben, besteht kein direkter Zusammenhang zwischen der Farbe Rot und diesem Mann und seiner Anhängerschaft.

SWAMI MAHARISHI MAHESH YOGI

Der in Nordindien geborene ehemalige Physiker begründete die sehr erfolgreiche Bewegung der Transzendentalen Meditation, die heute im Westen von Millionen praktiziert wird – eine Methode der persönlichen Streßminderung und Herstellung innerer Ruhe. Auch er ist viel gereist und hat beträchtliche Kontroversen ausgelöst, vor allem in den sechziger Jahren.

«TM» geht auf die uralten vedischen Schriften des Hinduismus zurück (ca. 3000 v. Chr.); die traditionellen Religionen scheinen sich inzwischen mit dieser typischen «New Age»-Bewegung abgefunden zu haben. Seit 1977 wird TM in westlichen Hochschulen und Akademien gelehrt und sogar von Generälen im Pentagon als eingebürgerte Anti-Streß-Methode praktiziert.

DIE MERKMALE:	OSTEN	HERMES	GEÄCHTET	ROT	MARS	MOND	REISEN	VOGEL
SEHER:								
YOGANANDA	*			*	*		*	
BABA	*							
PRABHUPADA	*		*	*				
HUBBARD			*					
KRISHNAMURTI	*	*		*	*		*	
SAI BABA	*			*				
MOON	*		*			*	*	
RAJNEESH	*	*	*	*	*	*	*	*
YOGI	*	*	*				*	
FREE JOHN		*	*		*		*	

DAS KOMMEN DES MAITREYA

Gautama Buddha gebraucht die Metapher vom Rad des «Dharma», der Wahrheit, das bei seiner riesigen Umdrehung in zweitausendfünfhundert Jahren immer mehr Energie verliert. Und er hat angekündigt, daß der nächste große Weltenlehrer um das Jahr 2000 n. Chr. erscheinen werde. Den Namen, den Buddha diesem Lehrer gab, war «Maitreya», was «Freund» bedeutet. Dieser neue Lehrer wird das Rad der Wahrheitssuche überall auf der Welt wieder in Schwung bringen.

Bei Nostradamus finden sich folgendes Parallelen:

«Die sanfte Stimme des heiligen Freundes wird unter heiligem Boden gehört.
Die menschliche Flamme leuchtet für die göttliche Stimme.
Sie macht, daß die Welt vom Blut keuscher Mönche befleckt sein wird,
Und die heiligen (oder falschen) Tempel der Unreinen zerstört sein werden.» IV,24

Der *«Freund»*, auf den hier Bezug genommen wird, zerstört die organisierten Religionen mit Worten der Wahrheit durch die *«menschliche Flamme»* einer neuen Religion. Im französischen Original wird das Wort *«heilig»* durch das Wort *«saint»* in seiner archaischen Form mit *«f»* am Anfang geschrieben, wodurch das Wort zugleich auch *»falsch«* bedeutet. (frz. ‹feint› = vorgetäuscht, wie in dtsch. «Finte»).

DIE PYRAMIDEN-PROPHEZEIUNGEN

Die große Cheops-Pyramide war als Prophezeiung in Stein gedacht – als Maß des gesamten «Adamischen Zeitalters» ab dem Jahre 4000 v. Chr. Jeder Zoll bis zur Königskammer steht für ein Jahr. Die Kammer selbst mißt vom Eingang bis zur Stirnwand die Endperiode von 1953 bis 2001. Dies Datum soll entweder das Ende der Zivilisation oder die Mutation zu einer höheren Bewußtseinsstufe markieren.

EIN ERWACHEN WIRD PROPHEZEI

Nostradamus scheint auf diese Form von Prophezeiung anzuspielen, wenn er über die Entdekkung des Petrus-Grabes sagt:

«Zur Zeit der Gründung einer neuen Sekte
Werden die Knochen des großen Römers gefunden werden...»
VI,66

Der «Römer» ist St. Peter, dessen Gebeine, sagt Nostradamus, zu einer Zeit des höchsten Chaos unter dem Vatikan gefunden werden – in der Grabkammer des Königs der Katholischen Religion.

MADAME BLAWATSKI (1831–1891) MAITREYA-PROPHEZEIUNG

Eine der berühmtesten Medien des 19. Jahrhunderts, Madame Blawatski, hat vorhergesagt, daß der Maitreya um das Jahr 1950 in Asien auftreten werde. «Wir sind dem Ende des fünftausendjährigen Zyklus des Kali Yugas, des Dunklen Zeitalters, nahe. Hierauf wird ein Zeitalter des Lichts folgen... Ein neuer Bote des Geistes wird den Ländern des Westens zugeschickt werden.» Die Entsprechung zu dieser Prophezeiung bei Nostradamus findet sich im Vierzeiler IV,50.

«Waage wird die westlichen Lande (Amerika) herrschen sehen,

»Lieber Gott, behüte Mammi und behüte Pappi und behüte auch all die anderen fanatischen Irren, die meine religiöse Freiheit mit ihrem archaischen Jargon untergraben.«

Die Macht über Erde und Himmel haltend,
Niemand wird die Mächte Asiens zerstört sehen,
Bis sieben nacheinander die Hierarchie innehatten.»

Die Numerierung des Vierzeilers ist vielleicht ein Hinweis auf 1950. Das Bild der Waage steht für die Demokratie, die fraglos erste Macht der Welt. Amerika erscheint in vielen prophetischen Überlieferungen als der fruchtbarste Boden für die neuen religiösen Lehren. Die *«sieben»* sind die sieben Jahrtausende in der Zeitrechnung von Nostradamus, die 2000 n. Chr. endet, was diesen Vierzeiler auch mit dem folgenden verknüpft:

«Das Jahr der siebenten Zahl ist erfüllt.
Erscheinend zu den Zeiten der Spiele des Schlachtens,
Nicht fern der Zeit des großen Milleniums (2000),
Wenn die Toten aus ihren Gräbern kommen werden.»
X,74

Wenn die Menschheit es schaffen sollte, die Machtspiele der Politiker abzuschaffen, damit noch vor dem Jahr 2000 ein großes Erwachen eintreten kann, dann wird die Welt das Ende dieses Jahrtausends vielleicht überleben. Es scheint angebracht, ans Ende dieses Kapitel folgenden Vierzeiler zu setzen; darin ist die Rede von dem neuen spirituellen Lehrer aus dem Osten – den Mann, den wir Gefahr laufen zu verkennen, so wie die Jünger Christi ihren Meister verkannten:

«Lang erwartet, wird er niemals zurückkehren.
Er wird in Asien erscheinen (und er wird)
in Europa zuhause (sein).
Einer, der vom großen Hermes gezeugt sein wird...»

Es ist wohl noch zu früh, um genaue Schlüsse zu ziehen, wer dieser Mann (oder diese Gruppe) ist, den uns Nostradamus und viele andere Propheten angekündigt haben, und der die Hebamme der neuen Religion sein wird. Warten wir also ab – während die Prophezeiungen Wirklichkeit werden –, welche frohen und schlimmen Überraschungen das «Neue Zeitalter» für uns parat hält...

KAPITEL DREIZEHN: DIE 2000 UND

LETZTEN PROPHEZEIUNGEN – DANACH

Nostradamus entwirft zwei Entwicklungsmöglichkeiten für unsere Zukunft, doch sie schließen einander aus: einerseits eine totale Atomkatastrophe um 1999, andererseits ein goldenes Zeitalter der Erleuchtung und des Friedens ab der Jahrtausendwende.

Das erste Szenario ist so vernichtend, daß danach auf Erden keinerlei Leben mehr möglich scheint, geschweige denn ein goldenes Zeitalter. Prüfen wir also in diesem kurzen Kapitel einmal genauer die Vorhersagen des Propheten für die Zeit nach uns – die Zeit, die unsere Kinder erleben oder vielleicht auch nicht mehr erleben werden. Diese letzten Weissagungen des Nostradamus führen uns, wie könnte es anders sein, in eine Welt von Morgen, die uns eher wie Science-Fiction anmutet.

Wie wir schon sahen, betrachteten viele der großen Visionäre der Welt – Buddha, Mahavira, Laotse, Tschuangtse, Sokrates, Heraklit, Pythagoras – gerade unsere Zeit als einen entscheidenden Wendepunkt, einen Punkt, an dem der Mensch einen Quantensprung machen muß, heraus aus seinen allzu eingefahrenen Gewohnheiten. Daß dieselben Visionäre sich aber über das danach kommende Jahrtausend praktisch ausschweigen, können wir entweder als traurigen Hinweis darauf nehmen, daß es kein Jahrtausend danach geben wird, oder als den ermutigenden Hinweis, daß sich dann einfach nichts mehr über den Menschen vorhersagen läßt – weil er in Zukunft spontan leben wird.

George Gurdjieff, einer der größten Weisen dieses Jahrhunderts, hat einmal gesagt, der individuelle Mensch könne sich erst dann wirklich geistig entfalten, wenn ihm bewußt werde, daß jeder Moment sein letzter sein kann. Vielleicht handelt Nostradamus aus einer entsprechenden Absicht heraus, wenn er uns die Apokalypse so drohend vor Augen führt. Und so scheint denn tatsächlich durch sein so düsteres Weltuntergangsgemälde noch eine andere Botschaft hindurch, die vielleicht erst uns Heutigen zu dämmern beginnt – daß es nämlich kaum eine bessere Lernmethode gibt, um das Leben von Augenblick zu Augenblick zu leben, als der drohenden Katastrophe ins Auge zu blicken. Vielleicht hat sich der Mensch diese so beängstigende Zukunft eingebrockt, um sich selber den Ruck zum Sprung in eine bessere Daseinsweise zu geben.

Nostradamus sagt deutlich genug, daß wir, wenn wir die nächste Generation überleben, einer mehrtausendjährigen Geschichte auf Erden entgegenblicken können.

2000–4000 A.D. – DAS WASSERMANN-ZEITALTER

Die astrologische Zeitrechnung kennt den Begriff «Das Große Jahr» – gemeint ist der astrologische Monat – ca. 2000 Jahre. Jeder dieser «Monate» bildet eine Menschheitsepoche und wird bestimmt von den positiven und negativen Aspekten des herrschenden Tierkreiszeichens. Ende und Anfang dieser Zeitalter überlappen jeweils um einige Jahrhunderte. Im Augenblick befinden wir uns im Übergangsstadium von den Fischen zum Wassermann. Das Fische-Zeitalter war das christliche, und das Wassermann-Zeitalter ist das der Wissenschaft und Humanität, beginnend mit der Aufklärung des 18. Jahrhunderts, der amerikanischen Revolution, dem Industriezeitalter und dem jähen Wachstum von Wissenschaft und Technik. Im Jahr 2000 befinden sich Fische und Wassermann in der Schwebe, und in der Epistel an Heinrich II. heißt es, daß gegen Ende des jetzigen Mondzyklus, etwa im Jahre 2250, das Wassermannzeitalter das menschliche Bewußtsein bestimmen wird.

Das Luftelement des Wassermanns zieht die menschliche Vorstellungskraft gen Himmel und gibt ihr eine größere und objektivere Auffassung von der Erde, was eine Weltregierung und die Unantastbarkeit des Individuums möglich macht.

Vermutlich werden wir mit anderen Zivilisationen Kontakt bekommen und uns in eine galaktische Lebensgemeinschaft eingliedern. Nostradamus sieht daher ein Jahrtausend des Friedens und der Weisheit voraus, sieht aber wie üblich noch weiter und warnt, daß diese Wassermann-Menschheit sich durch ihre zunehmende Selbstsucht zerstören kann. Die Welt wird keine Grenzen haben, und das allein genügt, beim geringsten Verlust an Bewußtheit, um einem Macht- und Freiheitswahn zu verfallen.

Die zukünftigen Generationen würden uns, könnten wir ins Jahr 3000 vorausschauen, wie Giganten erscheinen. Sie können Leben erzeugen und frei durch den Kosmos reisen. Nostradamus sagt, die Macht Satans selber werde durch unsere Fähigkeit, uns und unser innerstes Sein zu vergessen, entfesselt. Die Urbedeutung des Wortes «Sünde» ist «Vergessen», und das Wassermann-Motto ist: «frei von allen Grenzen» – ein Thema, dessen Gefahren schon oben angedeutet wurden.

4000–6000 A.D. – DAS STEINBOCK-ZEITALTER

Saturn ist der Mitbeherrscher des Wassermanns und Beherrscher des Steinbocks. Im Steinbock-Zeitalter wird der Mensch entweder vernichtet sein oder über die materielle Ebene (Erde) hinausgehen. Dies wird das Thema des 37. Jahrhunderts n. Chr. sein, wenn das Wassermann-Zeitalter zur Neige geht. Die Schlüsselwörter für Steinbock sind «nützen» und «einschränken». Das Menschengeschlecht wird all seine schwerverdienten Lektionen aus der Vergangenheit nützen müssen, wenn es nicht zerstört werden will durch seine fast göttlichen Kräfte über Geist und Materie. Nostradamus läßt uns wissen, das Steinbock-Zeitalter beginne mit der physikalischen Zerstörung der Erde durch eine kosmische Kraftquelle. In X,67 sagt er riesige Meteore voraus, die im Jahre 3755 zur Erde niederregnen werden, und in seinem Vorwort an seinen Sohn sagt er das Ende der Welt für das Jahr 3797 voraus.

Ehe der Mond seinen ganzen Kreislauf (1889–2250) beendet hat, werden Sonne (20. Jh.) und Saturn (Wassermann-Zeitalter) kommen. Die himmlischen Zeichen kündigen Saturn ein zweites Mal an (Steinbock-Zeitalter), so daß allen Berechnungen nach sich die Welt dann ihrem letzten Kreislauf nähert, der ihr den Todesstoß versetzt.

Vorwort an Cesar (Nostradamus' Sohn)

3797 A.D. – WIE DIE WELT ENDEN WIRD

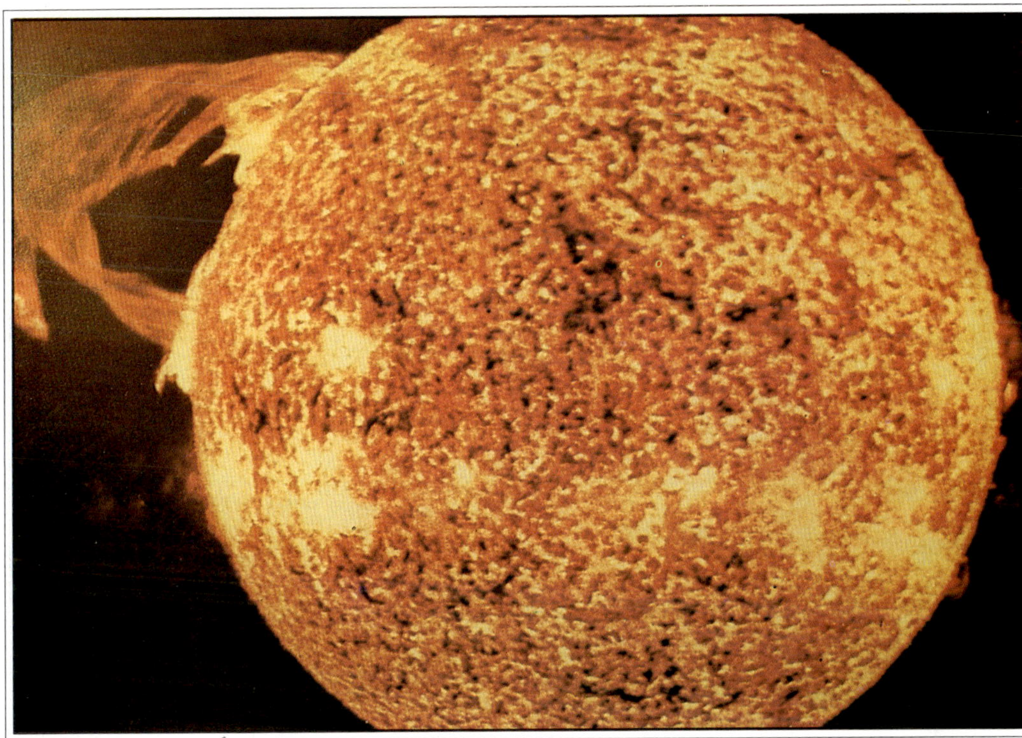

Wenn sich die Sonne in einen roten Giganten verwandeln wird, wird die Erde ungeheuren Klima- und Gravitätsbelastungen ausgesetzt sein. Meteore, ausgelöst durch den Untergang der Venus oder des Merkurs, die von der immer röter anschwellenden Sonne verschlungen werden, könnten die Erde treffen und unvorstellbare Fluten auslösen. Dies sieht Nostradamus für die Aegäis in den Jahren 3755 und 3797 voraus, nahe der Ostküste Griechenlands. Die erste Fontäne beim Aufprall soll 3 Kilometer zum Himmel spritzen.

Am Ort, wo Jason sein Schiff baute
(Griechenland),
Wird es eine solch plötzliche und
große Flut geben,
Daß man keinen Flecken, kein Land
mehr angreifen kann.
Die Welle überspült den Olymp
(3200 m).

VIII,16

In seinem Vorwort an den Sohn Cesar gibt uns der Prophet einen Bericht über Dinge, die nach Schätzung heutiger Astronomen erst in Milliarden von Jahren mit der Erde geschehen werden, wenn die Sonne ihre Kernenergie erschöpft hat und zu einem roten Giganten anschwellen soll, der schließlich auch die Erde verschlingt. Nostradamus rechnete schon in achtzehnhundert Jahren (von heute aus) damit.

«...vor dem allgemeinen Weltbrand wird die Erde von so hohen Fluten überschwemmt, daß kaum noch Land übrig ist, das nicht unter Wasser stehen wird. Und dies wird so lange dauern, bis alles untergegangen sein wird, außer der trocken gebliebenen Erde und der menschlichen Rasse.

Vor und nach diesen Fluten werden viele Länder keinen Regen sehen und es werden vom Himmel solche Unmengen Feuer und Meteore fallen, daß nichts den Flammen entrinnen wird. All dies wird kurze Zeit vor dem endgültigen Weltenbrand geschehen.»

6000–8000 A.D. – DAS SCHÜTZE-ZEITALTER

Nostradamus sagt uns, daß das Menschengeschlecht selbst diesen letzten Weltbrand überleben wird, und deutet an, daß der Mensch inzwischen das Weltall kolonisiert haben wird:
«Einige werden in Aquarius leben, einige in Krebs für längere Zeit.»
Vielleicht gibt er hier einen Hinweis, wo wir Menschen dann wohnen werden – im Weltraum, jene Sterne umkreisend, die die Konstellationen Wassermann und Krebs bilden.

DAS ZEITALTER DER WAHRHEIT

KAPITEL
WENN NOSTRADAMUS

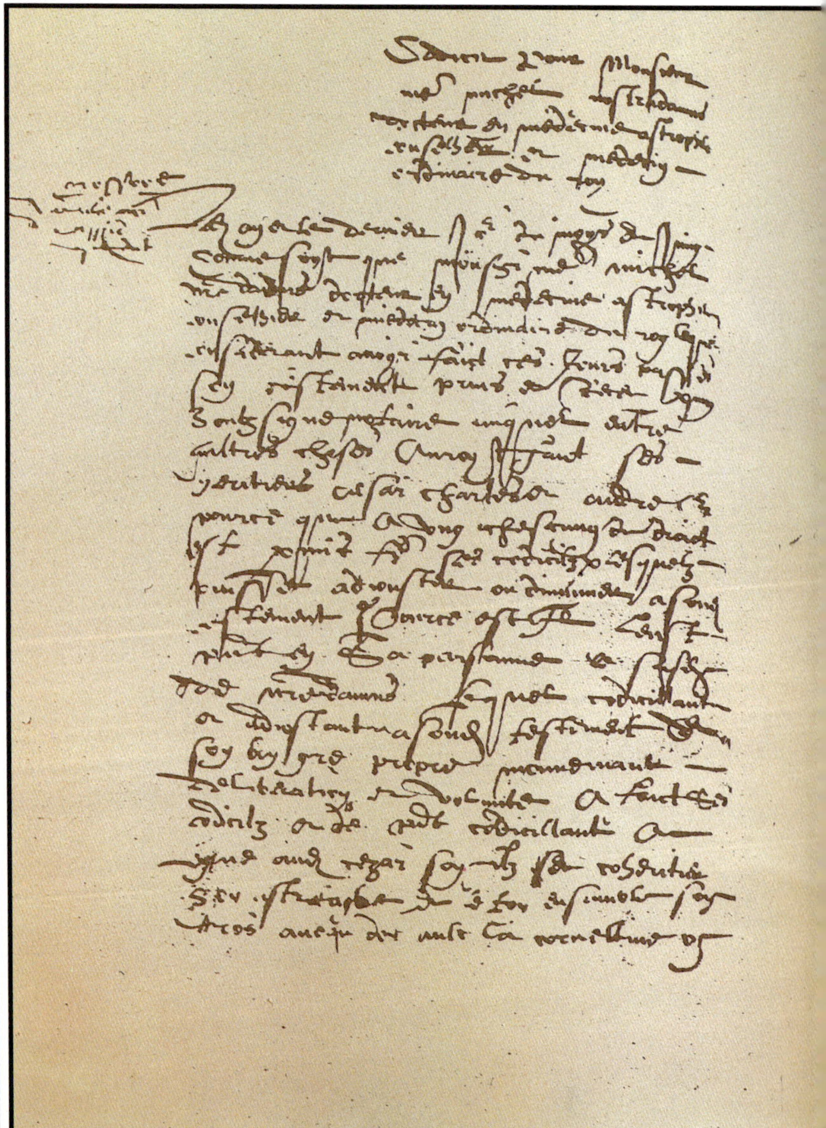

«DIE CENTURIEN» bilden in ihrer vollständigen, zehnbändigen Form eigentlich eine Art Tagebuch, von einem erstaunlichen Mann über einige wenige seiner Lebensjahre hinweg geführt. Doch was anderen Jahre sind, sind ihm ganze Jahrtausende kommender Geschichte. Ein Rahmen also, der die Vorstellungskraft von uns gewöhnlichen Sterblichen sprengt, deren Horizont sich kaum über die eigene Generation erstreckt und allenfalls, durch Bücher, ein paar frühere Generationen einbezieht.

Viele moderne Philosophen sehen «Zeit» als eine lebende Wesenheit und sagen, daß wir Vergangenheit, Gegenwart und Zukunft nicht in linearer Form, also hintereinander, Schritt für Schritt,

VIERZEHN:
TAGEBUCH GEFÜHRT HÄTTE…

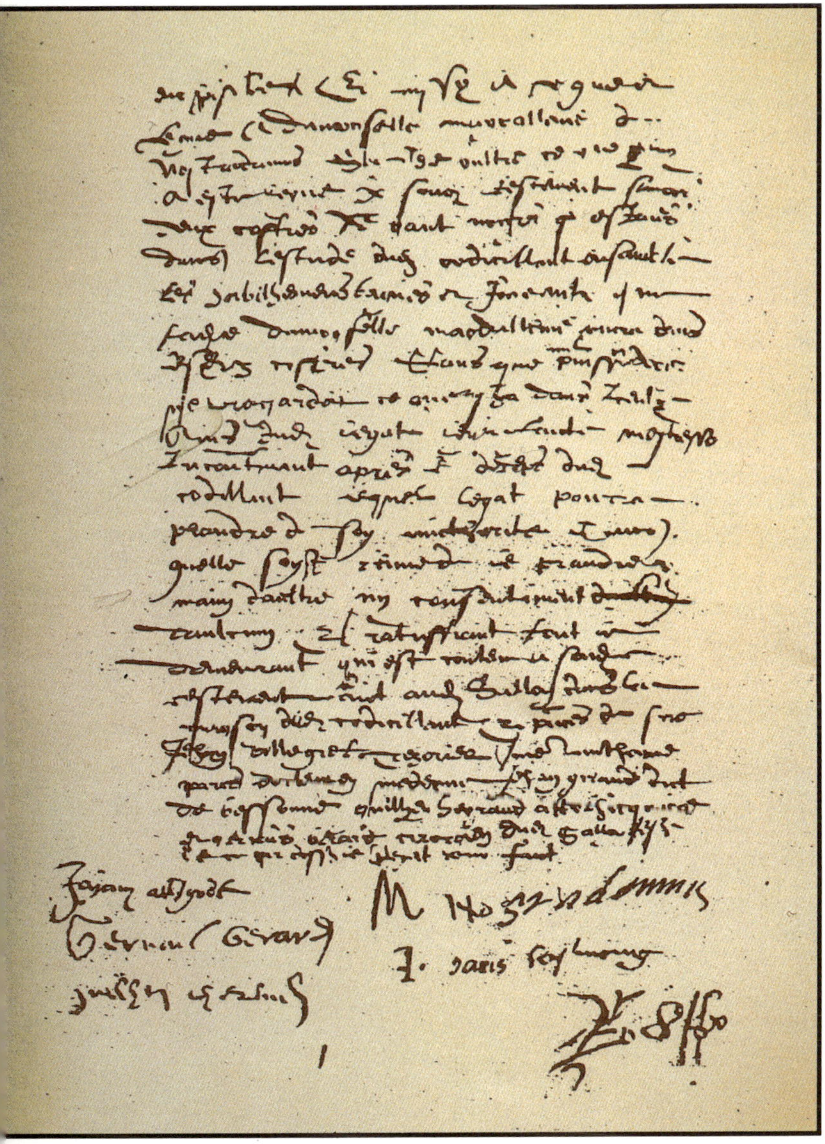

erleben, sondern «ko-lateral», Seite an Seite: die Zeit als Dauer in uns – Anfang und Ende in eins. Könnten wir das wahrnehmen oder uns auch nur vorstellen, dann befände sich unsere Zukunft neben unserer Vergangenheit – jetzt. Nostradamus nahm die Zeit tatsächlich so wahr – in all den Nächten seiner Prophetenjahre, immer wenn er, im Licht der Kerze oben in seinem Studierzimmer sitzend, in Trance ging und ihm die «Zeit» ihre ungeahnten Enthüllungen machte.

Dies letzte Kapitel stellt daher den Versuch dar, die wesentlichen «Eintragungen» der «Centurien» in Form eines solchen «historischen Tagebuchs» herauszukristallisieren.

Nostradamus' Handschrift

Zeit	Ereignis	Tagebuch-Eintrag
Acht Uhr abends, Ende 1544. Schloß des Herrn von Florinville. Bei Tische mit Schweinebraten.	Herr von Florinville wollte die prophetische Gabe seines Gastes überlisten. Nostradamus wußte im voraus, daß von den zwei Ferkeln, die abends verspeist werden sollten, nur das schwarze auf den Tisch gelangen würde, während das weiße von einem gezähmten Hauswolf gefressen werden würde. Florinville gab sich geschlagen.	*«Wir werden das schwarze Schwein essen, aber ein Wolf wird das weiße fressen.»*
10. Juli 1559	Tod König Heinrichs II. von Frankreich bei einem Turnierunfall an der Rue St. Antoine außerhalb von Paris. Die Lanze des Comte de Montgomery war zersplittert und ins Helmvisier des Königs gedrungen.	*Der junge Löwe wird den älteren überwinden Auf der Kampfbahn im Duell. Er wird sein Auge durchbohren in goldenem Käfig: Zwei Wunden ineins, dann stirbt er eines grausamen Todes.* *I,35*
Die Nacht des 1. Juli 1566	Nostradamus' Tod Am 1. Juli 1566 läßt Nostradamus den Pater Vidal rufen, Abt des Franziskanerklosters von Salon, der ihm die Sterbesakramente gibt. Der Prophet leidet an Wassersucht, einer akuten Form von Gicht, und verbringt die Nacht allein. Chavigny, sein Assistent, findet ihn am nächsten Morgen «*tot nahe dem Bett und der Bank*» liegen.	*Nach seiner Rückkehr von der Botschaft, des Königs Geschenk an seinen Ort gebracht, wird er nichts mehr tun. Er wird eingegangen sein zu Gott. Enge Verwandte, Freunde, Blutsbrüder (werden ihn finden) gänzlich tot nahe dem Bett und der Bank.* *Vorhersage 141*

Zeit	Ereignis	Tagebuch-Eintrag
1587	Hinrichtung von Mary Stuart in Fotheringay, nachdem sie «über den Strom» zwischen Frankreich und England geflohen war.	*Die große Königin wird sich besiegt sehen…* *Sie wird über den Strom setzen, vom Schwert verfolgt.* *Sie wird ihren Glauben empört haben.*
2. August 1589	Ermordung König Heinrichs III. von Frankreich, durch einen Dominikanerbruder, der dem öffentlichen Ruf nach der Ermordung des Königs folgte und das Schlafzimmer des Königs als unverdächtiger Mann Gottes betrat. Bruder Clement näherte sich dem König, zog einen Dolch und tötete den unerwünschten Monarchen. Er starb unter den Schwertern der Leibwache.	*Was Feuer und Schwert nicht vermochten,* *Gelingt einer süßholzraspelnden Zunge im Rat:* *Der König wird gezwungen werden, über den Traum nachzudenken, den er im Schlaf sah.* *Er wird den Feind erkennen – nicht im Krieg* *oder im soldatischen Blut.* I,97
1658–1961	Aufstieg und Fall des britischen Reiches. Nostradamus sah das britische Reich zur Großmacht aufsteigen und dann seine riesigen Territorien im Laufe von dreihundert Jahren wieder verlieren – die ganze Prophezeiung in einem kurzen Vierzeiler verpackt.	*Ein großes Weltreich wird England sein,* *Alleinbeherrscher der See, über dreihundert Jahre lang.* *Große Truppenbewegungen zu Land und Meer –* *Die Portugiesen werden nicht erfreut sein.* X,100
1666	Der grosse Brand von London. Der Prophet sah im Brand von London die göttliche Vergeltung für die Hinrichtung Karls I. Die «alte Dame» in diesem Vierzeiler ist die alte St.-Pauls-Kathedrale, die im Feuer einstürzte und die Gläubigen unter sich begrub, die hier Schutz suchten vor dem Brand, der ihre Häuser verzehrte.	*Das Blut der Gerechten wird London abverlangt werden.* *Von Feuer verbrannt im Jahr sechsundsechzig.* *Die alte Dame wird von ihrem hohen Ort stürzen.* *Und viele von der gleichen Sekte werden getötet werden.* II,51

ZEIT	EREIGNIS	TAGEBUCH-EINTRAG
1700	DIE STADTVÄTER VON SALON beschließen, die letzte Ruhestätte des berühmten Propheten an eine prominentere Stelle der Kirchenmauer zu verlegen. Während der Arbeiten werfen sie einen kurzen Blick ins Innere und entdecken einen Scherz, der einhundertvierunddreißig Jahre lang auf seine Pointe gewartet hat: An dem Skelett hängt ein Amulett mit der eingravierten Jahreszahl 1700.	
1791 Eine Nacht während der französischen Revolution	NATIONALGARDISTEN DER FRANZÖSISCHEN Revolution brechen in die Kirche ein, in der sich Nostradamus' Grab befindet. Während eines Trinkgelages entfernen sie die Grabdecke und verstreuen die Knochen des Propheten überall im Raum. Einer der Soldaten trinkt Wein aus dem Schädel, in dem Glauben, sich auf diese Weise die magische Kraft des Propheten einzuverleiben. Am Tag darauf fällt der Mann der Kugel eines Heckenschützen zum Opfer.	*Der Mann, der das Grab öffnet, wenn es entdeckt wird Und der es nicht sofort wieder schließt, Den wird sein Schicksal ereilen, ohne daß jemand es wird nachweisen können…* IX,7
14. Juli 1789	DIE FRANZÖSISCHE REVOLUTION – Sturm auf die Bastille. Zehn Tage lang danach defilieren in der Bastille Menschenschlangen an einem Tisch vorbei, wo das Vorwort zu den «Centurien» aufgeschlagen liegt. Jedermann kann die Worte des Propheten nachlesen, mit dener er zweihundertdreiundsiebzig Jahre zuvor die Revolution angekündigt hat.	*Ehe der Krieg kommt, wird die große Mauer fallen. Der König wird hingerichtet werden, sein Tod, zu früh gekommen, wird beweint werden. (Die Gardisten) werden in Blut schwimmen, Nahe dem Fluß Seine wird der Boden blutbesudelt sein.* II,57

ZEIT	EREIGNIS	TAGEBUCH-EINTRAG
15. August 1769	GEBURT VON NAPOLEON BONAPARTE. Nostradamus' erster Anti-Christ.	*Ein Kaiser wird bei Italien geboren werden. Er wird das Reich teuer zu stehen kommen. Nach denen zu urteilen, mit denen er sich umgibt, wird man ihn eher Schlächter denn Fürst nennen.* I,60
1889	GEBURT ADOLF HITLERS. Nostradamus sah in Hitler den zweiten Anti-Christ und möglicherweise den größten Demagogen aller Zeiten. Der Prophet sieht dreimal einen Anti-Christ kommen, von denen jeder die Menschheit um eine Stufe dem endgültigen Holocaust näherbringt. Hitler – bei ihm «Hister» – brachte fünfzig Millionen Menschen den Tod, in einem sechsjährigen Krieg, der die Welt unvorstellbare Milliarden kostete. Die Greuel, die auf sein Konto gehen, sind bis heute unübertroffen.	*Aus dem tiefsten Westeuropa Wird armen Eltern ein junger Knabe geboren werden, Der durch seine Redekunst große Menschenmassen verführen wird, Der Lärm um ihn wird im Reich des Ostens noch wachsen.* III,35
Das 20. Jahrhundert	NOSTRADAMUS SAH DAS 20. JAHRHUNDERT als eine böse und automatisierte Zeit, in der jeder numeriert, volksgezählt, katalogisiert und organisiert sein wird.	*Nicht lange, und alles wird organisiert sein, Wir erwarten ein sehr schlimmes Jahrhundert. Das Los der Maskierten und Einsamen (der Kirche) wird sich sehr ändern, Wenige werden zu finden sein, die an ihrem Platz bleiben möchten.* II,10

ZEIT	EREIGNIS	TAGEBUCH-EINTRAG
Die dreißiger Jahre	DER BAU DER MAGINOT-LINIE. Sie wiegte Frankreich in Sicherheit und war damit eine der größten Farcen der Militärgeschichte. Erbaut in den dreißiger Jahren, sollte sie die Grenzen Frankreichs gegen alle Eindringlinge verteidigen. Der Bau kostete zwei Millionen Dollar (Stand von 1930) pro Meile, und das Netz von Festungen erstreckte sich über 195 Meilen. Die Festungen gingen bis 7 Stockwerke unter die Erde und waren durch Untergrundbahnen verbunden. Fünfzehn Flüsse unterbrachen die Linie. Hitlers Armeen drangen über Belgien nach Frankreich ein, und nicht, wie erwartet, vom Südwesten her.	*Nahe dem großen Fluß, ein riesiger Graben, Erde ausgehoben,* *Er wird durch Wasser in fünfzehn Teile geteilt sein:* *Die Stadt genommen, Feuer, Blut, Schreie und Schlacht geliefert,* *Der Großteil der Bevölkerung von der Kollision betroffen.* IV,80
1958–1970	CHARLES DE GAULLE FRANZÖSISCHER PRÄSIDENT	*...dreimal wird einer mit Namen de Gaulle Frankreich führen...* IX,33
Mittag des 22. November 1963	ERMORDUNG VON J.F. KENNEDY in Dallas, Texas. Nostradamus sah nicht nur den tragischen Tod des Mannes voraus, der Amerikas größter Präsident hätte werden können, sondern offenbar auch bis ins Detail den Ablauf und – bis heute unerkannt – die wahren Mörder.	*Die alte Aufgabe wird erledigt sein,* *Und vom Dach her wird der große Mann vom Ruin befallen.* *Kaum ist er tot, wird man einen Unschuldigen der Tat bezichtigen:* *Der Schuldige ist in nebligen Wäldern versteckt.* VI,37
Oktober 1973	DER YOM-KIPPUR-KRIEG. Am 6. Oktober 1973, kurz nach 14.00 Uhr, griffen Ägypten und Syrien ohne Vorwarnung Israel an. Damit begann für Nostradamus der Dritte Weltkrieg, ein Krieg, der siebenundzwanzig Jahre lang eskalieren wird – bis zur Jahrtausendwende.	*Eine Rasse, die immer Gefahren überwunden hat,* *Und nie den Krieg fürchtete,* *Im Lande, das nahe am Rand der Christenheit liegt,* *Wird erschreckt durch einen Akt Ägyptens,* *Dessen Volk darüber jubeln wird.* Sechszeiler 31

Zeit	Ereignis	Tagebuch-Eintrag
1979–2000	Ein neues religiöses Bewusstsein. Alle Prophezeiungen des Nostradamus, die uns eine hellere Zukunftsmöglichkeit andeuten, verweisen auf ein neues religiöses Bewußtsein; er sieht es Ende der 70er Jahre beginnen und Mitte der 90er Jahre einen ersten Gipfel allgemeiner Anerkennung erreichen. Mehrere Vierzeiler scheinen einen Mann anzukündigen, der an seiner brillanten Redeweise, roten Farbtönen und an Vögeln im Flug zu erkennen sein soll. All das mag etwas kryptisch erscheinen; tatsächlich aber lebt bereits mindestens ein religiöser Lehrer, auf den diese Beschreibung paßt.	*Ein Mann wird angeklagt, er zerstöre die Tempel und Relgionen, durch Hirngespinste verfälscht. Er tut eher Steinen etwas zuleide als Menschen. Ohren erfüllt von brillanten Reden. Er wird weit und breit herumreisen, getrieben von dem Wunsch zu provozieren, und ein großes Volk aus der Versklavung befreien. Er wird durch Himmel, Regen und Schnee fliegen, Und jeden mit seinem Stab schlagen.* II,28; I,96; II,29
Die achtziger Jahre	Der dritte Anti-Christ wird von Nostradamus direkt benannt, ebenso wie der erste und zweite. Wenn wir davon ausgehen, daß er uns systematisch vor zukünftigen Entwicklungen zu warnen sucht, dann ist es möglich, daß dieser dritte «Demagoge» heute lebt und «Mabus» heißt.	*Mabus wird dann bald sterben, und ein gräßliches Blutbad von Menschen und Tieren wird folgen. Dann plötzlich wird man die Rache kommen sehen aus hundert Landen. Durst und Hungersnot, wenn der Komet vorbeikommen wird.* II,62
1986	Tschernobyl – 100 000 Ukrainer wurden beim Schmelzen des Reaktors von der radioaktiven Wolke vergiftet. Nostradamus sieht hier den Ausgangspunkt der größten Veränderung im Kommunismus seit dessen Bestehen. Die Anspielung auf «More» im nebenstehenden Vers macht Sir Thomas More, den Autor von «Utopia» (des ersten sozialistischen Manifests) zur Symbolfigur eines Sozialismus, der erst den Zarismus und dann den heutigen Kommunismus überwand und Ende dieses Jahrhunderts eine glücklichere Ordnung finden wird.	*Das Gesetz der Kommune wird in Opposition entstehen. Die alte Garde wird sich stark widersetzen, dann aber verdrängt werden. Der Kommunismus gerät arg ins Hintertreffen.* IV,32 *Die Ordnung des Morus wird niedergehen, Gefolgt von einer angenehmeren.* III,95

Anm. Einige Ausgaben der «Centurien» schreiben «Malus» statt «Mabus», was «böse» oder «niederträchtig» heißt. Da das Wort als großgeschriebenes Anfangswort eines Vierzeilers erscheint, ist schwer zu sagen, ob es sich um einen (ohnehin großgeschriebenen) Eigennamen oder ein anderes Wort handelt, das vielleicht auf eine Reihe von bösen Taten oder Menschen anspielt; im letzteren Fall könnte der dritte Anti-Christ z. B. auch der Terrorismus als solcher sein.

Zeit	Ereignis	Tagebuch-Eintrag
1989	US-Sowjetische Allianz. Obwohl kein genaues Datum für eine solche Allianz genannt wird, sagt Nostradamus sie deutlich voraus. Mithilfe einer Methode, die etwas gewollt erscheinen mag, läßt sich immerhin sagen, daß die Bezifferung des Vierzeilers – Nr. 89 – eine direkte Jahreszahl für eine solche Allianz nahelegt.	*Eines Tages werden die großen Mächte Freunde werden.* *Man wird ihre große Macht wachsen sehen.* *Das neue Land (Amerika) wird auf der Höhe seiner Macht sein.* *Dem Mann des Blutes wird die Zahl hinterbracht.* II,89
September 1993	Die grosse Seuche – Aids. Der Prophet spricht recht detailliert von einer neuen großen Seuche, die den Menschen heimsuchen werde, und er spielt darauf an, daß es eine Seuche von Blut und Samen sei. Die Hinweise, obwohl versteckt, treffen fraglos zu und weisen auf die relativ neue Krankheit der erworbenen Immunschwäche (Aids). Nach Nostradamus' Schätzung jedenfalls wird bis Mitte der 90er die Hälfte der Weltbevölkerung angesteckt sein.	*Ein grauenvoller Krieg bereitet sich im Westen vor.* *Im Jahr danach wird die Seuche kommen,* *So grausig, daß Junge, Alte oder Tiere* *(sie nicht überleben werden.)* *Blut, Feuer, Merkur, Mars, Jupiter in Frankreich (Sept. 1993)* IX,55
Mitte der 90er Jahre	Super-Erdbeben schüttelt die Erde. Nostradamus warnt uns vor wiederholten Erdbeben-Ketten, die, so sieht er voraus, die Erde nach einem bestimmten Muster schütteln werden, ab Mitte der 90er Jahre, an der Westküste Indiens beginnend, bis in den völlig verwüsteten Westen der USA. Ostafrika wird in drei Teile zerfallen, New York und Florida überflutet werden.	

KATASTROPHEN-SEQUENZ

1. *ERDBEBEN UND SPRINGFLUTEN VERWÜSTEN INDIEN*
2. *SCHWERE ERDBEBEN ZERSTÖREN TEILE JAPANS*
3. *GRÖSSERE ERDBEBEN IN ITALIEN; DER VESUV BRICHT AUS*
4. *MOUNT PELÉE AUF MARTINIQUE BRICHT AUS*
5. *ERDBEBEN IM NORDWESTEN AMERIKAS*

Zeit	Ereignis	Tagebuch-Eintrag
1995–1999	Zusammenbruch der Sowjetisch-Amerikanischen Allianz. Die Allianz zwischen den beiden großen Supermächten dauert nicht lange und bricht wahrscheinlich gegen Ende des Dritten Weltkrieges auseinander.	*Die beiden werden nicht lange alliiert bleiben. Innerhalb der dreizehn Jahre werden sie vor den Führern der Barbarei (Libyen) und Irans kapitulieren. Auf beiden Seiten wird es solche Verluste geben, daß man Petrus Romanus (Papst bei Jahrtausendende) segnen wird.*
1996	Der arabische Angriff trifft den weichen Unterleib Europas – via Italien, mit Hilfe von U-Booten.	*Wenn Waffen und Pläne in einem Fisch (U-Boot) eingeschlossen sind, Wird aus ihm ein Mann aussteigen, der dann Krieg führen wird. Seine Flotte wird weit übers Meer gereist sein, Um vor der italienischen Küste zu erscheinen.* II,5
1997	New York im nuklearen Inferno.	*Der Himmel wird bei fünfundvierzig Grad brennen (Breitengrad New Yorks) Feuer nähert sich der Neuen Stadt. Augenblicklich schießt eine riesige, ausgebreitete Flamme hoch.* VI,97
Juli 1999	Der letzte Krieg entbrennt. Nostradamus datiert den Holocaust auf das Jahr «1999 und sieben Monate». Das ist der Höhepunkt einer siebenundzwanzigjährigen Eskalation des Krieges; es folgt die endgültige Zerstörung der zivilisierten Welt.	*Im Jahr 1999 und sieben Monate Wird der große König des Schrekkens vom Himmel herabkommen. Er wird Dschingis Khan wiedererwecken. Vorher und nachher herrscht fröhlich Krieg.* X,72

ZEIT	EREIGNIS	TAGEBUCH-EINTRAG
Ostern 2000	ENGLAND VERSINKT IN DEN FLUTEN. England, oder zumindest sein südlicher Teil, wird Ostern 2000 im Meer versinken. Andere Propheten wie z. B. Edgar Cayce haben ähnliche Vorhersagen gemacht wie in diesem Vierzeiler.	*Ein Beben der Erde bei Mortara, Die Zinn-Inseln von St. Georg halb versunken: Vom Frieden schläfrig, wird Krieg sie erwecken, Der Abgrund des Tempels aufgerissen an Ostern.* IX,31
2026–3000	EINTAUSEND JAHRE FRIEDE. Der Prophet sagt einen eintausendjährigen Frieden voraus, in welchem eine galaktische Gemeinschaft Wirklichkeit werden wird. Der Mensch wird in eine Epoche eintreten, wo Wissenschaft und Religion auf einer höheren Bewußtseinsebene verschmelzen. Gegen Ende dieser Epoche, so warnt er, könnte uns unser allzu großes Wissen zu Kopf steigen, so daß wir die Macht über andere ergreifen wollen.	*Wenn das siebte Millenium gekommen ist (2000 A. D.) Wird es eine Hekatombe geben; dazu wird es gegen Ende jenes Milleniums kommen. Dann werden die, die das Grabmal betraten, fortziehen.* X,74
4000–6000 Das Zeitalter des Steinbocks	DIE ENDPHASE DER ERDE. Nostradamus sieht in seinen letzten Prophezeiungen den Menschen entweder vollends aussterben, oder die materielle Ebene verlassen. Diese Alternative wird im 27. Jahrhundert n. Chr. Leitmotiv des ausgehenden Wassermann-Zeitalters sein. Das Jahr 3755 bringt riesige Meteoriten-Hagel, und im Jahre 3797, so sagt er im Vorwort an seinen Sohn César, wird die Erde schließlich erlöschen.	*Bevor der Mond seinen vollen Zyklus beendet hat (1889–2250), wird die Sonne (20. Jh.) und dann Saturn (Wassermann-Zeitalter) kommen. Gemäß den himmlischen Zeichen wird die Herrschaft Saturns ein zweites Mal kommen (Schütze-Zeitalter), so daß, alles in allem gerechnet, die Erde sich dem letzten Zyklus nähert, der ihr den Todesstoß versetzt.* Vorwort an César.
6000–8000 – Das Zeitalter des Schützen	DAS ZEITALTER DER WAHRHEIT. Nostradamus sagt uns, daß das Menschengeschlecht letzten Endes den Untergang der Erde überleben wird. Er deutet an, daß wir den Weltraum besiedeln und in immer wachsender Zahl das gesamte Universum bevölkern werden.	*Einige werden in Wassermann leben, andere, für eine längere Zeit, im Krebs.*

EPILOG

Eines Sommernachmittags des Jahres 1565 befand sich eine Gruppe junger Medizinstudenten auf der letzten Etappe ihrer anstrengenden Wanderung von Bordeaux nach Salon. Am Ende der Rue de la Poisonnerie blieben sie vor dem Haus des Dr. Nostradamus stehen und klopften. Kaum hatte der alternde Prophet sie empfangen, da stach ihm das Wort «Scharlatan» in die Ohren. «Herr, wir sehen es als unsere Pflicht an, Euch wissen zu lassen, was alle Welt von Euch denkt», begann einer der Studenten, François. «Ihr habt mit Euren Prophezeiungen unglaublichen Schaden angerichtet. Die Leute können nicht mehr schlafen. Sie verkaufen ihre Habe und geben alles aus. Sie werden von Euren Prophezeiungen gequält. Fühlt Ihr denn gar keine Verantwortung für all den Schaden, den Ihr angerichtet habt?»

Nostradamus sah mitfühlend auf ihre staubigen und erhitzten Gesichter. «Ihr seid von weither gekommen und müßt müde sein. Laßt uns in den kühlen Schatten des Gartens gehen.»

Die Studenten folgten ihm zu ein paar Bänken unter einem riesigen Walnußbaum hinter dem Haus. Nostradamus verschränkte die Hände über seinem Malacca-Stab und erwiderte seinen Gästen heiter: «Nun, meine Freunde, Ihr haltet es also für unverantwortlich, ja für ein Verbrechen, in die Zukunft zu schauen und laut zu verkünden, was uns bevorsteht. Warum? Unser Herr, Jesus Christus, hat auch den Untergang Jerusalems und des Salomon-Tempels offen vorhergesagt, und das Jüngste Gericht angekündigt. Das heißt doch wohl, daß das Prophezeien der Zukunft nicht ganz so schlimm sein kann – vorausgesetzt, man kann's. Überlegt doch nur: Ich weiß jetzt schon, daß ich nur noch ein Jahr zu leben habe. Jeder Mensch hat die absolute Gewißheit, daß sein Leben in einer Katastrophe, mit dem Tod, enden wird. Ist das aber ein Grund, aufzugeben und zu jammern, oder sich gar zu töten? Oder wollen wir uns wie die Kaiser der Römer etwa in dem Wahn wiegen, unsterblich zu sein? Nein. Was habt Ihr mir also vorzuwerfen?»

«Ihr habt viel Angst verbreitet!», antwortete ein anderer Student, Jacques. «Ihr selbst mögt vielleicht die Kraft haben, die Wahrheit zu ertragen, aber den meisten Menschen fehlt sie. Sie brauchen Hoffnung. Sie möchten sich auf das Kommende freuen dürfen. Man kann doch nicht einfach diesen Wunsch lähmen, so wie Ihr es mit euren furchtbaren Prophezeiungen getan habt.»

Nostradamus erwiderte: «Wenn die Menschen vor Angst verzweifeln, dann ist es die Aufgabe des Arztes, ihre Angst zu heilen und sie stark zu machen. Sie allein ist die Ursache allen Schadens. Und Angst kommt vor allem aus unerfüllten Wünschen. Wer den Leuten erzählt, das Leben könne sorglos und immer nur lustig sein, ist schlimmer als der Prophet. Wenn ihr eines Tages Ärzte seid, werdet ihr selbst sehen: Angst ist die Tür. Durch sie kommt alle Krankheit. Sie führt zu Krieg und allem anderen Unheil. Angst macht Seuchen und Hirngespinste.

Wer vernünftig ist, kann aus meinen Prophezeiungen ersehen, wie er den richtigen Weg finden kann, so als hätte er Fußspuren im Sand gefunden von einem, der vorausgegangen ist. Studiert die Geschichte der alten Kulturen. Bei den Alten gab es Menschen, die Zeugnis ablegten für die Stille in uns, für das Leuchten, die Schönheit und den Segen in uns. Die Nationen der Zukunft werden nur auf den Spuren der Pest und des Todes wandeln. Jede neue Generation entwickelt grauenvollere Vernichtungswaffen als die vorige. Es gibt kein Entrinnen aus dieser Entwicklung, denn sie sind Sklaven ihrer eigenen Angst geworden. Die Menschen können erst dann zur Vernunft kommen, wenn sie ihre Angst aufgeben – voreinander und vor sich selbst.»

DANKSAGUNG

Der Autor möchte sich an dieser Stelle bei seiner Familie und seinen Freunden für ihre Geduld und Unterstützung bedanken, die sie ihm während der zweijährigen Forschungs- und Vorbereitungsarbeiten zu diesem Buch haben angedeihen lassen. Sein besonderer Dank gilt seiner Mutter, die sich an allen Freuden und Nöten bei der Bewältigung der Aufgabe beteiligt hat. Ebenfalls Ray Bradbury für seine ständige Unterstützung und Ermutigung, sowie Dan Franklin-Oldenburg und Jeff Green, Autor von «Pluto, the evolutionary journey of the soul», für ihren astrologischen Rat.

Schließlich bedankt sich der Autor auch bei allen Mitarbeitern von Labyrinth Publishing, die dieses Buch in so großartiger Gestaltung verwirklicht haben.

WIDMUNG

Für Irene, Madir und Nadine und unsern gemeinsamen gesegneten Freund.

Labyrinth Publishing dankt folgenden Agenturen und Copyright-Inhabern für die freundliche Genehmigung zur Wiedergabe von Illustrationen in diesem Buch:

Alinari, Florenz, Italien, (S. 65, 83)

Grazia Neri, Mailand, Italien, (S. 92, 94, 94/95, 95, 102, 103, 105, 106/107, 108 [2], 112, 114/115, 115, 118/119, 120/121, 122, 124 [2], 125, 126, 129, 130, 135, 153, 154, 181, 183, 192).

The Image Bank, Mailand, Italien (S. 90/91, 163).
K&B News, Florenz, Italien (S. 142, 143, 148/149, 154/155, 187, 202).
Luigi Volpe, Mailand, Italien (S. 105, 113, 116/117, 125, 130, 134).
BBC Hulton Library, London, England (S. 85, 96, 101).
Bruce Coleman Ltd., London, England (S. 182/183).
Frank Spooner Pictures, London, England (S. 80).
Imperial War Museum, London, England (S. 76 (3), 77, 88/89, 89).
The National Portrait Gallery, London, England (S. 22, 23, 26, 46, 47, 48, 49 [2]).
Popper Foto Ltd., London, England (S. 88, 98/99, 100 [2]).
Young Artists, London, England (S. 186, 192).
Roger Viollet, Paris, Frankreich (S. 19, 21, 22 [3], 24, 30, 31, 40/41, 43 [2], 50, 52/53, 56, 59, 60, 61, 62, 63, 66/67, 70/71, 72, 73, 77, 79 [3], 83, 87, 152, 165, 185).
Newsweek Inc., New York, USA (S. 130/132).

-ou [illegible] de ce [illegible] ordonne pour le roy [illegible]-
-[illegible] [illegible]ant ainsy faict ces. [illegible] [illegible]
[illegible] [illegible] tenant prins de [illegible] [illegible]
[illegible] segneur presume ung pied [illegible]
[illegible] [illegible] Amay [illegible]ant [illegible] -
-y [illegible] cesar [illegible] [illegible] [illegible]
[illegible] [illegible] A dong [illegible] de [illegible]
[illegible] [illegible] [illegible] [illegible] [illegible]
[illegible] [illegible] [illegible] ou [illegible] a [illegible]
-[illegible] [illegible] [illegible] [illegible]
[illegible] a [illegible] [illegible]
[illegible] [illegible] [illegible] [illegible]
a [illegible] [illegible] [illegible]
[illegible] [illegible] [illegible] [illegible] -
-[illegible] [illegible] A [illegible]
[illegible] ou de [illegible] [illegible] a-
-[illegible] [illegible] [illegible] [illegible] [illegible] [illegible]
[illegible] [illegible] [illegible] [illegible] [illegible]
-[illegible] [illegible] [illegible] [illegible] [illegible] [illegible]

HEIDE CHRISTIANSEN

WINTERWUNDER & WEIHNACHTSZEIT

REZEPTE UND IDEEN
FÜR DIE SCHÖNSTE JAHRESZEIT

CALLWEY

SONATE
W. A. MOZART
SONATA

12

VORWORT

Wenn es draußen dunkel ist, strahlt es umso mehr im Inneren.
In unseren Herzen, auf der Festtafel und rund um den Baum.

Seit jeher hatten Menschen das Bedürfnis, den Wandel der Jahreszeiten zu würdigen, und dem Winter kam dabei stets eine ganz besondere Rolle zu. Dunkelheit und Frost legen sich über das Land, die Natur scheint stillzustehen. Doch irgendwann wird es langsam wieder heller, Tag für Tag. Das Licht macht Hoffnung. Seit Jahrtausenden wird deshalb die Wintersonnenwende in geselliger Runde mit ausgesuchten Speisen, mit speziellen Symbolen und strahlendem Kerzenschein gefeiert; später ging dieser Brauch in die christliche Weihnachtszeit über.

Heute feiern wir im Dezember ein Fest, bei dem Familie und Freunde im Mittelpunkt stehen. Dankbarkeit und gegenseitige Wertschätzung zeigen wir mit Geschenken, liebevoll gefüllten Adventskalendern und Mitbringseln. Wir schmücken unsere Räume und kultivieren wochenlang die Vorfreude auf die große Bescherung. Wir backen und kochen nach Rezepten, die nur für diese Zeit reserviert sind. Lassen Sie sich von klassischen Gerichten ebenso inspirieren wie von Traditionen aus anderen Ländern. Wie wäre es zum Beispiel mit Spezialitäten aus Südamerika, Italien oder Schweden?

Jetzt ist auch die Zeit, um etwas mit Muße zu tun. Plätzchen backen, Zweige, Moos und Zapfen im Wald sammeln und damit den Tisch dekorieren, gute Wünsche von Hand auf edles Papier schreiben, Geschenke kreativ einpacken – damit tun wir uns selbst etwas Gutes und die Beschenkten freuen sich. Und am Endes des Monats wird gefeiert – mit Pomp, Glanz, Glitzer und ganz viel Optimismus fürs neue Jahr!

Wir wünschen Ihnen wundervolle
Weihnachten, ein ausgelassenes
Silvester und viel Glück im
Neuen Jahr!

HANDGEMACHT
IN
SANTA'S
WERKSTATT

TO:
Chris

Einen Hauch von Vintage zaubern Porzellanteller aus Großmutters Zeiten und traditionelle Backformen auf den Tisch.

Vorbereitung auf die Weihnachtszeit

◀
SCHÖNER AUSBLICK

Dieses üppige Fensterornament kann man leicht selbst basteln.

Sie brauchen dafür:
Kräftige Webbänder, Tannenzweige, eine weiße, batteriebetriebene Lichterkette, Filzplatten, Hyazinthen im Glas, gestrickte Säckchen, Efeu, Zapfen, Watte, Schnur und Draht zum Befestigen

Anleitung:
Zwei Bänder auf Fensterbreite aufspannen und gut befestigen. Nun von innen beginnen: Die Hyazinthen in die gestrickten Säckchen hüllen und diese mit Schnur an den Webbändern befestigen. Tannenzweige parallel zu den Bändern hinter die Hyazinthen legen, mit Draht festmachen und so ein breites grünes Basisornament schaffen. Dieses kann nun wiederum mit der weißen Lichterkette, mit etwas Watte, Herzen aus Filz und dem Efeu geschmückt werden.

▶
GRÜNE ZWEIGE, GOLDENE GARBEN

Von der Erntezeit im Herbst sind die Garben übrig, die mit ihrer goldenen Farbe den Eingang zieren. Auf und neben den Stufen schaffen grüne Nadelbäume und Zweige ein weihnachtliches Entrée. Die Windlichter werden schon zur blauen Stunde angezündet. Auf der Bank neben der Tür wartet der Weihnachtswichtel auf Gäste – er ist besonders in Nordeuropa heimisch, wo er eine wichtige Rolle im (vor-)weihnachtlichen Geschehen spielt.

Trittsicherheit: Wenn Blitzeis droht, bieten Tannenzweige einen guten Halt auf den glatten Stufen.

▲
FUNKELNDE TAFEL
Grünes Geschirr und grüne Blätter könnten auch vom Frühling künden – doch die eingeflochtene Lichterkette bringt das weihnachtlich-festliche Leuchten auf den Tisch. Die roten Sterne am Kamin stehen im munteren Kontrast zu den natürlichen Farbtönen.

◀
KAROMUSTER ALS BASIS
Alleskönnerin: Die karierte Tischdecke, die bestimmt auch schon das eine oder andere Picknick gesehen hat, lässt sich wunderbar winterlich dekorieren. Rote Kerzen und Beeren, weiße Teller und ein Hauch von Frost auf den Bäumchen aus der Puppenstube bestimmen die vorweihnachtliche Tafel.

▶
GRÜNES LAUB FÜR DEN ENGEL
Als guter Geist im Gewächshaus wacht der Engel über Blumen und Pflanzen. An Weihnachten bekommt er ein Mäntelchen aus immergrünem Laub. Manch rote Blüte zeigt sich hier sogar im Winter.

SIGNAL FÜR SANTA
Kränze und Ranken in kräftigem Grün und Rot leuchten vor der weißen Fassade.

MUSTER, MUSTER, MUSTER!

Auch kalte und warme Grüntöne passen zusammen. Nur Mut beim Kombinieren, sie bringen Frische ins Haus und sorgen für Schwung beim Einpacken der Geschenke!

WEISS & GRÜN

Dass diese Kombination nicht nur im Frühling fantastisch aussieht, zeigt sich an Accessoires, blühenden Pflanzen und sogar auf Weihnachtsplätzchen.

Halten Sie Ausschau nach Dingen, die Sie ohnehin im Haus haben. Eine weiße Tischdecke oder eine grüne Tortenplatte kommen mit der richtigen Begleitung weihnachtlich daher!

EDLER EFEU

Immergrün winden sich Efeuranken um ein Glas mit einem Teelicht. Am besten mit Draht befestigen und mit ähnlich farbigen Mitspielern kombinieren. Die Sterne finden später am Baum oder in einem Strauß Platz *(siehe übernächste Seite)*.

WINTERBOTEN AM FENSTER

Weiße Kugeln mit raffiniert gefalteter Oberfläche, glänzende Sterne und ein silbern funkelnder Hirsch – sie alle bringen das auf dem Schnee glitzernde Sonnenlicht ins Zimmer und klimpern fröhlich, wenn man das Fenster öffnet.

▶
GLANZ IM UND AM GLAS
Mit Silber überzogene Bonbons schmecken nicht nur lecker, sie sehen auch im hohen Glas gut aus. Außen sorgt ein kleines Ornament aus grünen Perlen für einen schönen Kontrast.

▲
AMARYLLIS & HORTENSIE
Die Amaryllis begeistert mit riesigen Blüten, die für sich schon festlich wirken – warum nicht in einem klassischen Suppentopf? Lindgrüne Hortensienblüten nehmen die Farbwelt auf.

◀
VON DRAUSS' VOM WALDE
Grüne Zweige, rote Beeren und das eine oder andere Vögelchen: Im Miniaturformat breitet sich ein Hauch von Wald zwischen den hohen Kerzenständern aus.

NICHT NUR FÜR CHEERLEADER

Zusammen mit Sternen und Herzen aus Metall und transparenten Glaskugeln machen Pompons aus Papier eine gute Figur am Weihnachtsbaum.

▲

GRÜNE BÜHNE

Es muss nicht immer ein Kuchen sein, der hier inszeniert wird: Zusammen mit Kerzen in hübschen Gefäßen zaubert die Tortenplatte goldenes Licht und gute Stimmung auf den Tisch.

◀

FROSTIGER STRAUSS FÜRS WOHNZIMMER

Hält praktisch ewig und lässt sich immer wieder neu dekorieren: Herabgefallene Zweige im Wald suchen und gut trocknen lassen. Mit Farbe auf Wasserbasis anmalen – entweder deckend oder lasieren, damit die Holzfarbe noch durchschimmert. Vase beschweren, zum Beispiel mit weißem Dekosand. Zweige hineinstecken und schmücken.

WEIHNACHTLICHE CAKEPOPS AM STIEL

Zutaten für 8 Stück:
400 g saftige Kekse oder trockener Kuchen
5 EL Orangensaft
75 g weiche Butter
16 Holzstiele
300 g weiße Kuvertüre
Zuckerperlen, Zuckersterne und andere weihnachtliche Dekore,
Lebensmittelfarbe in Gold und Silber

Kekse bzw. Kuchen grob zerbröseln und in eine Schüssel geben. Mit dem Saft und der weichen Butter zu einer glatten Masse verkneten. Wenn sie zu trocken ist, mehr Saft zugeben. 16 Portionen abstechen und den Teig zu den charakteristischen Eis-Formen pressen. Auf Backpapier legen und ca. 30 Minuten in den Kühlschrank stellen. Währenddessen die Kuvertüre hacken und über dem heißen Wasserbad schmelzen. Cakepops aus dem Kühlschrank nehmen und vorsichtig die Holzstiele einarbeiten. Nochmal 20 Minuten kühl stellen. Kuvertüre ggf. nochmal erwärmen, falls sie in der Zwischenzeit zu fest geworden ist. Cakepops in der Kuvertüre wenden und auf ein Backpapier legen. Mit dem Zuckerdekor und der Lebensmittelfarbe weihnachtliche Motive gestalten, dann nochmal in den Kühlschrank legen.

Tipp:
Cakepops lassen sich gut vorbereiten. Durch die Schokoladenhülle halten sie gekühlt mindestens zwei Tage.

MAKRONEN MIT MANDELN, MOHN UND DUNKLER SCHOKOLADE

Zutaten für ca. 25 Stück:
140 g fein geriebene Mandeln
60 g gemahlener Mohn
3 Eiweiß
1 Prise Salz
200 g Puderzucker
200 g dunkle Schokolade

Backofen auf 150 °C (Ober-/Unterhitze) vorheizen. Vom Mohn 1 EL abnehmen und zur Seite stellen. Mandeln mit dem restlichen Mohn fein mixen. Eiweiß zunächst mit Salz schlagen, langsam Zucker dazugeben und zu einem steifen, glänzenden Eischnee schlagen. Die Mandel-Mohn-Mischung darunterheben. Mit einem Spritzbeutel mit großer Öffnung 25 längliche Portionen (etwa wie Finger) auf zwei mit Backpapier ausgelegte Bleche geben (Abstand halten!) und den übrigen Mohn darüberstreuen. Makronen ca. 30 Minuten backen, dann herausnehmen und abkühlen lassen. Die dunkle Schokolade hacken und über dem heißen Wasserbad schmelzen. Mit einem Pinsel oder Löffel dekorative Fäden und Klekse über die Makronen ziehen.

FREUNDLICHER EMPFANG
Ein weißer Hirsch blickt aus Wurzelwerk und trockenen Zweigen. Dieser Kranz überrascht durch die Materialien, wirkt aber überaus festlich an der dunklen Haustür.

EINE RUNDE SACHE

Kränze stehen für Kreise, die sich schließen, für Ewigkeit und Neubeginn. Einen eigenen Kranz zu gestalten ist wie eine Meditation.

FREIE FARBWAHL

Die silbrigen Töne von Blättern und Nadeln passen hervorragend zum Braun der Zapfen. Zusammen mit Mistelbeeren ergeben Thuja, Buchs und andere immergrüne Blätter die Weihnachtskombination schlechthin. Kleine Kugeln sorgen zusätzlich für Glanz.

EINFACH LOSLEGEN

Den Tisch mit Packpapier schützen, darauf Zweige, Zapfen und anderes Material ausbreiten, das für den Kranz verwendet werden soll. Als Basis dienen schlanke Rohlinge aus Draht oder noch ungeschmückte Kränze aus dem Pflanzenmarkt. Die Zweige, Zapfen etc. werden mit Draht, Schnur oder Bändern an dem Rohling festgebunden.

OUTDOOR-VARIANTE

Sie benötigen:
Kranzrohling aus Holz oder Draht, alternativ aus Stroh, Zweige von Nadelbäumen, rote Beeren, immergrüne Blätter, farbiges Band für die Schleife, Gartenschere, Draht, Schnur

So geht's:
Geeignete Zweige von Nadelbäumen (Tanne, Fichte, Thuja) mit der Gartenschere in 15 bis 30 cm lange Stücke schneiden – je nach Durchmesser des Kranzes. Am besten rund um den Ring oder den Rohling aus Stroh bereitlegen, wie sie später im fertigen Kranz zu sehen sein sollen – so erkennen Sie, wie viele Zweige sie brauchen. An einer Stelle beginnen und einen Zweig nach dem anderen festbinden, dabei immer die Befestigung des unteren Zweigs verdecken. Die immergrünen Blätter und Beeren können nachträglich eingefügt werden. Zum Schluss eine große, gern mehrfarbige Schleife unten oder oben am Kranz befestigen.

Tipp:
Wer einen Kranzrohling aus Zweigen von Birke, Hasel, Ahorn oder Weide macht, hat auch für den Oster- und Herbstkranz schon eine Grundlage. Sehr trockene Zweige vorher einweichen!

MIT ORANGENSCHEIBEN UND ZAPFEN

Sie benötigen:
Kranzrohling aus Stroh, Zweige von Nadelbäumen, Steineiche oder Eukalyptus, Zapfen, getrocknete Orangenscheiben, getrocknete Mohnkapseln, weiße Dekofedern, Gartenschere, Draht, Schnur, transparente Nylonschnur, ggf. Heißklebepistole

So geht's:
Auf einem Tisch (ggf. abdecken) den Kranzrohling bereitlegen, alle „Zutaten" drumherum verteilen. Immer abwechselnd einen Nadelzweig und einen Zweig mit Blättern aufbinden. In die Orangenscheiben ein kleines Loch bohren und transparente Nylonschnur durchziehen. Die Zapfen an den unteren Tragblättern ebenfalls mit der unsichtbaren Schnur festbinden. Beides in den Kranz einarbeiten. Die Mohnkapseln haben einen langen Stiel, der in das Laub gesteckt werden kann. Die weißen Dekofedern mit einem Hauch Heißkleber fixieren, damit sie nicht beim ersten Luftstoß davonfliegen.

FÜR DEN TISCH

Sie benötigen:
dünne Zweige von Weide oder Birke, Zweige eines Nadelbaums, Baumwollblüten, Limette, Zapfen, Zweige mit weißen Dekoblüten – und alles, was in die gewählte Farbwelt passt. Hier: Holz, Dunkel- und Salbeigrün sowie Weiß.
Gartenschere, Draht, Schnur, ggf. Heißklebepistole

So geht's:
Die Zweige zu einem Kreis biegen und mit Draht oder Schnur fixieren. Idealerweise sind sie lang genug, dass an der nicht dekorierten Stelle keine Befestigung zu sehen ist. Auf drei Vierteln des so entstandenen Kranzes die Tannenzweige, Zapfen, Blüten etc. festbinden oder mit der Heißklebepistole ankleben.

Darf's etwas mehr sein? Ein solch luxuriöser Geländerschmuck ist ein echter Wow-Faktor im Eingangsbereich, festlich ergänzt durch die roséfarbenen Ornamente an der Wand.

WANDSCHMUCK MIT DOPPELFUNKTION

Mini-Kartons, -Tüten und Täschchen – was sie eint ist das Naturpapier. Mit rot-weißen Kordeln sind sie an Kleiderbügeln für Schals befestigt. Ein ebenso dekoratives wie spannendes Ensemble!

ADVENTSKALENDER

Ab dem 1. Dezember steigt die Vorfreude – bei allen, die ihren Lieben die Adventskalender selbst basteln, sogar schon vorher.

Haben Sie gewusst, dass sich manche Adventskalender früher auf den gesamten Advent bezogen, also ab dem ersten Adventssonntag? Das konnten dann mehr oder weniger als 24 Tage sein. Heute ist das nicht mehr üblich – wobei Ihrer Gestaltung natürlich keine Grenzen gesetzt sind und Sie den ersten Advent auch gern mit einem kleinen Auftakt inszenieren können, wenn er in den November fällt. Nicht nur für Kinder eine hübsche Überraschung. Geläufiger ist die harmonische Zahl 24. Türchen und kleine Geschenke in dieser Anzahl können sich auf ein, zwei, drei oder vier Kinder verteilen; falls man wirklich nur einen Adventskalender basteln möchte. Dabei macht es doch so viel Spaß! Jedes Jahr kann man sich etwas Neues überlegen, sei es beim Inhalt oder bei der Optik. Herrlich süß oder mit kleinen Wellnessprodukten, kräftig-bunt oder naturfarben – wonach ist Ihnen in diesem Jahr?

CHARMANT UNBEHANDELT

Naturfarbenes Packpapier, hölzerne Mini-Wäscheklammern, Paketschnur und kleine Anhänger aus Holz mit zarten Nummern – dieser Adventskalender kommt in gedeckten Farben und ökologischen Materialien daher.

HARMONIE IM KORB

Hier finden die hübschen Adventskalendertütchen *(linkes Bild)* kongeniale Partner: in einem weiß lasierten Weidenkorb, umgeben von bemalten Zapfen und flankiert von ähnlich verpackten Geschenken und einem schlichten Kranz.

◀

FAST GANZ SELBSTGEMACHT

Zauberhafte Zweckentfremdung: Im Schokoladengeschäft gibt es Dominosteine in zahlreichen Varianten – allen gemeinsam ist eine Schicht aus Lebkuchen und die süße Glasur. 24 Stück aussuchen, mit Ziffern beschriften (sämige Mischung aus Puderzucker und Milch mit einer Tülle auftragen) oder mit Symbolen verzieren. In eine flache Box aus unbehandeltem Holz legen. Ein Motiv für den Deckel (außen und innen) gestalten – fertig!

▼

KONTRASTFARBEN

Es muss nicht immer klassisch sein: Basteln Sie doch mal einen Adventskalender, der sich garantiert abhebt. Zum Beispiel durch Schachteln und Umschläge in kräftigem Bonbonrosa.

AUSDRUCKSSTARK
Hier spielen die Ziffern die Hauptrolle. Im Internet gibt es fantastische Schriftarten, die man für den Privatgebrauch einfach herunterladen oder aktivieren kann. Ausprobieren, auswählen, ausdrucken!

SCHÖNER SPARGEL

Die dekorative Blüte und das Frühlingsgemüse sind entfernt verwandt: Die Hyazinthe gehört tatsächlich zu den Spargelgewächsen.

WEIHNACHTSBLUMEN

Man kann ihm am Jahresende kaum entkommen: dem Weihnachtsstern. Wunderbar samtig leuchten seine roten, bisweilen auch weißen Hochblätter, während die eigentliche Blüte klein und unauffällig ist. Es gibt sie auch in Rosa, Gelb, Apricot oder sogar mehrfarbig! Auch andere Blumen erhellen die dunkle Jahreszeit mit zarten Farben. Bei der Hyazinthe beispielsweise werden die Zwiebeln im Herbst in Töpfe gepflanzt und bei kühlen Temperaturen gehalten, um die Wurzelbildung zu fördern. Sobald sich Triebe zeigen, können sie in wärmere Räume umziehen und beginnen weiß, rosa oder lila zu blühen. Für die Christrose dagegen ist der Winter die eigentliche Blühzeit. Im Haus gefällt es ihr nicht so gut, aber ein paar Weihnachtstage hält sie es drinnen aus. Bei Schnittblumen ist die Auswahl noch größer – Rosen kann man wunderbar weihnachtlich inszenieren, und auch Nelken gibt es in vielen Tönen. Die Beeren des Johanniskrauts erinnern an kleine Christbaumkugeln und geben jedem Strauß eine festliche Note.

Sie zaubern ebenso viel Glamour in einen Raum wie glitzernde Sterne und funkelnde Lichter: Blüten in Töpfen oder im Strauß.

RAUS AUS DEM WINTERSCHLAF
Die Hyazinthe lässt sich im Winter ganz leicht wachküssen. Sie braucht nur Wärme, Wasser und ein geeignetes Glas.

ZU BESUCH IM WARMEN
Christrosen mögen es kalt. Wer die kühle Schöne zu Weihnachten im Topf kauft, sollte sie nicht zu lange im Warmen stehen lassen.

GLASKLARE SACHE

Die dekorative Glasglocke ist eine echte Alleskönnerin und rund ums Jahr zu verschiedenen Anlässen einsetzbar. In der schlanken, hohen Variante haben einzelne Blüten ihren großen Auftritt im Wohnzimmer und sind trotzdem gut geschützt. Die Tulpenzwiebel ruht auf einem Moosbett, die rote Blüte hat sich schon weit dem Licht entgegengestreckt. Achtung, bevor sie oben anstößt, die Glocke entfernen. Jeden Tag einmal Luft hineinlassen.

WEISS WIE SCHNEE, ROT WIE BLUT …

Märchenhaft schön und dabei farblich im Winterthema präsentieren sich Sträuße in den Farben Weiß, Rot und Grün. Üppige Rosen in der Farbe der Reinheit und Eleganz symbolisieren den Neubeginn. Das goldgelb blühende Johanniskraut entwickelt im Herbst rote Beeren, die jedem Bouquet Kraft verleihen.

VIVA LA DIVA!

Diese prächtige Schönheit mit Wurzeln in Mexiko und der Karibik hat unsere Weihnachtszeit erobert: die Amaryllis mit ihren riesigen Blüten. Anspruchslos wächst sie in wenig Erde oder gleich im Glas. Zusammen mit weiteren grünen und roten Partnern ergibt sie einen hinreißenden Blickfang. Beim Anschauen sollte es am besten auch bleiben – alle Teile der Pflanze sind giftig.

Weiß oder rot, mit Früchten oder ohne: Heißer, aromatisierter Wein ist in vielen Ländern ein Winterklassiker.

GLÜHWEIN, GLÖGG UND GANZ VIEL WÄRME

Wenn es draußen knackig kalt wird, einen der Wind so richtig durchpustet und der Abend immer früher beginnt – dann ist die Zeit für heiße Getränke gekommen. In unseren Breiten steht Glühwein, der mit Zimtstangen, Nelken, Echtem Sternanis, Orangenschalen und Zucker verfeinert wird, auf Platz eins. In Italien heißt er Vin Brulé und gehört mit Käse, Schinken und Gebäck zum festen Weihnachtsritual. Für den schwedischen Glögg werden Mandeln und Rosinen in Aquavit oder Wodka eingelegt und in den mit Ingwer oder Kardamom aromatisierten Wein gegeben. Nordisch-stark! Oder darf es etwas mit Schokolade sein? Sie versteht sich ausgezeichnet mit dem Glühwein und es entsteht eine verführerisch süße Mischung. Ohne Alkohol geht auch: Zusammen mit Sahne, Zimt, Kardamom und weiteren Gewürzen wird der Schwarztee zum Chai Latte *(siehe nächste Seite)*. Eine säuerlich-herbere Glühwein-Variante kocht man aus Weißwein. Auch hier arbeitet man mit fruchtigen und würzigen Noten, gern auch mit Apfelscheiben probieren!

DOPPELTER WARMMACHER

Heiße Getränke machen warm, Zimt noch mehr. Am besten den hochwertigen Ceylon-Zimt ohne Zusätze wählen. Er soll sogar dem Magen wohltun, was in der Weihnachtszeit willkommen sein dürfte.

INTERNATIONALER STAR

Der Echte Sternanis, in Asien beheimatet, kommt im chinesischen Fünf-Gewürz vor, in indischen Currys – und im Glühwein. Auch mal ausprobieren: heißen Apfelsaft damit aromatisieren!

▲

DAS BESTE AUS ZWEI WELTEN

Heiße Schokolade oder Glühwein? Warum nicht zusammen: Beide Getränke besitzen Hunderte von Aromen, die einander hervorragend ergänzen. Für den Mix am besten echtes ungesüßtes Schokoladenpulver verwenden, da der Glühwein bereits Zucker enthält.

◀

TEA TIME MAL ANDERS

Für den Chai Latte werden Zimt, Kardamom, Nelken und Anis im Tee-Ei in Milch erhitzt (nicht kochen). Schwarztee in einem Glas zubereiten, dann die Milchmischung langsam dazugießen. Wer möchte, setzt noch ein Sahnehäubchen drauf und bestreut es mit Zimt.

▶

STILISTISCH FLEXIBEL

Die heißen Getränke machen sich gut in edlen Gläsern mit Henkel und Stiel *(siehe vorherige Seite)*, aber auch in rustikaleren Tassen aus Keramik oder Emaille. Empfindliche Oberflächen schützt man zum Beispiel mit einem kleinen Holzbrettchen.

HAUSGEMACHTER BRATAPFEL-EIERLIKÖR

Zutaten für 2 Flaschen:
6 Eigelb
100 g Zucker
100 g Apfeldicksaft
1 TL Zimtpulver
1 TL Lebkuchengewürz
350 g Sahne
250 ml Weinbrand oder Rum (54–70 % vol. Alkohol)

Die Eigelb mit dem Zucker und dem Apfeldicksaft in eine Metallschüssel geben und verrühren. Gewürze und Sahne zugießen und über einem heißen Wasserbad mit dem Schneebesen solange rühren, bis alles cremig andickt. Von der Hitze nehmen und den Weinbrand nach und nach unterrühren. Die Eiercreme abkühlen lassen und durch ein feines Sieb in zwei saubere Flaschen (à ca. 400 ml) abfüllen. Gut verschließen und bis zum Verzehr in den Kühlschrank stellen oder zum Verschenken weihnachtlich dekorieren.

GOLDENE MILCH

Zutaten für 4 Gläser:
800 ml Milch oder gesüßte Mandelmilch
4 TL frische Kurkuma-Wurzel
3 TL frischer Ingwer
2 EL Kokosöl
10 TL Ahornsirup
2 TL gemahlener Zimt
2 Prisen Salz

Ingwer und Kurkuma schälen und fein reiben. Milch und Kokosöl in einen Topf geben, rühren, Ingwer und Kurkuma dazugeben, nochmal rühren. Bei mittlerer Hitze erwärmen, nicht aufkochen. Die warme Milch mit dem Ahornsirup, Zimt und Salz in den Mixer geben und glatt mixen. Schaum aus Milch oder Mandelmilch separat schlagen und als Häubchen auf jede Tasse geben, zum Schluss Kurkumapulver darüberstreuen.

TALENT IM GLAS

Die Zitrone lässt sich solo oder zusammen mit Ingwer zu einem fruchtigen heißen Getränk verarbeiten. Auch als Begleiterin von Schwarztees wie Earl Grey oder Darjeeling und sogar im Grüntee bringt sie ihren feinen Noten ein.

ZITRUSFRÜCHTE

Zitronen, Clementinen und Orangen liefern auch im Winter frische Aromen und wichtige Vitamine. Und machen sich wunderbar als Dekoration im und am Haus.

DOPPELGÄNGERINNEN

Mandarinen und Clementinen scheinen sich auf den ersten Blick kaum zu unterscheiden – und sind doch ganz verschiedene Früchte. Während die Mandarine, der Name deutet es an, aus China kommt, zahlreiche Sorten besitzt und schon Jahrhunderte bekannt ist, ist die Clementine erst vor gut 100 Jahren im Mittelmeerraum aufgetaucht. Die Kreuzung aus Mandarine und Bitterorange ist sehr süß und hat eine dickere Schale, was sie besonders haltbar macht. Trotzdem ist sie leicht mit den Fingern zu schälen. Ob auf dem Tisch oder als Element in einem Kranz – die kräftig-orangefarbene Frucht ist ein Winterklassiker, den alle lieben.

◀
GESUNDE SCHEIBEN

Zitronen mögen es heiß und kalt. Für die heiße Zitrone den Wasserkocher nicht höher als 40 °C einstellen, sonst geht das Vitamin C verloren. Zitrone macht sich gut in Mineralwasser, im Gin Tonic oder auch in verschiedenen Limonaden.

◀
LASS DIE SONNE REIN

Die getrocknete Orangenscheibe strahlt vom dunkelgrünen Weihnachtsbaum wie die Erinnerung an den Sommer. Im Zimmer brauchen Orangenscheiben ein paar Tage bis sie trocken sind (jeden Tag umdrehen!), verströmen aber in dieser Zeit ihren Duft. Schneller geht's im Backofen: Der Vorgang ist nach ein paar Stunden abgeschlossen. Bei Umluft 60–80 °C einstellen, immer wieder wenden und Feuchtigkeit entweichen lassen.

MACARONS MIT LEMON CURD

Zutaten für 12 Stück:

12 Macarons (kaufen oder selbst backen)
100 ml Zitronensaft
90 g Zucker
50 g Butter
2 Eier
2 gestrichene EL Speisestärke

Zitronensaft mit dem Zucker und der Butter in einem Topf erhitzen. Der Zucker muss sich vollständig auflösen, die Butter soll schmelzen. Topf von der Hitze nehmen. Von dieser Zitronenbutter 2–3 EL in eine kleine Schüssel oder Tasse geben und mit der Stärke verrühren, bis keine Klumpen mehr sichtbar sind. Diese Mischung nun in die restliche Zitronenbutter im Topf einrühren. Die Masse darf ziemlich fest sein.
Die Eier in einer kleinen Schale aufschlagen und quirlen, dann unter Rühren in den Topf geben. Wieder Hitze zugeben, aber Achtung: Immer weiter rühren und nicht zu heiß werden lassen, sonst stockt das Ei. Der Lemon Curd soll eine cremige Konsistenz haben. Vollständig abkühlen lassen. Je eine Macaronhälfte mit der Zitronencreme bestreichen und die andere daraufsetzen.

▶

MIT EIS ODER ZUM KÄSE

Gebackene Birne ist ganz einfach herzustellen und passt zu Desserts, trockenen Kuchen oder Keksen, aber auch zu Käse. Große längliche Birnen (zum Beispiel Abate Fetel) waschen und längs in etwa 1 cm breite Streifen schneiden. In eine Auflaufform legen, mit Zitronensaft beträufeln, Zitronenscheiben dazugeben. Darüber kommen noch Honig (mit Wasser verdünnen) und Zimtpulver, außerdem Zimtstangen. Im vorgeheizten Backofen bei 180 °C (Ober-/Unterhitze) 20–30 Minuten backen, bis sie leicht bräunen. Zum Eis gern warm servieren, als Käsebegleitung abkühlen lassen.

▼

FEINER GESCHMACK

Ein paar getrocknete Lavendelblüten geben einer Zitronenlimonade oder dem Zitronenwasser eine provenzalische Anmutung.

Im November beginnt in Südeuropa die Erntezeit für Orangen, sie sind daher mitten im Winter eine saisonale Obstsorte.

ZAUBERHAFT EINGEPACKT
Nostalgische Backförmchen, mit Klebeband zusammengehalten und mit Vögeln verziert, bilden eine aparte Verpackung für kleine Geschenke.

MITBRINGSEL IN DER ADVENTSZEIT

Kleiner als ein richtiges Geschenk, aber auch nicht so winzig wie die tägliche Gabe in einem Adventskalender – so könnte man Mitbringsel gut umschreiben. Da besonders zur Weihnachtszeit viel selbstgemacht wird und Dekoration wie Kulinarik und Tradition hoch im Kurs stehen, kann man hier die eigenen Vorlieben gut einbringen. Wer gerne backt, entscheidet sich vielleicht für besondere Plätzchen, wie die essbaren Serviettenringe auf der nächsten Seite. Natürliche Elemente kommen immer gut an, etwa die kleinen Bündel aus Zimtstangen und Haselnüssen auf dieser Seite. Ganz traditionell sind Blumen, darunter der Weihnachtsstern, der mit seinem leuchtenden Rot in jeder Umgebung einen Akzent setzt. Er wird zum Hingucker, wenn er mit einer überraschenden Begleitung daherkommt, etwa in einer großen Schale vom Flohmarkt. Alles, was man essen oder trinken kann, ist dankbar, etwa Likör in hübschen Flaschen *(siehe nächste Seite)*. Eine Kunst neueren Datums ist das sogenannte Handlettering. Dabei werden Wörter, Zitate oder Wünsche mit einer besonders schönen Schreibschrift geschrieben. Die Beschäftigung damit erfordert Konzentration und ist sehr meditativ, das Ergebnis lässt sich in einem schönen Bilderrahmen aufhängen *(ebenfalls nächste Seite)*.

FÜR DRINNEN UND DRAUSSEN

Die duftenden Bündel bestehen aus Zimtstangen und Haselnüssen, werden mit Hanfschnur zusammengehalten und mit einer rot-weiß-karierten Schleife aufgehängt.

KLASSIKER IM ÜBERRASCHENDEN TOPF

Die Gruppe von Weihnachtssternen macht sich erstaunlich gut in der Vintage-Schale aus weiß-blau bemaltem Porzellan, auch wenn diese eigentlich für Suppen gedacht ist.

▲

ESSBARE TISCHDEKO

Die aus Lebkuchenteig gebackenen Serviettenringe bändigen den Stoff und stillen den ersten Appetit, falls die Gäste ausgehungert an den Tisch kommen.

▲

AUS PAPIER, IN PASTELL

Die kleinen Papiertüten mit nostalgischen Engelsmotiven enthalten Süßigkeiten oder Seifen, Badekugeln, selbstgemachtes Popcorn ...

◀

EIN SCHLUCK SELBSTGEMACHTES

Schlehenlikör, Glühwein, Eierlikör – sie alle sehen hervorragend in einer kleinen Bügelflasche aus. Wer diese mit einer hübschen Feder verziert, auf eine handgetöpferte Schale setzt und einen farblich passenden Christbaumschmuck dazugibt, hat ein bezauberndes Mitbringsel.

▶

GESCHICKT GETOPPT

Auf der grünen Dose thront eine Art kleine Kostprobe – vielleicht verrät deren Duft, was darin ist?

Handlettering heißen
die schwungvollen
Buchstabenkunstwerke.
Gibt es von Künstlern,
man kann sich aber auch mal
selbst darin versuchen.

SÜSSER TANNENBAUM

Zutaten für 4 Stück:
Für den Teig:
70 g Zucker | 130 g Butter | 200 g Mehl | 1 Päckchen Vanillezucker
Für die Dekoration:
1 Eiweiß | 250 g Puderzucker | 1-4 EL Wasser, Zitronensaft o. ä.
grüne Lebensmittelfarbe | Zuckerdekoration

Die Butter in kleine Stücke zerteilen, in eine Schüssel geben und mit Zucker, Ei und Mehl verkneten – mit dem Knethaken der Küchenmaschine oder den Händen. Danach kurz mit kalten Händen auf der Arbeitsfläche weiterkneten. Den geschmeidigen Mürbeteig in Folie wickeln und für 45–60 Minuten in den Kühlschrank stellen.
Backofen auf 175 °C (Umluft/Heißluft) vorheizen. Arbeitsfläche mit Mehl bestreuen, den Teig nochmal kurz kneten und dann ½ cm dick ausrollen. Mit den Terrassenausstechern 4 Sterne jeder Größe ausstechen. Backpapier auf ein Backblech legen, die Sterne darauf verteilen und 10–12 Minuten backen. Abkühlen lassen. Falls Teig übrig bleibt, mehr Plätzchen ausstechen.
Der grüne Überzug heißt Icing: Das Eiweiß steif schlagen, dann den Puderzucker durch ein Sieb dazugeben, stetig Rühren. Diese glatte Masse ist sehr fest. Nach und nach Wasser hinzugeben, bis sie die gewünschte Konsistenz hat, mit Lebensmittelfarbe grün färben.
Die Plätzchen bestreichen und aufeinanderlegen, sie kleben durch den Zuckerguss. Mit Zuckerperlen und -sternen nach Wunsch verzieren.

MINI-APFEL-CUPCAKES

Zutaten für 24 Stück:
Für die Cupcakes
2 EL flüssige Butter, auch für das Blech | 1 kleiner Apfel
1 TL Zitronensaft | 60 g Apfelmus | 60 ml Milch | 1 Ei
30 ml flüssige Butter | 30 ml Ahornsirup | 100 g Mehl, auch für das Blech | 1 TL Backpulver | 1 TL Zimtpulver | 30 g gemahlene Mandeln
Außerdem
100 g Puderzucker | 1 TL Zitronensaft | rote Lebensmittelfarbe
Salzstangen | 24 grüne Zuckerpapierblätter

Den Backofen auf 180 °C Ober- und Unterhitze vorheizen. Ein 24er-Mini-Muffinblech mit Butter ausstreichen und mit Mehl ausstreuen. Den Apfel schälen, entkernen und fein würfeln, mit dem Zitronensaft vermischen. In einer Schüssel das Apfelmus mit Milch, Ei, flüssiger Butter und Ahornsirup verrühren. Mehl mit Backpulver, Zimt und den gemahlenen Mandeln vermengen. Die trockenen Zutaten nach und nach unter die Apfelmus-Mischung rühren und die Apfelwürfel unterheben. Den Teig in die Vertiefungen verteilen und im Ofen 10–12 Minuten backen, auf einem Kuchengitter vollends auskühlen lassen. Den Puderzucker mit dem Zitronensaft und ein wenig Wasser zu einer zähflüssigen Glasur verrühren und diese mit Lebensmittelfarbe rot einfärben. Die Mini-Muffins damit bestreichen, trocknen lassen.
Die Salzstangen jeweils in 3-4 Stücke brechen und als Stiel in die Mini-Muffins stecken, mit dem Zuckerpapierblatt verzieren. Wer mag, kann die Salzstangen mit Schokolade überziehen.

OREO-COOKIES

Zutaten für 24 Stück:
160 g weiche Butter, auch für die Form
1 Ei
40 g Zucker
50 g brauner Zucker
1 Prise Zimtpulver
375 g Mehl
1 Prise Salz
80 g backfeste Schokoladendrops
24 Mini-Oreos

Die Butter und das Ei mindestens 30 Minuten vor der Zubereitung aus dem Kühlschrank nehmen, damit sie auf Zimmertemperatur kommen. Beide Zuckersorten mit dem Mehl und dem Salz vermischen. Die Butter in kleinen Stücken darüber verteilen und mit den Fingern zu Bröseln verarbeiten. Das Ei, Salz, 2–3 EL kaltes Wasser und die grob gehackten Schokodrops hinzufügen und rasch zu einem glatten Teig verkneten. Den Teig in Frischhaltefolie gewickelt etwa 2 Stunden in den Kühlschrank legen. Den Backofen auf 200 °C Ober- und Unterhitze vorheizen. Die Vertiefungen von 3 Mini-Muffinformen buttern, den Boden der Formen mit Teig auslegen und die Kekse darin verteilen. Mit Teig abdecken, die Teigränder um die Kekse herum andrücken und im Ofen ca. 15 Minuten backen.

ANISPLÄTZCHEN

Zutaten für 30–35 Stück:
2 Eier
125 g Puderzucker
125 g Mehl
50 g gemahlene blanchierte Mandeln
1 TL Anispulver

Die Eier mit dem Puderzucker mit dem Handrührgerät oder der Küchenmaschine schaumig rühren. Nach und nach das Mehl mit den Mandeln und dem Anis zufügen und weiterrühren, bis der Teig weiß und dick-cremig geworden ist. Nach Bedarf die Mehlmenge variieren.
Ein Backblech mit Backpapier auslegen.
Den Teig in einen Spritzbeutel mit glatter Tülle füllen und kleine Tupfer auf das Blech setzen. Am besten über Nacht bei Raumtemperatur antrocknen lassen.
Den Ofen auf 160 °C Umluft vorheizen. Die Anisplätzchen im Ofen ca. 15 Minuten knusprig backen. Vom Blech nehmen und auskühlen lassen.

▲

DIE KONTUR MACHT'S

Lebkuchenfiguren erwachen zum Leben, wenn man ihre charakteristischen Züge mit Eiweiß-Zuckerguss nachzeichnet. Mit etwas Übung werden sie gleichmäßig und ausdrucksstark.

◀

DA KNUSPERT DAS HÄUSCHEN

Beim Stichwort Lebkuchenhaus denken viele an eine im Wald lebende Dame mit exzentrischem Geschmack und einem Hang zur Bosheit, dabei können die leckeren Gebäckstücke wirklich nichts für diese Assoziation. Aus Teig lassen sich alle möglichen Hausformen kreieren, vom Bauernhof bis zum Wolkenkratzer. Die Fenster, Türen, Dachgauben etc. werden nachträglich aufgezeichnet. Ob sich nun eine Sahnetorte oder eine Frischkäsekreation hinter ihnen verbirgt – die Lebkuchen harmonieren mit sehr süßen Aromen ebenso gut wie mit milderen. Und ist das nicht ein Kranz aus Rosmarin, der die knallroten Kirschen umrahmt? Doch, durchaus: Die grünen Zweige bereichern auch Desserts. Besonders gut passen sie zu Beeren oder Zitronenaromen.

GLUTENFREIE SCHOKOLADENPLÄTZCHEN

Zutaten für 15–20 Stück:
150 g Zartbitterschokolade | 100 g weiche Butter
100 g brauner Zucker | 1 EL Vanillezucker | 1 Prise Salz
2 Eier | 200 g glutenfreie Mehlmischung
1 EL Kakaopulver | 1 Msp. Kardamompulver
1 Msp. Zimtpulver | 1 EL Backpulver
100 g sehr fein gehackte Mandeln

Die Schokolade hacken und über einem heißen Wasserbad schmelzen, dann wieder etwas abkühlen lassen.
Die Butter mit dem Zucker, Vanillezucker und Salz hellcremig rühren. Dann die Eier und die Schokolade untermixen. Die Mehlmischung mit Kakao, Kardamom, Zimt und Backpulver vermischen und darübersieben. Die fein gehackten Mandeln untermengen, alles zu einem glatten Teig verarbeiten und den Teig abgedeckt ca. 2 Stunden kalt stellen.
Den Backofen auf 180 °C Ober- und Unterhitze vorheizen. Zwei Backbleche mit Backpapier belegen.
Von dem Teig 15–20 ca. walnussgroße Portionen abnehmen, zu Kugeln formen und mit ausreichend Abstand auf die Bleche legen. Die Plätzchen im Ofen jeweils 12–15 Minuten noch leicht weich und saftig backen. Mit dem Papier vom Blech ziehen und auf Gittern auskühlen lassen.

VEGANE LEBKUCHEN

Zutaten für 20–25 Stück:
Für den Teig
150 g Vollkornmehl | 100 g Mehl, auch zum Arbeiten
115 g Rohrohrzucker | 1 EL Vanillezucker | 2 EL veganes Kakaopulver
2 TL Backpulver | 1 EL Lebkuchengewürz | 120 g Sojasahne
2 EL Pflanzenöl | Bittermandelaroma
Außerdem
60 g Puderzucker | 1 TL Orangensaft | 20–25 Mandelkerne

Beide Mehle in eine Schüssel sieben und mit dem Zucker, Vanillezucker sowie dem Kakaopulver vermengen. Backpulver und Lebkuchengewürz untermischen. Sojasahne und Öl unterrühren und einige Tropfen Bittermandelaroma dazugeben. Alles zu einem geschmeidigen Teig verkneten, bei Bedarf noch etwas Mehl oder Wasser einarbeiten. Mit Folie bedeckt ca. 30 Minuten ruhen lassen.
Den Backofen auf 180 °C Ober- und Unterhitze vorheizen. Ein Backblech mit Backpapier belegen. Den Teig auf einer leicht bemehlten Arbeitsfläche knapp 1 cm dick ausrollen und daraus 20–25 Plätzchen (Herzen und Sterne, ca. 5 cm Ø) ausstechen. Auf das Blech legen und im Ofen 12–15 Minuten backen. Herausnehmen und auf einem Kuchengitter auskühlen lassen.
Puderzucker und Orangensaft zu einer dünnflüssigen Glasur verrühren, bei Bedarf noch etwas Wasser einarbeiten. Die Plätzchen damit bestreichen, mittig mit einer Mandel belegen und die Glasur trocknen lassen.

WEIHNACHTS-WERKSTATT
Bei diesem Verpackungsstil wird ganz auf Natur gesetzt. Packpapier dient als Hülle und wird mit Weiß oder Schwarz beschriftet. Die Schnur aus Flachs hält alles zusammen und wird ihrerseits mit zarten Blättern verziert. Dazu passt Geschenkpapier in hellen Cremetönen.

GESCHENKE EINPACKEN

Zurückhaltend oder opulent, edel-klassisch oder mit einer Prise Humor? Bei Verpackungen kann man sich richtig austoben und jedes Jahr etwas Neues ausprobieren.

VERRÄTERISCH

Ob hier wohl ein Buch verpackt wurde? Die alten Textseiten können auf die richtige Fährte bringen oder in die Irre führen. In jedem Fall erzählen sie etwas über die Kreativität des Schenkenden!

EIN BISSCHEN ZIRKUS, EIN BISSCHEN BOHO

Hier darf jeder mitmachen. Da werden Stoffstreifen bedruckt, Sterne gefaltet oder auf Holzspießchen gesteckt, es darf auch Kordel recycelt und eine (nur eine!) Kugel vom Baum gemopst werden. Auch das selbstgebastelte Schaukelpferd wird bald fröhlich auf einem Geschenk wippen.

▲

ALLES GUTE IN DER TÜTE

Über das Glas mit selbstgemachtem Apfelmus wird eine improvisierte Tüte gestülpt und mit Washi-Tape festgeklebt.

◀

EINDEUTIGE BOTSCHAFT

Die großen schwarzen Buchstaben lassen keine Zweifel, worum es hier geht: Da ist Essbares drin!

◀

INDIVIDUELLER STIL

Edel: Das dunkle Seidenpapier schimmert so schön wie ein Stoff. Haben Sie vom letzten Urlaub Perlen oder Muscheln mitgebracht? Sie machen die schlicht verhüllten Geschenke zu einem individuellen Stil-Statement.

▶

NEUES LEBEN FÜR DIE JEANS

Diese Verpackung ist auf mehreren Ebenen besonders nachhaltig und folgt dem Motto *reduce* (so fällt weniger Papierabfall an), *reuse* (so erfüllt die alte Lieblingsjeans einen neuen Zweck), *recycle* (das hübsche Säckchen mit den Sternen kann immer wiederverwendet werden).

VERTAUSCHTE ROLLEN

Warum nicht mal dem Geschenkband die Hauptrolle überlassen? Diese beiden Gaben sind in schlichtes, halbtransparentes Papier verpackt. Ein großer Knoten aus dicken Kordeln in Weiß, Beige und Dunkelblau sowie farblich passende Sterne am dünnen Draht machen neugierig auf den Inhalt!

Festliche Räume, festlicher Tisch

In Südtirol wird die Entenbrust mit Feigenapfel, Speck-Frittata und Rotkohl gegessen – *Rezept siehe Seite 140.*

BIS ZUM HIMMEL

So weit ragt dieser Baum zwar nicht in die Höhe, als normaler Weihnachtsbaum qualifiziert er sich aber trotzdem nicht mehr. Die meisten Tannen, die in Deutschland angebaut werden, wachsen sieben bis zwölf Jahre, bis sie in unseren Wohnzimmern landen. Hauptanbaugebiet ist übrigens das Sauerland, gefolgt von Schleswig-Holstein und Niedersachsen.

DER WEIHNACHTSBAUM

Das festlichste Element in unseren Wohnzimmern ist zweifelsohne ein geschmückter Baum, an dem die Lichter funkeln – allein durch seine Größe zieht er alle Blicke auf sich. Dass ganze Bäume in Privathäusern aufgestellt wurden, ist ein eher neuerer Brauch. In früheren Jahrhunderten und sogar Jahrtausenden haben sich die Menschen mit immergrünen Zweigen begnügt, in Mittel- und Nordeuropa von Nadelbäumen, bei den Römern waren es Lorbeerkränze. Das Grün spendete Hoffnung, dass im nächsten Frühling alles wieder wachsen möge ... Den individuellen Weihnachtsbaum brachten deutsche Auswanderer im 19. Jahrhundert nach Amerika mit. Übrigens muss man heute keinen ganzen Baum mehr fällen und danach wegwerfen. Baum-„Bausätze“ aus Holz sind wiederverwendbar und genauso schön zu dekorieren.

Früher war vielleicht mehr Lametta, dafür gibt's heute mehr von allem: Beleuchtung, Kugeln, Vintage-Schmuck aus Glas oder Blech, Sterne, figürliche Anhänger ... Edel wirkt der Baum, wenn man sich eine Farbwelt aussucht und sie durchhält.

EIN TRAUM VON BAUM

Dieses kleine Exemplar steht in einem Pflanzeimer und kann nach den Feiertagen ausgewildert werden.

▲
TRADITIONELL MIT PFIFF

Die Kombination aus Rot und Grün ist einfach unschlagbar. Hier wurden große Kugeln für einen relativ kleinen Baum ausgewählt. Das Spiel mit den Größenverhältnissen setzt sich an der Wand fort, wo weitere Sterne aufgehängt wurden.

◀
SCHMUCKSTÜCK AUS STOFF

So ein liebevoll besticktes Herz mit Rosen und dem Schriftzug „Noël" (frz. für Weihnachten) findet man vielleicht in einem Antiquitätengeschäft oder auf dem Flohmarkt. Oder man macht es selbst.

▶
WINZIGE HANDSCHUHE

Von der Größe her passen sie eher zu einem skandinavischen Weihnachtswichtel: kleine aus glänzendem Stoff genähte Fäustlinge mit einem Stern als Verzierung und einem warmen „Pelzbesatz" aus Federn.

TYPISCH NORWEGISCH
An Weihnachtsbäumen zwischen Oslo, Bergen und Tromsø hängt immer eine Kette mit kleinen Landesflaggen aus Papier.

▲
WIEDERBEFÜLLBAR
Die weißen Papiertütchen tragen je einen oder zwei leichte Kekse und lassen sich immer wieder neu bestücken, wenn kleine Räuber den Baum geplündert haben. Kräftiges, zum Beispiel handgeschöpftes Papier nehmen, einen Kreis ausschneiden, diesen vierteln. Die Viertel zu den Tüten zusammenrollen und überlappende Stelle festkleben. Ein Band zum Aufhängen innen einkleben, oberen Rand verzieren – zum Beispiel mit Fransen aus Seidenpapier oder einer goldfarbenen Bordüre aus dem Nähbedarf.

▶
ÜBERRASCHEND
Grau und Braun klingen nicht wie Farben, die typischerweise für Weihnachtsdekoration verwendet werden. Mit wenigen Handgriffen sind Elemente auf das Packpapier (zum Beispiel mit Aufklebern oder Lackstift) gezaubert, die die goldfarbenen Schleifen am Weihnachtsbaum zitieren. Das hellgraue Papier korrespondiert mit den silbernen Sternen und Anhängern.

ALLES AUF EINE KARTE

Warum nicht einmal komplett auf Gold setzen? Goldfarbene, große Kugeln schmücken diesen Weihnachtsbaum, echte Wachskerzen und kleine Vögel nehmen den edlen Look ebenfalls auf. Der Baum steht in einem goldfarbenen Topf, der mit einer Lichterkette akzentuiert ist. Daneben warten zwei Poufs auf Beschenkte und Schenkende. Eine Bodenvase, Schalen und Kerzenständer im metallischen Ton bringen den Raum noch mehr zum Strahlen. Ehrensache, dass auch die Geschenke in glänzendes Gold gehüllt sind.

Soll sich der Luxus auch auf die Wand erstrecken? Dann braucht man nicht gleich den Raum umgestalten: Eine große leichte Platte aus dem Baumarkt lässt sich ganz einfach tapezieren und hinter dem Baum platzieren.

HEILIGABEND IST DA

Man wacht auf und spürt es schon, das flirrende Gefühl, dass heute gefeiert wird – auch wenn die Gäste erst Stunden später eintreffen. Im Idealfall funkeln Sonnenstrahlen durch schneebedeckte Tannenwipfel, doch auch wenn das Wetter nicht mitspielen sollte, sind alle voller Vorfreude. Dass Sie sich als Gastgeberin oder Gastgeber richtig ins Zeug legen, versteht sich von selbst. Aber planen Sie den Tag nicht nur im Hinblick auf die Handgriffe in der Küche, das Decken des Tischs, das Managen der Kinder und letzte Putzaktionen durch. Schaffen Sie sich ganz bewusst Zeitinseln, in denen Sie an diesem Tag Kraft schöpfen. Gehen Sie mit dem Hund raus, sofern sie einen haben. Für ihn wird der Abend sehr aufregend. Trinken Sie am Nachmittag eine Tasse Tee, ohne aufs Handy zu schauen. Oder verlagern sie die Ruhepause auf die Veranda. Dann haben Sie Energie für den Trubel und sehen der Feier mit Freude entgegen!

WIN-WAU-SITUATION

Bevor gegessen, gesungen und gefeiert wird, unbedingt noch einen Spaziergang machen – Sie tun sich selbst etwas Gutes und auch die Vierbeiner sind am Abend entspannter, wenn sie Gelegenheit hatten, sich auszutoben. Für manche Hunde können Festtage mit vielen Gästen anstrengend sein.

MINIMALPROGRAMM

Der Tisch wird später gedeckt. Noch wirft die Sonne ihre letzten Strahlen in das Esszimmer. Ein winterlicher Strauß und ein einzelnes Windlicht zaubern ein wenig Zen fürs Gemüt. Pause machen, entspannen. Danach kann die Bescherung kommen!

KRAFT SCHÖPFEN

Schnappen Sie sich am Nachmittag eine dicke Decke und genießen Sie ein Weilchen die eisige Luft auf der Veranda. Am besten ohne Ablenkung – und ohne die To-dos durchzugehen, die noch vor Ihnen liegen.

OHNE TUCH

Früher undenkbar, heute durchaus möglich: Eine festliche Tafel lässt sich auch ohne Tischdecke inszenieren. Kerzen und kleine Lämpchen bringen Lichterglanz ins Zimmer.

DER SCHÖNE TISCH

Der Baum ist oft Blickfang Nummer eins – aber am Tisch sitzt man länger. Immer wieder schaut man über die gedeckte Tafel. Grund genug, sie stimmungsvoll zu dekorieren!

Hier versteckt sich ein Reh, dort funkelt ein Stern; Tannenzweige, Moos und Zapfen machen den Tisch zu einem Winterwunderland en miniature. Auch hier ist eine durchgängige Farbwelt Trumpf.

FORTSETZUNG AUF DEM TISCH

So wie am Weihnachtsbaum die roten Kugeln prangen, leuchten die Äpfel auf dem Tisch zwischen den frischen, grünen Zweigen. Das Silber der Schale findet sich im Besteck wieder.

GARTENZWERG ALS WEIHNACHTSMANN

Eigentlich hält er ja im Garten Wache und sieht zu, dass alle Tiere miteinander auskommen. Hat er sich aber so schön glitzernde Stiefelchen angezogen, darf er als Kerze auch auf den Tisch.

▲
WITZIGE MASCHEN

So hübsch umhäkelte Tassen, mit einer Hyazinthe für jeden Gast, brauchen nicht viele Mitspieler auf dem Tisch. Grüne Zweige mit Zapfen in der Mitte, zu den Tassenhenkeln passende Tischsets und Servietten machen den Look perfekt.

◀
HELLES STRAHLEN

Das weiße Interieur ist hier Programm, nicht nur an Weihnachten. Mit ein wenig Grün und ganz viel Gold wurde eine wunderbare Stimmung kreiert. Der Baum ist mit schimmernden Kugeln und Ketten geschmückt. Auf dem Tisch funkeln eine Lichterkette und dicke Kerzen, kleine Zweige zieren die Servietten.

COTTAGE-STYLE

Schwarz, Weiß, Rot und Grün verteilen sich hier in zahlreichen Mustern und Formen, von den Stühlen bis zur Tapete im Vitrinenschrank, von den Suppenschalen bis zur Tischdecke mit floralem Dessin.

▲

AUS DEM WALD

Die entzückenden Damhirsche und Fliegenpilze dürfen auch an Ostern wiederkommen. Auf der Weihnachtstafel sind die winzigen Wesen gern gesehene Gäste.

▲

GESPRÄCHSSTOFF

So samtig schöne rote Rosen lassen an einen Heiratsantrag denken, oder passen sie mit den Beeren des Johanniskrauts und den großen Blättern der Monstera einfach nur fantastisch zu den Festtagen?

WINTERFARBEN UND FRÜHLINGSBOTEN

Immergrüne Zweige galten schon in früheren Jahrhunderten als Zeichen dafür, dass die Kälte irgendwann vorbei sein wird. Auf diesem in edlem Weiß gedeckten Tisch künden Hyazinthen und bepflanzte Tassen vom baldigen Erwachen der Natur.

▲

PETROLGRÜN UND ROT

Das Seidenband um die Serviette nimmt die Farbe des Dekors auf dem Porzellanteller auf. Kein weihnachtliches Motiv, aber hier macht's die Kombination mit einem Tannenzweig und Hagebutten.

◀

SILBRIGES GRÜN UND WEISS

Kränze aus Eukalyptusblättern, Christrosen und Alpenveilchen harmonieren mit den Schleifen der kleinen, weiß verpackten Geschenke.

▶

TANNENGRÜN UND HOLZ

Ein Kranz aus Tannen- oder Fichtenzweigen mit Zapfen holt den Wald ins Haus. Tipp: Auch lose Rinde sammeln und daraus kleine Sterne ausschneiden. Mit Kerzen im passenden Ton entsteht ein schmucker Adventskranz.

◀
EDEL REDUZIERT
Auf diesem Tisch ist die Dekoration wohldosiert. Hier wird zelebriert, was das Ideal des gedeckten Tischs ausmacht: ein eleganter Kerzenständer, hochwertiges Glas – sogar als Traube auf dem Teller –, edles Besteck und feines Porzellan. Die weihnachtlichen Akzente halten sich zurück. Hier liegen ein paar Zimtstangen, dort ein Platzkärtchen mit Stern.

▶
ÜPPIG AUFGETISCHT
Ob das Mahl wohl hält, was die Dekoration verspricht? Hier überlässt jemand nichts dem Zufall. Ein schwarzer Statement-Tisch, mit dunklem Samt bezogene Stühle und eine graublaue Wand spiegeln den Geschmack der Gastgeber wider. Saisonal wurde verschwenderisch mit Pflanzen, Blumen, Kerzen und Lichterketten dekoriert.

SUPPEN UND SALATE

Suppen lassen sich gut vorbereiten, wärmen kleine Eiszapfen auf und kommen als Mittagessen oder abends als Vorspeise auf den Tisch. Salate machen all die reichhaltigen Leckereien eine Spur leichter!

Wie international Suppen sind, zeigt sich auf dieser Seite: Die Eierflockensuppe ist auch in Frankreich, Italien und China zu Hause, wird gern mit größeren Flocken und mit weiteren Einlagen wie Fleisch oder Gemüse bestückt. Die Petersilienwurzel wird in Mittel- und Nordeuropa ab Oktober geerntet und kann zu Suppen *(rechte Seite)* und Pürees verarbeitet oder als Gemüsebeilage gegessen werden. In Asien gibt es unendlich viele Suppenrezepte, die auch in unseren Breiten beliebt sind. Scharf, sauer, süß und auf jedem Fall umami ist etwa die Suppe mit Rinderfilet, deren Aromen von Zimt, Kardamom und Anis ganz wunderbar zur Weihnachtszeit passen.

EIERFLOCKENSUPPE

Zutaten für 1 l Suppe:
4 EL Mehl
4 Eier
1 Liter Gemüsebrühe
Salz
Pfeffer
Schnittlauch
Petersilie
Butter

Das Mehl mit 4 EL Wasser und den Eiern verquirlen. Die Gemüsebrühe aufkochen und mit Salz und Pfeffer abschmecken. Temperatur herunterdrehen, bis die Suppe leicht köchelt. Derweil die Kräuter waschen und hacken. Die Mehl-Eier-Mischung langsam in die Brühe gießen, damit die Flocken entstehen, sachte rühren. Ggf. mit einem TL Butter verfeinern. Zum Schluss die Kräuter auf die Suppe streuen, mit Brot servieren.

Tipp:
Wer Zeit und Muße hat, kann die Gemüsebrühe selbst kochen, auch schon Tage vorher – nebenbei ein guter Trick, um Reste zu verwerten. Dafür eignen sich (Schalen von) Karotten, Kartoffeln, Sellerie, Kohlrabi, Pastinaken oder Petersilienwurzeln, auch der Strunk des Blumenkohls oder Brokkolis sowie die Blätter von Karotten und Radieschen. Alles wird mit Pfeffer und Piment aufgekocht und köchelt dann eine Stunde vor sich hin. Am Schluss mit Salz abschmecken.

PETERSILIENWURZELSUPPE MIT SPECK

Zutaten für 4 Portionen:

500 g Petersilienwurzeln | 150 g mehlige Kartoffeln | 1 Zwiebel
2 Knoblauchzehen | 2 EL Olivenöl
800 ml Gemüse- oder Geflügelbrühe | Salz | Pfeffer aus der Mühle
geriebener Muskat | 100 g Bacon in dünnen Scheiben
2 EL glatte gehackte Petersilie, auch zum Garnieren
150 g Sahne

Die Petersilienwurzeln und Kartoffeln schälen und beides würfeln. Zwiebel und Knoblauch abziehen und in kleine Würfel schneiden. In einem Topf 1 EL Öl erhitzen und die Zwiebel mit dem Knoblauch darin hell anschwitzen. Petersilienwurzeln und Kartoffeln zugeben und kurz mitgaren. Alles mit der Brühe ablöschen, leicht mit Salz, Pfeffer und Muskat würzen und ca. 20 Minuten bei geringer Hitze köcheln lassen. Inzwischen den Bacon in einer heißen beschichteten Pfanne auslassen und knusprig braten.

Petersilie und Sahne zur Suppe geben. Diese fein pürieren, je nach gewünschter Konsistenz noch etwas Brühe ergänzen oder noch ein wenig einköcheln lassen. Anschließend abschmecken, die Suppe in Tassen oder tiefe Teller verteilen, mit dem Bacon toppen und mit Petersilie garnieren. Leicht mit Pfeffer übermahlen, etwas Muskat darüberreiben und die Petersilienwurzelsuppe servieren.

ASIATISCHE SUPPE MIT RINDERFILET

Zutaten für 4 Portionen:

40 g Ingwer | 1 rote Chilischote | ½ Zimtstange | 3 Kardamomkapseln
1 Sternanis | 1 l Rinderbrühe | 1 Möhre | 1 Petersilienwurzel
½ Stange Lauch, nur der helle Teil | 1 rote Zwiebel
150 g Rinderfilet | 1 EL Limettensaft | 3 EL Sojasauce
1 TL Rohrzucker | 2 Stängel Koriandergrün | 1 Lauchzwiebel

Den Ingwer schälen und in feine Scheiben schneiden. Chilischote waschen, ggf. Kerne entfernen und in feine Ringe schneiden. Zimtstange, Kardamom und Anis in einem Mörser zerstoßen. Dann in einem Topf ohne Fett rösten, bis die Gewürze zu duften beginnen. Mit Brühe aufgießen, Ingwer und Chili zufügen. Die Suppe 10 Minuten köcheln lassen, dann durch ein feines Sieb in einen sauberen Topf passieren.

Möhre und Petersilienwurzel schälen, und alles in dünne Streifen schneiden. Lauch putzen, waschen und in Ringe schneiden. Zwiebel abziehen und in feine Spalten schneiden. Rinderfilet trockentupfen und in dünne Streifen schneiden.

Brühe wieder zum Kochen bringen. Vorbereitetes Gemüse zufügen und ca. 1 Minute bissfest garen. Mit Limettensaft, Sojasauce und Zucker abschmecken.

Koriander waschen, trockenschütteln und Blätter abzupfen. Lauchzwiebel putzen, waschen und in feine Ringe schneiden.

Rinderfiletstreifen in die Brühe legen. Die Suppe einmal kurz aufkochen und heiß in Schüsseln füllen. Suppe mit Koriander und Lauchzwiebelringen bestreut servieren.

▲
FRISCHEKICK

Von Apfel, Nuss und Mandelkern wusste Theodor Storm zu berichten, dass fromme Kinder sie gern essen. Wir machen daraus Apfel, Nuss und Blattsalat – so wird das grüne Leichtgewicht zum Hochgenuss, mit dem man sicher auch Kinderherzen gewinnt. Das Dressing gibt der feinen Beilage die Richtung vor – ganz zart mit Joghurt oder auch kräftiger mit Senf oder Mayonnaise. Staunen werden große und kleine Gäste über ein Dressing mit Nussmus.

◀
NEUER AUFTRITT FÜR DEN BRATEN

Ist vom Festmahl etwas übriggeblieben? Bloß nicht wegwerfen: Ob Truthahn, Hähnchen oder Kalbsbraten – pikantes Fleisch versteht sich hervorragend mit Orangenscheiben, Granatapfelkernen, Walnüssen und einem Blattsalat. Das Dressing eher frisch und säuerlich wählen, mit einem fruchtigen Essig und wenig Öl.

SALAT MIT MATJES, ROTE BETE & STANGENSELLERIE (SKANDINAVISCH)

Zutaten für 4 Portionen:
1 Kopfsalat
2 Stangen Staudensellerie
200 g gegarte Rote Bete (vakuumverpackt)
2 Stängel Petersilie
300 g Matjesfilet
2 EL Apfelessig
1 EL Zitronensaft
1 Prise Zucker
Salz
schwarzer Pfeffer aus der Mühle
4 EL Pflanzenöl

Den Kopfsalat waschen, putzen, trockenschütteln und kleinzupfen. Den Sellerie waschen, putzen und in Scheiben schneiden. Die Rote Bete klein würfeln. Die Petersilie abbrausen, trockenschütteln und die Blätter abzupfen.
Den Matjes trockentupfen und in Stücke schneiden.
Für das Dressing den Essig mit dem Zitronensaft, dem Zucker, Salz, Pfeffer und Öl verrühren und abschmecken. Alle vorbereiteten Salatzutaten in eine Schüssel geben und vorsichtig vermischen, das Dressing darübergeben und servieren.

WEIHNACHTLICHER SALAT MIT AAL

Zutaten für 4 Portionen:
1 Radicchio | 1 Handvoll Blattsalat | 300 g Spitzkohl | 1 Möhre
3 EL frisch gepresster Orangensaft | 2 EL Apfelessig | 1 EL Balsamico
1 EL Zitronensaft | Salz | Pfeffer aus der Mühle
6 EL Olivenöl | 1 EL Ahornsirup | 350 g Aal, küchenfertig filetiert
2 EL Pflanzenöl | 60 g Sultaninen | 2 EL Granatapfelkerne
1 EL grob gehackte Kräuter, z. B. Thymian, Bergbohnenkraut

Den Radicchio und Blattsalat abbrausen, putzen, in Blätter teilen und trockenschleudern. Die Blätter bei Bedarf kleiner zupfen oder schneiden. Spitzkohl von Strunk und Hüllblättern befreien, abbrausen, trockenschütteln und quer in 4–5 mm breite Streifen schneiden.
Die Möhre schälen und in feine Streifen hobeln.
Den Orangensaft mit beiden Sorten Essig, Zitronensaft, Salz, Pfeffer, Öl und Ahornsirup verquirlen und das Dressing abschmecken.
Den Aal abbrausen, trockentupfen und in 4–5 cm lange Stücke schneiden. In einer Pfanne im heißen Öl unter Wenden 7–10 Minuten braten und bräunen, dann mit Salz und Pfeffer würzen.
Den Salat auf Tellern verteilen und mit ¾ des Dressings beträufeln. Den Aal darauf anrichten, alles mit Sultaninen, Granatapfelkernen und Kräutern bestreuen. Den Salat noch mit Pfeffer übermahlen und mit dem übrigen Dressing beträufelt servieren.

▶

AROMAREICH

Prosecco oder Champagner mit einem Sirup aus Cassis und Lavendel bringt Erinnerungen an die Provence auf den Tisch.

▲

NACH DEM WINTERSPAZIERGANG

Zwei Stunden durch den Schnee gestapft und jetzt sind alle durchgefroren? Da haben sich Gastgeber wie Gäste eine Belohnung verdient: Marshmallows sind besonders in den USA beliebt, werden aber auch in Deutschland hergestellt, wo sie den leicht irreführenden Namen „Mäusespeck“ tragen. Drei Teile Milch aufkochen, einen Teil Zartbitterschokolade und etwas Zimt einrühren. In Tassen füllen und die Minimarshmallows oben drauflegen, mit gehackter Schokolade garnieren.

◀

WEISSE HAUBE

Viele Drinks bekommen eine Schaumkrone aus Eiweiß, die das Mundgefühl verändert und den Drink deutlich milder macht – zum Beispiel die große Familie der Sours (Whisky Sour, Pisco Sour, Brandy Sour ...) und viele Fizz’ (Gin Fizz & Co.). Wer nicht immer Eigelb übrig haben möchte, nimmt Eiweißpulver aus dem Barbedarf.

WELCOME DRINKS

In der Welt der Cocktails und Aperitifs tut sich genauso viel wie in der Kulinarik – da gibt es Neukreationen und -entdeckungen, mutige Kombinationen und aufgepeppte Klassiker. Überraschen Sie Ihre Gäste mit einem Drink, der alle in festliche Stimmung versetzt. Rosmarin als Zutat oder Garnitur ist in den letzten Jahren immer beliebter geworden. Im Winter passt er besonders gut, weil seine Zweige ein wenig aussehen wie kleine Tannenbäume, vor allem mit „Schnee" aus Puderzucker.

◀

ZITRUSFRUCHT TRIFFT ROSMARIN

Im Sommer, wenn sie herrlich erfrischende Sundowner bereichert, ist die Grapefruit ein Star. Aber auch im Winter bezaubern ihre Aromen, etwa als Pink Fizz zusammen mit Gin, Zitronensaft, Zuckersirup und Mineralwasser. Der Rosmarin bringt eine originelle Kräuternote ins Glas.

▶

MANDARINEN-BELLINI

Zutaten für 4 Gläser:
100 ml Orangensaft
250 ml Mandarinensaft
1 Bio-Orange
4 Stängel Rosmarin
1 EL Puderzucker
500 ml Sekt

Orangensaft und Mandarinensaft mischen und auf die Gläser (ca. 300 ml) verteilen. Orange mit einem Messer schälen, mittig vier schöne Scheiben herausschneiden und zu Sternen zurechtschneiden. Rosmarin waschen, trockentupfen und mit Puderzucker bestäuben. Den Sekt in die Gläser gießen, Rosmarin und Sterne an die Gläser stecken und servieren.

WORLD WIDE WEIHNACHTEN – BESONDERE SPEZIALITÄTEN

Es gibt wahrscheinlich fast so viele Weihnachtsmenüs, wie es Familien gibt. Und dann wird auch noch an den verschiedenen Tagen Unterschiedliches gegessen – oder sogar dreimal groß aufgetischt. Diese Tradition geht übrigens sehr weit zurück, bis in die vorchristliche Zeit. Wenn die Tage nach der Wintersonnenwende wieder ein klitzekleines bisschen länger werden, feiern das die Menschen seit Jahrhunderten mit einem Festmahl.
Nun muss man liebgewordene Traditionen natürlich nicht über Bord werfen. Aber zumindest an einem Tag könnten Sie ein wenig experimentieren. Wer Freunde und Familie geschmacklich überraschen möchte, kann sich überall auf der Welt umsehen, wo Weihnachten gefeiert wird. Auf der Südhalbkugel ist Sommer, in fernen Gefilden wachsen andere Gemüsesorten, Fleisch und Fisch sind mit anderen Assoziationen belegt. Eines ist jedoch allen Weihnachtstraditionen gemeinsam: Es gibt opulente Speisen und raffinierte Zubereitungsarten, die man für diese ganz besonderen Momente reserviert. Wir werfen einen Blick auf südamerikanische Spezialitäten und italienische Rezepte, nach Schweden, Frankreich und in die USA. Feliz Navidad, Buon Natale, God Jul, Joyeux Noël und Merry Christmas. Und vor allem: guten Appetit!

SÜDAMERIKA

Fiesta Time! Mitten im Hochsommer wird begeistert gefeiert: erst Weihnachten, dann Silvester, und dann beginnt auch schon der Karneval ...

◀

DUCANA IM BANANENBLATT

Aus der Karibik stammt der Süßkartoffelkloß, der im Bananenblatt gedämpft und zusammen mit gesalzenem Fisch gegessen wird. Trotz dieser pikanten Aromen gilt er als Dessert. Bananenblätter bekommt man in vielen asiatischen Supermärkten *(Rezept auf Seite 140)*.

▶

PRISTINOS

Das frittierte Weihnachtsgebäck aus Ecuador erhält seine Farbe vom Hokkaidokürbis. Obwohl es pikant ist, wird es mit Zucker bestreut und mit Zimtsirup serviert *(Rezept auf Seite 141)*.

ITALIEN

Während der 24. Dezember noch als Vorabend gilt, wird am 25. richtig aufgetischt. In ganz Italien ein Muss ist der Hefekuchen Panettone.

▲

GARNELEN-ARTISCHOCKEN-LASAGNE

Eine edle, cremige Variante des ungeheuer populären Auflaufgerichts *(Rezept siehe Seite 141).*

◀

CAPPELLACCI DI ZUCCA

Dafür müssen Sie sich ein wenig ins Zeug legen: mit Kürbis gefüllte Teigtaschen *(Rezept siehe Seite 141).*

▶

GEBACKENES CAMEMBERT-CIABATTA MIT HONIGFEIGEN

Macht richtig viel her, ist aber nicht kompliziert: das aufgepeppte Ciabatta *(Rezept siehe Seite 142).*

▲
ANTIPASTI-SALAT MIT FEIGEN UND PROSCIUTTO
Als Snack oder Vorspeise: Antipasti wie Artischockenherzen und Kapernäpfel mit Prosciutto und Feigen anrichten, Essig und Öl darübergeben.

◀
CAVALLUCCI DI SIENA
Zu den toskanischen Nussplätzchen wird gern Dessertwein getrunken *(Rezept siehe Seite 142)*.

▶
ALTERNATIVLOS: PANETTONE
Der Hefekuchen wird in ganz Italien gegessen. Eigentlich trinkt man Spumante dazu, doch auch ein frisch-fruchtiger Drink in der Kupfertasse ist ein guter Begleiter.

GOD JUL ALLIHOPA!
Dürfen auf der schwedischen Weihnachtstafel nicht fehlen: Weihnachtsschinken, Safrankohl mit Walnüssen, Wildschweinhackbällchen, Gebratener Grünkohl und „Janssons Versuchung" („Janssons Frestelse", *alle Rezepte ab Seite 142).*

SCHWEDEN

„Jul" heißt Weihnachten und „bord" bedeutet Tisch – Julbord ist also das klassische Weihnachtsmenü. Es besteht aus Gerichten, die früher Luxus waren.

▲

LACHSTARTE MIT SHRIMPS

Im schwedischen Sommer lieben wir das Brot mit Krabben, an Weihnachten darf es etwas aufwendiger sein: Hier kommt noch Lachs hinzu und der Boden ist eine leckere Tarte *(Rezept siehe Seite 143)*.

◀

LÖFFEL FÜR LÖFFEL

Sehr hübsch sieht der Rotkohl-Orangen-Salat mit karamellisierten Walnüssen aus, wenn man ihn auf Silberlöffeln anrichtet. Die würzigen Noten des Rotkohls harmonieren fantastisch mit der Süße des Karamells und Säure der Orangen *(Rezept siehe Seite 144)*.

LACHSFILET MIT SESAMKRUSTE AUF GEMÜSE (ASIATISCH)

Zutaten für 4 Portionen:
300 g Weißkohl | 2 rote Spitzpaprika
300 g Hokkaido-Kürbisfruchtfleisch | 2 Möhren
500 g Lachsfilet ohne Haut | 4 EL flüssige Butter | Salz
weißer Pfeffer aus der Mühle | 1 Handvoll Salbei | 1 EL Olivenöl
100 ml trockener Weißwein | 50 ml Fischfond | 50 ml Crème double
50 g gerösteter Sesam | 50 ml Teriyakisauce | ½ TL Reisstärke
1 Msp. Soja-Lecithin

Weißkohl und Spitzpaprika waschen, putzen und in Rauten schneiden. Kürbis in grobe Stücke und dann in dünne Scheiben schneiden, die Möhren schälen, in ca. 4 cm Abschnitte und dann ebenfalls in dünne Scheiben schneiden. Lachs abbrausen, trockentupfen und in 4 gleich große Portionen aufteilen. Backofen auf 180 °C Ober- und Unterhitze vorheizen. Die Lachsportionen nebeneinander in eine Auflaufform setzen, mit der Butter bepinseln und würzen. Im Ofen zunächst ca. 10 Minuten garen. In der Zwischenzeit den Salbei waschen, Salbei und Gemüse im heißen Olivenöl unter gelegentlichem Schwenken ca. 10 Minuten garen. Weißwein, Fischfond und Crème double auf etwa die Hälfte einkochen lassen und würzen. Sesam, Teriyakisauce und Reisstärke verrühren und aufkochen. Auf dem Lachs verteilen und 5–7 Minuten fertig garen.
Das Soja-Lecithin in die Sauce rühren und mit einem Pürierstab aufmixen. Das Gemüse mit dem Salbei auf Tellern anrichten und mit der Schaumsauce übergießen, den Lachs daraufsetzen.

HÄHNCHEN MIT ZITRUSFRÜCHTEN (ASIATISCH)

Zutaten für 4 Portionen:
1 Hähnchen, ca. 1400 g | Salz | schwarzer Pfeffer aus der Mühle
2 Bio-Orangen | 2 Bio-Limetten | 1 Knoblauchknolle
1 Handvoll Thymian | 3 EL Rapsöl | 1 TL geräuchertes Paprikapulver
2 Msp. Korianderpulver | 1 Limette zum Garnieren
Thymian zum Garnieren

Den Backofen auf 180 °C Ober- und Unterhitze vorheizen. Das Hähnchen abspülen und trockentupfen. Innen mit Salz und Pfeffer würzen. Die Zitrusfrüchte abwaschen, die Schale abreiben und das Fruchtfleisch grob würfeln. Die Knoblauchknolle waagerecht halbieren, den Thymian waschen. Das Hähnchen mit den Fruchtwürfeln, einer Knoblauchhälfte und dem Thymian füllen. Außen salzen und pfeffern und für ca. 1 Stunde im Ofen garen.
Das Rapsöl mit der Zitrusschale, dem Paprikapulver und dem Koriander verrühren. Das Hähnchen damit bestreichen und ca. 30 Minuten fertig garen, bis beim Anstechen der Keulen klarer Bratensaft austritt. Auf einer Platte anrichten und nach Belieben mit dem restlichen Knoblauch, Limettenspalten und Thymian garnieren.

SAFTIGE FISCHPÄCKCHEN (FRANZÖSISCH/ITALIENISCH)

Zutaten für 4 Portionen:
1 Fenchelknolle mit Grün | 2 Bio-Zitronen | 4 Fischfilets à ca. 160 g, ohne Haut, z. B. Seelachs, Kabeljau oder Rotbarsch | Salz | Pfeffer
5 EL weiche Butter | 4 EL trockener Weißwein | Chiliflocken
1 Schalotte | 1 EL gehackte Petersilie

Den Backofen auf 200 °C Ober- und Unterhitze vorheizen. Den Fenchel putzen, waschen und in feine Scheiben schneiden. Das Grün trockenschütteln und grob hacken. Die Zitronen heiß waschen, trockentupfen und eine Zitrone in Scheiben schneiden, die Schale der anderen Zitrone fein abreiben und den Saft auspressen. Die Fischfilets waschen, trockentupfen und eventuell noch vorhandene Gräten entfernen. Mit Salz und Pfeffer würzen. Vier Stücke Pergamentpapier auf der Arbeitsfläche auslegen (ca. 35 x 35 cm) und mittig mit Fenchelscheiben belegen. Die Fischfilets daraufsetzen und das Papier an den Enden etwas zusammendrehen. Den Fisch mit dem übrigen Fenchel und den Zitronenscheiben belegen. Die Butter mit dem Zitronenabrieb und 1 2 EL Zitronensaft verrühren und in Flöckchen darauf verteilen. Alles noch mit je 1 EL Zitronensaft und Weißwein beträufeln, die Päckchen verschließen, mit Küchengarn zusammenbinden, auf ein Backblech setzen und im Ofen ca. 15 Minuten garen.

MISSISSIPPI MUD PIE (AMERIKANISCH)

Zutaten für 10–12 Stück:
Für den Teig
225 g Mehl, auch zum Arbeiten | 2 EL Kakaopulver
1 TL Backpulver | 35 g Zucker | 1 Prise Salz
1 Päckchen Vanillezucker | 125 g Butter; und für die Form | 1 Ei
Für die Creme
150 g Zartbitterschokolade | 200 g Sahne | 125 g Butter
200 g brauner Zucker | 4 Eier | 50 g Kakaopulver | 1 TL Schokosirup
Zum Garnieren
250 g Sahne | 30 g Zartbitterschokolade

Mehl mit Kakao und Backpulver mischen, in eine Rührschüssel sieben und Zucker, Salz und Vanillezucker ergänzen. Butter in kleinen Stücken dazugeben, Ei und 2 EL kaltes Wasser zufügen und alles mit den Knethaken zu einem glatten Teig verkneten. In eine mit Butter gefettete Auflaufform (ca. 25 cm Ø) geben, glattstreichen und 15 Minuten kalt stellen. Backofen auf 190 °C Ober- und Unterhitze vorheizen, Kuchen ca. 25 Minuten backen. Für die Creme die Schokolade schmelzen, Sahne halbsteif schlagen. Butter weiß-cremig rühren, Zucker unterschlagen, bis er aufgelöst ist. Nach und nach die Eier und den Kakao unterrühren. Die flüssige Schokolade unterziehen, zuletzt Sahne und Schokosirup unterheben. Ofentemperatur auf 160 °C reduzieren, die Füllung auf den vorgebackenen Kuchen streichen und weitere ca. 35 Minuten backen. Herausnehmen, abkühlen lassen und 2 Stunden kalt stellen. Zum Servieren die Sahne steifschlagen und den Kuchen damit bestreichen. Die Schokolade fein darüberreiben.

BUNTE TRUPPE

Möhren gibt es nicht nur in Orange, sondern – oft unter dem Namen „Urkarotte" – in Lila, Gelb oder Weiß. Witzig: Die violette Sorte ist innen orangefarben und auf dem Teller ein echter Hingucker! Grün nicht wegwerfen, sondern Gemüsebrühe damit kochen.

WINTERGEMÜSE

Diese Sorten werden erst ab dem Spätherbst geerntet und lassen sich gut lagern. Dunkelgrünes Gemüse ist vitaminreich, Salate mit Bitterstoffen helfen der Fettverdauung.

GEMÜSE MIT WÜRZE

Zwei, die in der Weihnachtszeit nicht fehlen dürfen: Blanchierter und angebratener Rosenkohl schmeckt als Beilage mit Pinienkernen, Rotkraut bekommt mit Orangenzesten, Zimt und Sternanis eine festlich-orientalische Geschmacksrichtung.

KLEINE ORANGE TRIFFT GROSSES AROMA

Auf Sizilien heißen frittierte Reisbällchen *Arancini* („kleine Orangen") und werden normalerweise gefüllt, gerne mit Fleisch. Diese Variante kommt pur daher und ist ein kongenialer Partner für das große Aroma des kräftig-bitteren Radicchios *(Rezept auf Seite 144)*.

KÄSE UND DESSERTS

Mal zart, mal kräftig – Käse gibt es in unglaublich vielen Variationen, und er versteht sich ausgezeichnet mit pikanten wie mit süßen Komponenten. Tipp: Probieren Sie mal einen Blauschimmelkäse zu Portwein.

Eine hübsche Käseplatte ist eine Einladung – wer noch etwas Hunger hat, darf gern zulangen, wer nur einen kleinen Abschluss möchte, kostet ein Würfelchen, und dann meist noch eins und noch eins ...
„Life is uncertain, eat dessert first" lautet ein humorvoller Spruch, mit dem Naschkatzen ihre Vorliebe rechtfertigen. Bei unseren weihnachtlichen Desserts *(siehe nächste Seite)* könnte man tatsächlich auf diese Idee kommen, sie sind einfach zu verlockend! Und sie schmecken hervorragend, auch nach einem ausladenden Menü.

▶

GESCHICKT BESTÄUBT

Dieser Käse wurde mit dem Pulver gefriergetrockneter Himbeeren bestäubt. Die feine süß-saure Fruchtnote ersetzt zum Beispiel die Weintrauben, falls Sie im Winter keine aromatischen bekommen.

◀

LUXUSLEBEN

Trüffeln sind zum Niederknien, Trüffelkäse auch. In Italien gibt es ihn als halbfesten oder Hartkäse, aus Kuh- und/oder Schafsmilch. Natürlich kann man die edlen Knollen auch reiben und als Späne oder Creme kredenzen.

▲

KLEINES BUFFETT

Halbfeste Schnittkäse wie Tomme de Savoie oder Esrom können zusammen auf einem Brett liegen, sie behalten beim Schneiden die Form. Weichkäse wie Roquefort und Chaumes breiten sich beim Portionieren aus, deshalb lieber auf einem eigenen Teller oder Brett anrichten. Auch im Kühlschrank Abstand zwischen Käsesorten halten – Edelschimmel neigt dazu, sich auszubreiten.

◀

FRÜHSTÜCKSGLÜCK

Ein Schnittkäse mit würzigem Aroma (z. B. Bergkäse) mit getrockneter Aprikose und etwas Honig. Dazu passen Sesamcracker.

▶

SUPERSCHNELLE SACHE

Zehn solcher Miniflammkuchen lassen sich ruckzuck mit 250 g Mehl, 2 EL Öl, 125 ml Wasser und etwas Salz backen. Da er keine Hefe enthält, muss der geschmeidig geknetete Teig nicht ruhen. Als Belag eignen sich Schinken, Käse und Zwiebeln.

HIMBEER-PISTAZIEN-PAVLOVA

Zutaten für 8 Stücke:
Für die Baisermasse
5 Eiweiß | 1 EL Zitronensaft | 300 g Zucker | 2 EL Speisestärke
Außerdem
400 g Himbeeren | 2 EL Zucker | 400 g Sahne
3 EL Vanillezucker | 50 g grob gehackte Pistazien
Minze zum Garnieren

Den Backofen auf 140 °C Ober- und Unterhitze vorheizen. Ein Backblech mit Backpapier belegen.
Das Eiweiß mit dem Zitronensaft steif schlagen, dabei den Zucker einrieseln lassen. Die Stärke dazusieben und unterschlagen. Die Baisermasse auf das Blech geben, mit einem Löffel rund verstreichen (ca. 24 cm Ø), mittig eine Mulde eindrücken und im Ofen ca. 45 Minuten backen. Anschließend auf dem Blech vollständig auskühlen lassen.
Die Himbeeren verlesen, waschen und gut abtropfen lassen. Die Hälfte der Beeren mit 1 EL Zucker vermengen. Sahne mit Vanillezucker und restlichem Zucker steifschlagen. Die gezuckerten Himbeeren in die Vertiefung des Baiserkuchens geben und diesen auf eine Platte setzen. Alles ringsum wolkig mit Sahne einstreichen. Die Pavlova mit Pistazien bestreuen, mit den übrigen Himbeeren belegen und mit Minze garniert servieren.

GRIECHISCHER JOGHURT MIT CRANBERRY-KOMPOTT UND SPEKULATIUS

Zutaten für 5 Portionen:
250 g Cranberrys (TK)
1 großer Apfel
60 g Zucker
1 TL Zimt
1 Vanilleschote
250 g griechischer Joghurt
Spekulatius
Puderzucker

Die Cranberrys auftauen und abtropfen lassen, den Apfel schälen und in Würfel schneiden. Die Vanilleschote öffnen und das Mark herauskratzen. Beeren, Apfelwürfel, Zucker, Zimt und Vanille in einen Topf geben. Alles gut mischen. Herd auf mittlere Hitze stellen und alles 15 Minuten lang kochen lassen. Das Kompott gut umrühren und kalt werden lassen. Für das Dessert Spekulatius zerbröseln und unten in die Gläser geben. Joghurt und Kompott nacheinander in Schichten einfüllen. Obendrauf weitere Brösel streuen und zwei Kekse im Ganzen einstecken. Zum Schluss einen feinen Schnee aus Puderzucker darüberstreuen.

Tipp:
Das Kompott passt auch gut zu Porridge, einem Croissant oder einer frischen Scheibe Sauerteigbrot mit Frischkäse.

GEFRORENE BRATÄPFEL MIT MARZIPAN UND NÜSSEN

Zutaten für 6 Äpfel:
150 g Marzipanrohmasse
50 g grob gehackte Walnusskerne
50 g Mandelstifte
Saft einer Orange
6 kleine, säuerliche Äpfel
15 g weiche Butter
Vanilleeis
12 Walnusshälften

Die Marzipanrohmasse zerpflücken und mit Walnüssen, Mandeln und 4 EL Orangensaft gut verkneten. Ofen auf 200 °C (Ober- und Unterhitze) vorheizen. Äpfel waschen, abtrocknen, oben und unten ein Stück abschneiden, damit sie gut stehen. Vorsichtig das Kerngehäuse mit einem Apfelstecher entfernen, dann die Äpfel mit einem kleinen Löffel noch etwas weiter aushöhlen. Mit der Marzipanmasse füllen. Auf ein Blech mit Backpapier setzen und ein Flöckchen Butter auf jeden Apfel geben. Auf der mittleren Schiene etwa 30 Minuten backen. Abkühlen lassen, dann in einem geräumigen Plastikgefäß mit Deckel einfrieren.
Zum Servieren eine Haube aus Vanilleeis, karamellisierte Walnüsse *(siehe Seite 151)* und das Cranberry-Kompott *(siehe linke Seite)* auf die Äpfel setzen, ggf. mit etwas Zimtzucker bestreuen.

GRANATAPFEL-DESSERT

Zutaten für 4 Portionen:
100 g Schokoladenkekse | 50 g Butter | 1 EL gehackte Mandeln
1 TL Kakaopulver | 3 Blätter Gelatine | 2 EL Puderzucker
200 g Quark | 150 g Joghurt | 20 ml Orangenlikör | 150 g Sahne
2 EL Granatapfelsirup | ½ Granatapfel
2 EL Schokoladenraspel

Vier Dessertringe (Durchmesser ca. 10 cm) auf ein Blech oder eine Platte stellen und mit Frischhaltefolie auskleiden. Für den Boden die Kekse im Blitzhacker fein zerkrümeln. Die Butter zerlassen und mit den Mandeln und dem Kakao unter die Brösel mischen. Die Keksmasse auf die Förmchen verteilen und gleichmäßig flachdrücken. In den Kühlschrank stellen.
Für die Creme die Gelatine in kaltem Wasser einweichen. Den Puderzucker mit dem Quark und dem Joghurt verrühren. Die ausgedrückte Gelatine mit dem Likör in einem kleinen Topf erwärmen und schmelzen lassen. Dann 3–4 EL der Creme unterrühren und die Gelatine unter die übrige Creme mengen. Die Sahne steif schlagen, unterheben und etwa ¼ der Creme abnehmen. Unter den Rest den Granatapfelsirup mischen und die Masse in die Förmchen füllen. Mit der übrigen, weißen Creme bestreichen und mindestens 4 Stunden kaltstellen.
Den Granatapfel rundherum andrücken, halbieren und die Kerne herausklopfen. Die Törtchen aus den Ringen lösen, die Folie abziehen und mit den Granatapfelkernen garnieren. Etwas Schokolade darüberhobeln und servieren.

SCHOKOLADENBAUM MIT PUDERZUCKER

Zutaten für 1 Baum:
2 Rollen Blätterteig (aus dem Kühlregal)
200 g Schokoladencreme
4 EL Mandelblättchen
1 Eigelb
2 EL Milch
Puderzucker zum Bestreuen

Den Blätterteig etwa 15 Minuten bei Zimmertemperatur liegen lassen, bevor Sie ihn verarbeiten. Ein Blech mit Backpapier auslegen. Den ersten Blätterteig entrollen, auf das Papier legen. Die Schokoladencreme evtl. etwas anwärmen, damit sie flüssiger wird, den Teig damit bestreichen. Den zweiten Blätterteig ebenfalls entrollen und auf den unteren Blätterteig legen, ein wenig andrücken. Jetzt geht's ans Gestalten: Die zwei Teigschichten so beschneiden, dass die Form eines Tannenbaums entsteht. Aus dem abgeschnittenen Teig einen Stern schneiden. Weitere Teigreste zu kleinen Röllchen formen und ebenfalls auf das Backpapier legen. Am unteren Rand rechts und links einen Streifen abschneiden, sodass der Baum einen Stamm erhält. Nun 2–3 cm breite Streifen in den Teig schneiden, den Stamm in der Mitte und die Spitze oben aussparen. Die Streifen ein- bis zweimal verdrehen und wieder flach hinlegen. Ei und Milch verquirlen, den Baum und die Röllchen damit einpinseln, den Stern oben damit ankleben. Im vorgeheizten Ofen (200 °C Umluft , Ober-/Unterhitze: 220 °C) ca. 13–15 Minuten backen. Zum Schluss mit Puderzucker bestäuben.

Tipp:
Der Baum schmeckt auch lecker mit Marmelade. Die Schokocreme kommt aus dem Glas, kann aber natürlich auch selbstgemacht werden.

SOLTERITAS (FLORES DE CARNAVAL CON CREMA, KOLUMBIEN)

Zutaten für 4–6 Portionen:
2 Eier
1 ½ EL Zucker
250 ml Milch
2 Prisen Salz
150 g Mehl
1 TL Zitronenabrieb
30 ml Anisschnaps oder Orangenlikör, nach Belieben
Pflanzenöl zum Frittieren
Puderzucker zum Bestäuben

Die Eier mit dem Zucker schaumig schlagen, dann die Milch, Salz, Mehl und Zitronenabrieb unterrühren. Anisschnaps oder Likör dazugeben und alles zu einem dickflüssigen, klümpchenfreien Teig verrühren. Bei Bedarf den Teig durch ein Sieb passieren, dann 20–30 Minuten ruhen lassen. Reichlich Öl in einem Topf auf ca. 175 °C erhitzen. Eine Blumenwaffelform (Eisenform mit Stiel) im Öl erhitzen, dann in den Teig tauchen (bis ca. 1 cm unter den Rand) und wieder ins heiße Öl tauchen. Die Blütenwaffel kurz backen, ablösen, goldbraun ausbacken, herausnehmen und auf Küchenpapier abtropfen lassen. Auf diese Weise den übrigen Teig zu Waffeln verarbeiten. Die Blütenwaffeln mit Puderzucker bestäuben und servieren. Nach Belieben eine Rosette Vanillecreme auf die Waffeln setzen.

BANANEN MIT VANILLEEIS UND PASSIONSFRUCHTSAUCE

Zutaten für 4 Portionen:
5 Bananen
5 Passionsfrüchte
100 ml Orangensaft
1,5 EL Zucker
1 TL Maisstärke
Vanilleeis

Passionsfrüchte halbieren, das geleeartige Fruchtfleisch mit einem Löffel herauskratzen. Mit dem Orangensaft, dem Zucker und der Stärke in einem Topf geben, bei geringer Hitze 5 Minuten verrühren. Abkühlen lassen oder lauwarm verwenden.
Bananen halbieren und auf je einem Teller anrichten. Anders als Äpfel oder Birnen werden sie an der Luft nicht gleich braun, brauchen also nicht mit Zitronensaft beträufelt zu werden. Eine Kugel Vanilleeis daneben anrichten. Eventuell übriggebliebenen Kuchen oder Schokoladenplätzchen zu Crumbles zerbröseln und über das Eis geben.

Auf ins Neue Jahr

Auch in Italien werden Braten geschätzt, in diesem Fall ein gefülltes Hähnchen. Dazu gibt es frittierte Gemüsebällchen namens Pettole.

(Rezepte ab Seite 144)

MONDÄNE SERVIERMETHODE

Man kann eine Champagnerpyramide auch mit Sektflöten aufstellen, aber das ist viel schwieriger als mit Schalen. Hier stehen 14 Gläser aufeinander, für die Sie etwa drei Flaschen Sekt, Schaumwein, Prosecco, Franciacorta oder Champagner brauchen.

LET'S HAVE A PARTY!

Am 31. Dezember findet das letzte Fest des Jahres statt und geht in das erste über. Eine tolle Gelegenheit, das Haus noch einmal erstrahlen zu lassen.

Rote Nikoläuse gehen, Engel dürfen bleiben. Grüne Tannenzweige machen schimmernden Dekoblättern Platz. Und Kerzenschein ist ohnehin immer schön.

STILLE NACHT WIRD STILVOLLE NACHT

Weihnachtliche Dekoration kann schnell für Silvester umgewandelt werden. Auch hier gilt: Wer in einer Farbwelt bleibt und sich zum Beispiel an der vorhandenen Einrichtung orientiert, erzielt einen eleganten Look, wie hier mit den silberfarbenen Blättern.

WER SCHREIBT, DER BLEIBT

Vielleicht haben Sie sich in der Adventszeit dem Handlettering gewidmet *(siehe Seite 51)*? Diese schöne Technik kann das ganze Jahr eingesetzt werden, etwa für hübsche runde Platzkärtchen mit guten Wünschen fürs neues Jahr.

HULA-HOOP

Ein mit goldener Farbe besprühter Reifen mit Samtbändern ist die raffinierte Variante einer Pinnwand für Weihnachtskarten und Neujahrswünsche. Auf dem messingfarbenen Servierwagen finden Gläser und Sektkühler ein schönes Plätzchen.

▲
ENTSPANNUNGS-BAD

Für den Silvestertag oder den 1. Januar, in Vorbereitung auf die Feier oder zum Relaxen danach: Ein duftendes Bad in einem dekorierten und mit Kerzen stimmungsvoll beleuchteten Raum belebt die Geister.

◀
EINLADUNGS-SCHREIBEN

Ein Hauch von Golden Twenties: Verschicken Sie doch mal Einladungskarten im Art Déco-Stil. Damit setzen Sie schon das erste Ausrufezeichen für einen schwungvollen Jahreswechsel!

▶
HERZENS-ANGELEGENHEIT

Wer mit minimalistischem oder Japandi-Style lebt, muss sich an Weihnachten und Neujahr nicht verbiegen. Auch ein kleines Arrangement aus Papiersternen, Vasen und Blüten wirkt außerordentlich festlich.

Jedes Jahr werden gute Vorsätze gefasst und rasch verworfen. Setzen Sie sich wirkungsvollere Ziele als einen Marathon zu laufen. Zum Beispiel: auf jeden negativen Gedanken mindestens drei positive. Ein Glückstagebuch hilft dabei.

◀

JA IST DENN HEUT SCHON ...

... Frühling? Mit diesem Stillleben aus Grüntönen und gläsernen Bechern, Platten, Vasen und Karaffen liegt er beinahe in der Luft. Die gesunden Selleriestangen werden mit Dip als Fingerfood gereicht. Auch wenn erst Silvester ist.

▶

SMART VERDOPPELT

Wer zum Tanz auffordern möchte, bringt am besten alle Kerzen an einem Platz in Sicherheit. Auf einem Konsoltisch kommen sie wunderbar zur Geltung, durch den großen Spiegel sogar doppelt.

HÜTTENTRAUM
Wer würde den Jahreswechsel nicht gern in einer solchen Hütte an einem See verbringen, mit verschneiten Wäldern ringsherum und funkelnden Sternen am Firmament?

EINE GLANZVOLLE TAFEL

Die einen wählen edle Tischwäsche, die anderen dekorieren liebevoll, wieder andere halten es ganz simpel. Zum Glück gibt es kein Patentrezept für festliche Silvesterstimmung.

KINDHEITSERINNERUNG

Wissen Sie noch? Die weißen Schneebeeren ploppen ganz leicht, wenn man drauftritt. Am Tisch auf der Serviette *(Bild oben)* lieber im Ganzen lassen. Der Zapfen sieht zwar äußerst schmuck im Suppenteller aus, sollte sich aber vor dem Servieren zu den Kerzen gesellen *(Bild unten)*.

SPIEL MIT KONTRASTEN

„Leinen knittert edel", heißt es gern, und ehrlich gesagt ist es auch kaum möglich, eine Leinentischdecke faltenfrei auf den Tisch zu bringen. Darum lieber gleich aus der Not eine Tugend machen und reizvolle Kontraste schaffen: der grobgewebte Stoff trifft auf polierte Gläser, rustikales Geschirr auf die grafischen Formen der goldfarbenen Tannenbäumchen. Der sanfte Schein von Kerzen und Windlichtern hält alles zusammen.

RUSTIKAL GEMÜTLICH

Wer den Jahreswechsel auf einer Hütte begeht, nimmt nur das Nötigste mit: warme Kleidung, leckeres Essen, feine Getränke und natürlich die besten Freunde oder die Familie. Wenn der Silvesterabend kommt, leuchten die Kerzen auf dem Tisch, die Wangen vom Schneespaziergang und die Augen angesichts der einfachen, aber toll angerichteten Snacks und Speisen.

KNALLBONBONS AUS PAPIER

Ohne eine Portion Glitzer ist eine Party doch nicht vollständig. Dieses Mal kommt er aus solchen Papierbonbons. So basteln Sie die garantiert ungefährliche Silvesterknallerei einfach selbst:

Sie brauchen dafür:
Leere Küchenrollen, feines, farbiges Krepppapier, Schnur oder Bänder, Sägemesser, Schere, transparentes Klebeband, Füllmaterial nach Wunsch: Glitzer, Konfetti, Sternchen, Süßigkeiten, winzige Glücksschweinchen ...

Anleitung:
Von den leeren Küchenrollen mit einem scharfen Brotmesser Stücke abschneiden, immer aus zwei Stücken ein Bonbon machen. Papier drumherum wickeln, nicht in der Mitte mit Klebestreifen fixieren, sondern mit zwei Streifen (damit das Bonbon in der Mitte aufreißen kann). Papier an einer Seite verdrehen und zubinden. Füllmaterial hineingeben, auch den anderen „Bonbonzipfel" zubinden. Einen Testlauf machen. Wenn das Papier nicht leicht reißt, mit einer Nadel in der Mitte eine Perforationsnaht einstechen.

EINFACH UND DOCH VERSCHWENDERISCH

Gastgeber mit Liebe fürs Theater oder einem Hang zu Dramatik dürften sich für ein solches Arrangement begeistern: verwegen drapierte Tischdecken, wie vom Alten Meister gestapeltes Obst, dunkel aromatisierter Schaumwein in dünnen Schalen, und das alles bei funkelndem Kerzenlicht.

◀

FARBENFROH UND GESUND

5 Teile gekochte, gewürfelte Rote Bete mit 1 Teil zerbröckeltem Feta in einen Mixer geben, evtl. etwas Olivenöl dazugeben. Schon ist der hübsche rote Aufstrich für die Pumpernickel-Happen fertig. Mit gerösteten Sonnenblumenkernen wird er noch aromatischer. Darauf kommen ein Stückchen Weichkäse, eine Rosine und Pfeffer aus der Mühle.

▲

HERZHAFTES POPCORN

Selbst gemachtes Popcorn mit angebratenem, klein geschnittenen Speck mischen und mit Ahornsirup servieren – köstlich!

▼

TAKE IT EASY

Datteln im Speckmantel sind schnell gemacht, ebenso belegte Ecken aus gekauftem Blätterteig. Der Gurkensalat im Glas mit Joghurt, Minze, Dill und Sahnehäubchen sorgt für ein frisches Element im Fingerfood-Reigen.

▼

LECKER ECKIG

Die Dinkelkekse sind aus einem schnellen Mürbteig ohne Hefe gemacht und mit Fleur de Sel bestreut: 150 g Mehl und 100 g Margarine mit etwas Salz zu einem Teig kneten, 30 Minuten kalt stellen, danach ausrollen, formen und auf Backpapier bei 200 °C ca. 7 Minuten backen.

APPETIZER UND FINGERFOOD

Mit Häppchen zum Aperitif kann man richtig Eindruck schinden – egal, ob sie ganz simpel gemacht sind oder wie kleine Kunstwerke aussehen.

BLÄTTERTEIGKISSEN MIT LACHS

Zutaten für ca. 40 Stücke:
2 Rollen Blätterteig | 1 Ei | 200 g Räucherlachs
Sahnemeerrettich | Frühlingszwiebeln

Den Ofen auf 200 °C Ober-/Unterhitze vorheizen, ein Blech mit Backpapier belegen. Den ersten Blätterteig ausrollen und mit Wasser bestreichen, den anderen Teig auflegen. Oberseite mit dem verquirlten Ei bestreichen. Teig in Vierecke von 3 x 3 cm schneiden. Jedes Quadrat zweimal mit einem Zahnstocher einstechen. Teigstücke mit ausreichend Abstand auf das Blech legen und ca. 12 Minuten backen. Abkühlen lassen. Lachs in feine Streifen schneiden, Frühlingszwiebel waschen, putzen und in feine Ringe schneiden. Fertige Kissen mit Sahnemeerrettich bestreichen, ca. 1 TL Lachs auf jedes Kissen drapieren, mit Frühlingszwiebeln garnieren.

TATAR-HÄPPCHEN MIT SENFKAVIAR

Zutaten für ca. 20 Stücke:
200 g Rinderfilet | 1 kleine Zwiebel | 1 Essiggurke | 1 TL Kapern
1 TL Senf, auch zum Bestreichen | 2 TL Ketchup
2 TL Schnittlauchröllchen | Salz | Pfeffer | 3 EL Olivenöl
2–3 Scheiben eines großen Sauerteigbrots
eingelegte Senfkörner

Rinderfilet fein hacken oder beim Metzger wolfen lassen. Zwiebel, Essiggurke und Kapern in kleine Würfelchen schneiden. Diese Zutaten mit Senf, Ketchup, Schnittlauchröllchen, Salz, Pfeffer und Olivenöl vermengen. Brot in mundgerechte Quadrate schneiden, mit Senf bestreichen, ca. 10 g Tatar auf jedes Stück geben. Mit Senfkörnern dekorieren.

PUTENSALAT IM GLAS

Zutaten für 4 Gläser:
250 g gegartes Putenfleisch
Salz
Pfeffer
2 EL Mayonnaise
6 halbierte Walnüsse
2 Kopfsalatherzen
Pfeffer aus der Mühle
2 kleine Karotten

Das Putenfleisch kleinzupfen, mit Salz und Pfeffer würzen und mit der Mayonnaise vermengen. Die Walnüsse in einer kleinen Pfanne ggf. etwas anrösten. Kopfsalatherzen halbieren in vier kleine Gläser geben. Den Putensalat mit je drei Walnusshälften mischen und auf die Gläser verteilen, nochmal Pfeffer aus der Mühle darüber mahlen. Die Karotten schälen, dabei ein wenig vom Grün stehen lassen, halbieren und in die Gläser stecken.

Tipp:
Diese relativ neutrale Kleinigkeit lässt sich auch mit Hühnerfleisch oder Kalbfleisch zubereiten. Statt der Karotte passt auch eine fruchtige Note gut dazu, etwa Mandarinen aus der Dose.

BLÄTTERTEIGFINGER MIT KÄSE UND MOHN

Zutaten für 12 Stück:
1 Rolle Blätterteig
1 Eigelb
1 EL Milch
1 TL Tomatenmark
100 g geriebenen Käse
Salz
Mohn

Den Blätterteig vor dem Verarbeiten 15 Minuten bei Zimmertemperatur liegen lassen, entrollen und in 12 Stücke schneiden. Eigelb und Milch verquirlen und den Teig dünn bestreichen, dann etwas Tomatenmark dazugeben. Den Käse reiben, darauf verteilen und ggf. etwas andrücken. Die Streifen nun verdrehen, sodass Stangen entstehen. Mit dem restlichen Milch-Eigelb-Mix bestreichen. Salz und Mohn darüber streuen. Die Stangen auf ein mit Backpapier ausgelegtes Backblech legen. Im vorgeheizten Ofen (200 °C Umluft, 220 °C Ober-/Unterhitze) ca. 8–12 Minuten backen.

FESTLICHE REISBÄLLCHEN

Zutaten für 20 Stück:
1 kleine Zwiebel | 1 EL Butter | 200 g Rundkornreis
550 ml Gemüsebrühe | 2 junge Lauchzwiebeln
1 rote Chilischote | Salz | weißer Pfeffer aus der Mühle
1 EL Tomatenmark | 40 g geriebener Parmesan |
2 Eier | 1 EL fein gehackte Basilikumblätter
3–4 EL Mehl zum Wenden | Pflanzenöl zum Ausbacken
20 schwarze, entsteinte Oliven

Die Zwiebel abziehen und fein würfeln. In einem Topf die Butter erhitzen und die Zwiebel darin hell anschwitzen. Den Reis dazugeben und kurz unter Rühren mitgaren, dann die Brühe zugießen und alles ca. 18 Minuten köcheln lassen. Inzwischen die Lauchzwiebeln waschen, putzen und in feine Ringe schneiden. Chilischote waschen, putzen und sehr fein würfeln. Den Reis von der Hitze nehmen, leicht salzen und pfeffern, dann Tomatenmark, Parmesan, Chiliwürfel, Eier und Basilikum untermischen. Die Masse abschmecken, jeweils etwa 2 bis 2,5 EL abnehmen, mit befeuchteten Händen zu Bällchen formen und in Mehl wenden. In einem Topf reichlich Öl erhitzen, die Bällchen darin portionsweise goldbraun ausbacken und auf Küchenpapier setzen, damit das Fett aufgenommen wird. Die Bällchen jeweils mit einer schwarzen Olive auf Spieße stecken und servieren.

SCHINKENRÖLLCHEN MIT FEIGEN UND KÄSE

Zutaten für 20 Röllchen:
10–20 Scheiben getrockneter Schinken (je nachdem, wie breit die Scheiben sind)
20 TL Frischkäse (Schaf oder Ziege)
5 Feigen

20 Streifen vom Schinken vorbereiten, größere Scheiben ggf. längs halbieren. Je einen Teelöffel Frischkäse an einem Ende aufstreichen. Feigen waschen und putzen, vierteln (große Feigen noch kleiner schneiden). Je ein Viertel der Feige auf den Käse legen, den Schinken einrollen.

Tipp:
Serranoschinken ist oft zu dick für diese Zubereitungsart. Geeignet sind Parmaschinken, Bresaola oder Bündnerfleisch, aber auch Speck, wenn er keine Gewürzkruste hat.

ABWECHSLUNG AUF DER GABEL

Es muss nicht immer (nur) Fleisch sein. Im Fondue mit Brühe gelingen auch Gemüsesorten wie Wirsing, Kohl und Kürbis gut.

FONDUE

Geselligkeit ist das Motto beim Fondue, denn beim gemeinsamen Tunken kommt man sich automatisch näher. Ursprünglich aus den Westalpen stammend, wo viele Menschen Milchwirtschaft betrieben, bezeichnete *Fondue* beziehungsweise *Fonduta* ein Gericht mit geschmolzenem Käse. Erst nach und nach wurde die Bedeutung erweitert, heute wird in den Töpfen auch Brühe, Öl, Wein oder sogar Schokolade erhitzt.

Das Winteressen ist auf jeden Fall ein Happening, das Kindern wie Gästen Spaß macht und gern an Weihnachten oder Silvester zelebriert wird. Mit kleineren Kindern sollte man vielleicht kein Fondue mit 180 °C heißem Öl veranstalten, das aus dem Topf spritzen kann. Auch das Angeln mit Stäbchen bei asiatischen Rezepten will gelernt sein (gilt allerdings auch für Erwachsene). Kleine Metallkörbchen sind generell äußerst dankbare Helfer. Zum einen, wenn jemand ein Stück Gemüse oder Fleisch im Topf verloren hat, zum anderen, wenn das Fondue offener gestaltet wird: Beim japanischen *Shabu shabu* etwa werden Teigtaschen, Garnelen und kleingeschnittenes Gemüse in den Topf gegeben und jeder nimmt sich, was er möchte. Nur das ganz dünn geschnittene Rindfleisch zieht jeder selbst durch die kochende Brühe.

Noch spielerischer und spannender wird ein Fondue-Essen, wenn man vorher Strafen für denjenigen festlegt, der etwas im Topf verliert. Früher hat Schnaps dabei eine nicht unwesentliche Rolle gespielt, doch der Alkohol lässt Käse im Magen eher verkleben. Wie wäre es stattdessen mit einem originell formulierten Toast aufs Neue Jahr oder einem Tänzchen um den Tisch?

DAS RICHTIGE GERÄT

Caquelon heißt der Fonduetopf, der aus Steingut, Keramik, Gusseisen oder Porzellan bestehen kann. Das Material leitet die Hitze der Wärmequelle gleichmäßig, sodass der Käse nicht anklebt. *Ein Rezept für französisches Käsefondue finden Sie auf Seite 145.*

RAFFINIERT GEROLLT

Beim Fondue Chinoise wird in Bouillon gegart. Da sie keinen markanten Eigengeschmack hat, kann man bei den Einlagen in die Vollen gehen. Hier sind die Rindfleischstreifen mit hauchdünn geschnittener Karotte und Knollensellerie zu kleinen Rouladen geformt.

▶
PROBIER'S MAL ...
... mit Polenta: Auch sie lässt sich, in Würfel geschnitten, prima ins Fondue dippen. Die Zubereitung ist denkbar einfach: 250 g Maisgrieß in 1 l Wasser geben, auf dem Herd köcheln, dann ziehen lassen. Fürs Fondue darf die Konsistenz ruhig fest sein.

▲
VIER GEWINNT
Drei kräftige Käsesorten kommen in dieses italienische Fondue, und zusätzlich Mascarpone. Dazu passt ein frischer Weißwein, etwa der Rebsorte Grillo. Natürlich darf es auch ein Riesling oder Weißburgunder sein. *Dieses Rezept finden Sie auf Seite 145.*

◀
EINEN KORB GEBEN
Beim asiatischen Fondue wird mit Stäbchen gegessen – allerdings nur die großen Stücke. Das klein geschnittene Gemüse gibt man einfach in die Brühe und fischt es mit kleinen Körbchen wieder heraus. *Dieses Rezept finden Sie auf Seite 145.*

▶ FONDUE MIT SPECK UND CHAMPIGNONS

Für diese Variante des Fondues werden die Käsesorten Greyerzer und Emmentaler mit gewürfeltem Speck vermischt – eine sehr kräftige Kombination. Dass die Champignons und Baguette-Happen eher neutral schmecken, stört in diesem Fall gar nicht *(Rezept auf Seite 146)*.

▶ HEISS UND SÜSS

Schokoladenfondue – ob hell oder dunkel – begeistert nicht nur Kinder. Zum Eintauchen eignet sich trockener Christstollen oder anderes, nicht zu bröseliges Gebäck, das sich aufspießen lässt, und natürlich auch Obst. Etwas leichter wird es mit Vanillecreme: Eine Vanilleschote aufschneiden und das Mark herauskratzen. Mark und Schote in einem Topf mit 500 ml Milch unter Rühren aufkochen, dann von der Hitze nehmen und etwas abkühlen lassen. Vier Eigelb und 100 g Zucker verquirlen. Langsam mit der Vanillemilch verrühren. Für das Fondue eine kleine Hitzequelle verwenden, die Creme darf nicht kochen.

Beim Fondue kann man seine spielerische Seite ausleben und sich sein Menü selbst zusammenstellen.

VORHANG AUF FÜRS NEUE JAHR

Schaumwein und Champagner haben ihren großen Auftritt in einem Sektkühler. Silberfarbene Sterne verleihen der Inszenierung vor dem dunklen Samtvorhang einen mondänen Glanz. Glas, Schale oder Flöte? Wie das Getränk gereicht wird, bleibt ganz den Gastgebern überlassen.

SEKT UND PRICKELNDES

Perlende Getränke schmecken pur in schönen Gläsern, aber auch in Begleitung fruchtiger Zutaten wie Sirup oder frischem Obst.

Es muss nicht immer Prosecco sein! Schauen Sie sich im immer größer werdenden Angebot von Schaumweinen aus Deutschland um. Werden sie nach der Méthode champenoise herstellt, sind sie genauso edel wie ihre Pendants aus Frankreich.

CRANBERRY-SPRITZ-COCKTAIL

Der beliebte Sommerdrink in der Winteredition: Prosecco oder Champagner, Aperol und Cranberry-Sirup auf die Eiswürfel in einem Sektkelch geben. Mit sprudelndem Wasser auffüllen. Zu süß? Ein Schuss Cranberry-Saft bringt Säure ins Spiel.

GOLD IM UND UM DAS GLAS

Kleine Orangenecken (an die Glasöffnung anpassen!) bringen den Sekt zum Perlen. Falls noch weihnachtliche Zimtsterne übrig sind: Sie passen genauso gut zur Party wie die goldfarbene Deko, die vom Baum auf den Tisch umzieht.

WOW!
WO HAST DU DAS REZEPT HER?

Während an Weihnachten oft traditionell gekocht wird, darf es an Silvester gern etwas Ausgefallenes sein. Wenn auch noch eine ästhetische oder spielerische Komponente dabei ist – umso besser!

GUT GEWÜRFELT

Muskatkürbis, Butternut- oder Hokkaido-Kürbis in Würfel schneiden und bei 180 °C (Ober-/Unterhitze) 10–15 Minuten im Ofen garen. Herausnehmen, noch warm in eine Marinade aus Apfelsaft, Walnussöl und Salz geben, 5 Minuten ziehen lassen, dann je vier der Würfelseiten in Mohn und Sesam wälzen und kleine Gabeln hineinstecken.

AUF DEM GOLDTABLETT SERVIERT

Das sieht ja aus wie bei einem Hollywood-Bankett! So hinreißendes Fingerfood verdient einen großen Auftritt mit Lichterkette: Brioche-Schnecken mit Trüffel, Pumpernickel-Häppchen mit Blauschimmelkäse sowie herzhafte Cannoncini *(Rezepte ab Seite 146)*.

HERZHAFTE KNALLBONBONS

Ihre Form fällt auf, ihre Füllung begeistert: Servieren Sie das charmante Kleingebäck zum Beispiel zusammen mit den ‚richtigen' Knallbonbons an Mitternacht *(DIY siehe Seite 110)*. Die Füllung besteht im Wesentlichen aus Frischkäse, den Sie ganz nach Gusto aromatisieren können *(Rezept siehe Seite 147)*.

KNÄCK: NASCHEREI AUS SCHWEDEN

Zutaten für 12 Portionen:
200 g Zucker
300 g Sirup
200 g Sahne
1,5 EL Butter

Alle Zutaten in einen Topf geben und aufkochen lassen. Unter regelmäßigem Rühren etwa 20 Minuten auf der Hitze lassen, bis die Masse immer zäher wird.
In Schweden gibt es Papierförmchen zu kaufen, die ein wenig wie Muffin- oder Konfektformen aussehen und „Knäckformar" heißen. Sehr hübsch sieht es aber auch aus, kleine Tüten aus Backpapier zu formen, die Masse hineinzufüllen, mit Spießchen zu versehen und die Nascherei als Lolli zu servieren. In der norwegischen Variante werden gehackte Mandeln eingerührt.

POCHIERTE ROTWEINBIRNEN

Zutaten für 4 Stück:
500 ml trockener Rotwein
100 g Zucker
1 Stange Zimt
1 Sternanis
4 nicht zu reife Birnen

Den Rotwein mit 150 ml Wasser, Zucker, der Zimtstange und dem Sternanis in einem großen Topf aufkochen, dann 10 Minuten köcheln lassen. Den Boden der Birnen abschneiden und die Früchte vorsichtig von unten entkernen. Der Stiel bleibt erhalten. Birnen schälen, dann in den Topf legen. Sie sind etwa zur Hälfte mit der Rotweinmischung bedeckt. Ca. 10 Minuten köcheln lassen und dabei immer wieder wenden, damit sie gleichmäßig garen und die Farbe annehmen. Birnen vorsichtig aus dem Topf nehmen. Beim Servieren auf einen Spiegel des aromatisieren, warmen Weins setzen.

CHAMPAGNER-EIS MIT FRUCHTPÜREE UND SCHOKOLADENSAUCE

Zutaten für 8 Portionen:

Für das Eis
250 g Puderzucker | 2 Blatt weiße Gelatine
ca. 320 ml Champagner (Prosecco, Schaumwein) | Alufolie
Für die Saucen
200 g gefrorene Früchte (Himbeeren, Beerenmix) | 150 g Schokolade (weiß oder dunkel) | 150 g Sahne

150 g Zucker in 150 ml Wasser erhitzen, bis sich der Zucker auflöst. Die Gelatineblätter in kaltem Wasser einweichen, ausdrücken, im warmen Zuckerwasser auflösen. Etwas abkühlen lassen, dann den Champagner dazugeben und umrühren. Den Mix in Espressotassen füllen, mit Alufolie bedecken und diese kräftig am Tassenrand andrücken. Nun kleine Löffel mittig durchstechen. Über Nacht einfrieren.
Himbeeren leicht antauen lassen, mit 100 g Puderzucker mixen. Durch ein Sieb streichen, um ein samtiges Püree zu erhalten. Schokolade grob hacken und mit der Sahne über dem heißen Wasserbad schmelzen, erkalten lassen, aber nicht kaltstellen. Das Eis herauslösen und mit der Himbeer- und Schokoladensauce zum Eintunken servieren.

AUSTERNCEVICHE MIT LIMETTEN UND BRETONISCHEM PASTIS-ANISSCHNAPS

Zutaten für 4 Portionen:

8 Austern | grobes Salz | 1 Limette | 4 g Schnittlauch
1 Msp. Meersalz | ½ TL Honig | 1 Prise weißer Pfeffer
2 EL Traubenkernöl | 10 ml Pastis

Austern kalt abbrausen, kurz abtropfen lassen, dann öffnen und das Muschelfleisch auslösen. Die Schalen trockentupfen und auf ein Bett aus grobem Salz setzen. Das Austernfleisch trockentupfen und in Stücke schneiden. Limette mit dem Messer schälen, sodass die weiße Schalenhaut ganz entfernt ist, das Fruchtfleisch filetieren und in kleine Würfel schneiden. Schnittlauch abbrausen und in feine Röllchen schneiden, Spitzen zum Garnieren beiseitelegen. Austern mit Limette, Schnittlauch, Meersalz, Honig, Pfeffer und Öl vermengen und abschmecken. Zuletzt den Pastis unterziehen und die Ceviche in den Austernschalen anrichten. Mit den Schnittlauchspitzen garnieren und sofort servieren.

Kein Sorbet, sondern Zuckerwatte überrascht hier als Begleiterin des Rosé-Champagners.

(Rezept auf Seite 148)

DRINKS FÜR SILVESTER – KLASSIKER UND NEUENTDECKUNGEN

Kenner wissen es schon lange: Ein Drink – sei er nun traditionell oder ganz überraschend – kann Erinnerungen wecken (an legendäre Barbesuche, Begegnungen oder Reisen) und neue schaffen (am besten an Ihre Party). Wenn Sie an Silvester Cocktails & Co. servieren möchten, beschäftigen Sie sich im Vorfeld mit den Gläsern, die sie bereits haben, und dem Zubehör, das sie eventuell brauchen (Shaker, Sieb, Jigger, Muddler, Eiszange ...), außerdem natürlich mit ihren favorisierten Spirituosen. Wenn sich die Gäste rund um Ihre Kücheninsel versammeln, können Sie ruhig Kreationen auswählen, die diverse Schritte erfordern. Warten die Gäste im Wohnzimmer, sollten Sie vielleicht nicht so lange fürs Mixen brauchen. Besonders schön ist es, wenn die Getränke Aromen der Winter- und Weihnachtszeit aufnehmen, etwa Lebkuchen oder Zimt.

EISWÜRFEL MIT SÜSSEM HERZEN

Sie veredeln Spritz und Fizz: Eiswürfel mit Himbeeren oder anderen dekorativen Früchten. Wer außerdem mit Litschis (aus der Dose) arbeitet, mischt deren Sirup mit in die Eiswürfel.

SUPER(FOOD)BOWL

Allein seine hinreißende Farbe spricht schon für den Cranberry-Punsch, der ein wenig wie ein Glühwein hergestellt wird *(Rezept auf Seite 148)*.

CREMELIKÖR MIT KAKAOPULVER

Zutaten für 2 Drinks:
100 ml cremiger Haselnusslikör
150 g Sahne
1 TL Kakaopulver zum Besieben

Den Haselnusslikör in 2 Likörschalen (ca. 150 ml) geben. Die Sahne zugießen und kurz unterrühren.
Eine Teigkarte auflegen und jeweils einen Streifen Kakaopulver dick daraufsieben. Den Cremelikör rasch servieren.

Dieser lecker-cremige Drink kann schon mal das Dessert ersetzen.

WEIHNACHTS-MARTINI MIT LEBKUCHENSIRUP UND ESPRESSO

Zutaten für 1 Portion:
½ EL Zucker, braun
50 ml Wodka
20 ml Lebkuchensirup
20 ml kalter Espresso
Eiswürfel

Ein Martiniglas (ca. 200 ml) am oberen Rand anfeuchten und in den Zucker dippen. Wodka, Lebkuchensirup und Espresso mit 1–2 Eiswürfeln in einen Shaker geben und kräftig schütteln. Durch ein Sieb ins Glas gießen und servieren.

Eigentlich ein Wodkatini, besticht dieser Drink durch seine Süße. In der Regel ist Martini deutlich trockener und herber.

ROSMARIN-GRAPEFRUIT-MOCKTAIL

Zutaten für 1 Drink:
1–2 EL Granatapfelkerne
1 Grapefruitscheibe
200 ml Sprudelwasser
Eiswürfel
1 Zweig Rosmarin

Granatapfel waschen und aufschneiden, Kerne vorsichtig herauslösen (Saft färbt stark – ggf. mit Küchenschürze arbeiten!) und in ein Schälchen geben. 1–2 EL der Granatapfelkerne in ein Tumblerglas geben, nach Belieben Eiswürfel ergänzen. Grapefruit heiß abwaschen, in Scheiben schneiden, eine Scheibe in jedes Glas geben. Mit Sprudelwasser auffüllen und mit Rosmarin garnieren. Wer mehr vom Rosmarin im Drink schmecken möchte, aromatisiert vorab das Wasser mit ein paar Zweigen – einfach ein paar Stunden in der Flasche lassen.

MINCEMEAT-PIE-COCKTAIL

Zutaten für 2 Drinks:
40 ml brauner Rum
200 ml Apfelsaft
20 ml Grenadine
1 EL Zitronensaft
½ TL Lebkuchengewürz
125 g Sahne
Zimtpulver zum Bestäuben

Den Rum mit Apfelsaft, Grenadine, Zitronensaft und Lebkuchengewürz im Shaker mixen und in 2 Cocktailgläser (ca. 200 ml) gießen.
Die Sahne nur leicht cremig rühren und über einen Löffelrücken auf den Drink laufen lassen. Mit etwas Zimt bestäuben und servieren.

Gut zu wissen:
Achtung, leicht zu verwechseln: *minced meat* bedeutet Hackfleisch auf Englisch, *mincemeat* ist aber eine Füllung aus gehackten (Trocken-) Früchten und Nüssen, mit der die traditionellen weihnachtlichen Pies gefüllt werden. Der Cocktail bringt diese Geschmackswelt durch das Lebkuchengewürz hervor.

Dieses Frühstück bringt Schwung für den Neujahrsmorgen: Baguette mit leichtem Frischkäse und Kräutern, ein kleines Müsli mit Beeren, etwas Obst und frischgepresster Saft.

Der Morgen im Neuen Jahr

TEUFLISCH GUT

Ein amerikanischer Klassiker sind die „Deviled Eggs“. Das Eigelb der gekochten Eier wird mit Senf und Mayonnaise vermischt und mit Tabasco und Chilipulver gewürzt.

BRUNCH

Alles kann, nichts muss. Wer lieber ein Brot isst, wie zum Frühstück, ist herzlich dazu eingeladen. Warme Komponenten wie Suppe oder Pinsa erweitern die Palette Richtung Mittagessen.

Pure Entschleunigung: Man trifft sich am späten Vormittag, öffnet noch ein Fläschchen Prickelndes vom Vorabend und probiert hier einen Happen, dort einen Bissen. Über einem Kaffee oder Tee lässt sich wunderbar über das Vergangene und das Kommende sinnieren.

KULTURERBE AUF DEM TELLER

Haben Sie gewusst, dass deutsche Brotkultur zum immateriellen Kulturerbe gehört? Es gibt über 3000 verschiedene Sorten, und es werden stetig mehr.

WINTERLICHE FRUCHTSCHNITTEN

Hefeteig, frisches Obst und ganz viel Nuss – was ein wenig wie ein Müsliriegel aussieht, ist in der Weihnachtsedition ein ebenso leckerer wie reichhaltiger Snack *(Rezept siehe Seite 148).*

◀

DER LIEBLING AUS DEM ELSASS

Sie haben in der Adventszeit und über Weihnachten gekocht und gebacken, was das Zeug hält und nun keine Lust mehr auf komplizierte Gerichte? Oder bekommen spontan Gäste, denen Sie etwas Originelles anbieten möchten? Flammkuchenteig gibt es auch fertig zu kaufen, und er ist ungeheuer variabel. Der Klassiker mit Crème fraîche ist mit Speckwürfeln bestreut, aber auch eine Machart mit gehobeltem Rotkraut, Ziegenkäse, Walnüssen und feinen Frühlingszwiebelringen sieht gut aus und schmeckt noch besser.

▶

PANETTONE KANN AUCH PIKANT

Eigentlich bleibt von dem italienischen Kuchen selten etwas übrig. Falls aber doch – oder falls Sie extra für den Neujahrsbrunch einen zurückgelegt haben –, bietet sich dieser opulente Sandwichturm an. Schneiden Sie den Panettone waagrecht in Scheiben und legen Sie sie nebeneinander, ggf. vierteln. Nun eine Kuchenschicht auf eine Tortenplatte legen – darauf packen Sie alles, worauf Sie Lust haben, Schinken, Käse, Salami, eingelegtes Gemüse ... die nächste Kuchenschicht auflegen und gleich – ohne Füllung dazwischen – eine weitere. So verfahren, bis Sie oben die Haube aufsetzen können.

▼

GEHT IMMER, GEHT SCHNELL

Gekaufter Teig (Blätter-, Pizza-, Filoteig) ist eine Allzweckwaffe für viele Gelegenheiten. Kleine Käsecracker mit Schinken, Tomate, Rucola und gerösteten Pinienkernen sind schnell gemacht und erfreuen große wie kleine Gäste.

BLUMENKOHLCREMESUPPE MIT SALBEI

Zutaten für 4 Portionen:
2 Schalotten | 2 Knoblauchzehen | 2 Zweige junger Thymian
1 Stange Lauch | 1 Blumenkohl, ca. 1 kg | 2 EL Butter
1 EL Olivenöl | 1 TL fein gehackter Salbei | 1 l Gemüsebrühe
200 ml Milch | 50 g Sahne | 50 g geriebener Parmesan | Salz
schwarzer Pfeffer aus der Mühle | Cayennepfeffer
Zum Fertigstellen
Salz | 1–2 Stängel Salbei | 2 EL Olivenöl, auch zum Beträufeln

Schalotten und Knoblauch abziehen und fein würfeln. Thymian waschen, trockenschütteln und die Blätter abzupfen. Lauch waschen, putzen und in Ringe schneiden. Blumenkohl putzen, in Röschen teilen, waschen und abtropfen lassen. Vier mittelgroße Röschen beiseitelegen. In einem großen Topf Butter mit Öl erhitzen, Schalotten und Knoblauch darin anschwitzen. Lauch, Thymian und Salbei dazugeben, ca. 3 Minuten mitbraten. Blumenkohl zufügen und kurz mit angehen lassen, dann mit Brühe ablöschen. Alles 25–30 Minuten garen, bis der Blumenkohl weich ist. Milch und Sahne zugießen, alles fein pürieren, den Parmesan unterrühren. Die Suppe mit Salz, Pfeffer und Cayennepfeffer abschmecken und warmhalten. Zum Fertigstellen die beiseitegelegten Blumenkohlröschen in Salzwasser in ca. 4 Minuten bissfest garen, abschrecken und abtropfen lassen. Salbei waschen, die Blättchen abzupfen und trockentupfen. In einer Pfanne Öl erhitzen, die Röschen halbieren und auf der Schnittfläche anbraten und bräunen. Die Suppe in tiefe Teller verteilen, mit dem gebratenen Blumenkohl toppen, mit Salbeiblättern garnieren, mit Pfeffer übermahlen, mit Chiliflocken bestreuen und ein paar Tropfen Olivenöl darübergeben.

FEIGEN MIT PARMASCHINKEN

Zutaten für 4 Portionen:
3 reife Feigen
2 Kugeln Büffelmozzarella
150 g Parmaschinken
Olivenöl
Salz, Pfeffer
Basilikumblätter

Mozzarella grob zerrupfen und auf vier Teller verteilen. Die Feigen waschen und vierteln, je drei Viertel auf einen Teller rund um den Mozzarella legen. Parmaschinken ebenfalls in luftige Streifen zupfen und auf den Mozzarella legen. Mit Olivenöl beträufeln, mit Salz und Pfeffer würzen. Basilikumblätter waschen und trockentupfen, große Blätter zerrupfen; über die Vorspeise geben und servieren.

CHRISTIANSENS FUTJES

Zutaten für ca. 15 Stück:
¼ l Milch
75 g Butter
125 g Mehl
4 Eier
1 Schuss Rum
1 Prise Salz
1 TL Zucker
Abrieb einer halben unbehandelten Zitrone
200 g Mehl
1 Päckchen Trockenhefe
125 g Rosinen
Öl zum Frittieren

Außen knusprig, innen luftig: Die Hefebällchen „Christiansens Futjes" sind die perfekten Begleiter für Kaffee oder Tee. Zuerst Milch, Butter und Mehl in einem Topf erwärmen und vermengen, dabei entsteht eine Art Kloß. Diesen in eine Schüssel geben. Dann einzeln die Eier unterrühren und den Rum, Salz, Zucker, den Zitronenabrieb, Mehl, die Trockenhefe und die Rosinen hinzufügen. Öl in einem großen Topf mit hohem Rand erhitzen (nicht über 180 °C). Mit zwei Esslöffeln Bällchen formen und in das heiße Öl gleiten lassen. Wie Krapfen nacheinander frittieren. Zum Servieren einen Löffel Zucker auf jedem Teller geben; Futhes vor jedem Bissen „einstippen".

CHICORÉE MIT BLAUSCHIMMELKÄSE, SARDELLENTOAST

Zutaten für 4 Portionen:
Für den gefüllten Chicorée
120 g Chicorée | 50 g Blauschimmelkäse | 1 EL Frischkäse
1 EL Milch | Salz | weißer Pfeffer | 1 TL Zitronensaft
40 g Walnusskernhälften
Für den Sardellentoast
40 g eingelegte Sardellen | 2 Schalotten | 2 EL Olivenöl
1 EL gehackte Gartenkräuter | 100 g Vollkornbaguette
100 g Mozzarella | schwarzer Pfeffer aus der Mühle | 1 Prise Muskat

Chicorée putzen, waschen und trocknen. Blauschimmelkäse mit Frischkäse und Milch fein zerdrücken, mit Salz, Pfeffer und Zitronensaft würzen und abschmecken. Käsecreme in die Chicoréeblätter verteilen und mit Walnusshälften garnieren.
Sardellen abtropfen lassen und die Hälfte kleinhacken. Schalotten abziehen und fein würfeln. Öl in einer kleinen Pfanne erhitzen und Schalotten darin goldbraun braten. Vom Herd ziehen, Kräuter untermengen und abkühlen lassen. Den Ofengrill vorheizen. Baguette in Scheiben schneiden. Schalotten-Kräuter-Mischung mit gehackten Sardellen und Käse vermengen, mit Pfeffer und Muskat würzen und auf die Baguettescheiben verteilen. Mit den übrigen Sardellenfilets garnieren, auf ein Ofengitter setzen und unter dem heißen Grill 2–3 Minuten gratinieren, bis der Käse geschmolzen ist.

KNUSPRIGE PINSA

Im Unterschied zur Pizza besteht die Pinsa aus Sauerteig und mehreren Mehlsorten, ist deshalb besonders luftig, hat weniger Kalorien und ist besser verträglich. Wer den Teig selbst machen möchte, braucht gut 48 Stunden für die lange Teigführung. Ein wenig einfacher kann man es sich mit einer fertigen Pinsateig-Backmischung machen. Belegt wird die Pinsa nach Lust und Laune – zum Brunch etwa mit Käse und Salat, Tomate und Pesto.

BONBONS FÜR ALLE

... und sie müssen nicht immer süß sein: Für diesen pikanten Snack kommt eine Füllung aus Süßkartoffel und Feta in die Päckchen aus Filoteig *(Rezept auf Seite 149)*.

PANCAKES UND WAFFELN

Weich, süß, knusprig, variabel – die gebackenen Köstlichkeiten haben nur gute Eigenschaften, echtes Soulfood eben. Kein Wunder, dass Menschen sie seit Hunderten von Jahren essen.

WAFFEL-LIEBE

Damit beeindrucken Sie ihre Gäste garantiert: Lebkuchenwaffeln mit Eggnog-Eis und Ahornsirup *(Rezept siehe Seite 149)*.

PANCAKES

Für 4 Portionen:

4 Eier
4 EL Zucker
Salz
400 ml Milch
400 g Mehl
2 TL Backpulver
Öl zum Braten

Eier mit dem Zucker aufschlagen, dann unter Rühren die Milch dazugeben. Zwei Prisen Salz, Mehl und Backpulver hinzugeben und weiterrühren. Den glatten Teig 15 Minuten ruhen lassen. Etwas Öl in einer beschichteten Pfanne verteilen, auf mittlerer Stufe erwärmen. Mit einer Schöpfkelle Teig hineingeben – Menge dabei an die Pfanne anpassen – und ausbacken. Wenn der Teig kleine Blasen wirft, wenden. Dazu passen frische Früchte wie Blaubeeren, Ahornsirup, Honig oder auch Marmelade.

Tipp:

Apfelstückchen im Teig machen die Pancakes besonders saftig. Mit Zimt und Zucker ein Gedicht!

TISCHLEIN, ICH DECK DICH!

Festliche Tafeln, hinreißende Köstlichkeiten: Wer bei den stimmungsvollen Bildern in diesem Buch richtig Lust bekommen hat, kreativ zu kochen, findet hier noch mehr Rezepte!

ENTE MIT FEIGENAPFEL, SPECK-FRITTATA UND ROTKOHL *(Foto: S. 60/61)*

Zutaten für 4–6 Portionen:
1 Ente, ca. 2,2 kg, küchenfertig | Salz | schwarzer Pfeffer aus der Mühle
2 EL geschmolzene Butter
Für den Rotkohl
750 g Rotkohl | 1 Zwiebel | 1–2 Äpfel | 30 g Butterschmalz
1 EL Zucker | 4 EL Essig | Salz | 2 Lorbeerblätter | 3 Nelken
250–375 ml Flüssigkeit, z. B. Brühe, Rotwein, Apfelsaft
2–3 EL Preiselbeeren | schwarzer Pfeffer aus der Mühle
Für die Äpfel
4 säuerliche Äpfel | 2 Feigen | 2 EL Orangenmarmelade | 2 EL Butter
Für die Frittata
50 g durchwachsener Speck | 2 kleine Zwiebeln
2 EL Pflanzenöl | 6 Eier | Salz | schwarzer Pfeffer aus der Mühle
frisch geriebene Muskatnuss | 4 EL geriebener Parmesan | Butter

Den Ofen auf 180 °C Ober- und Unterhitze vorheizen. Die Ente waschen und trockentupfen. Innen und außen mit Salz und Pfeffer würzen und mit der Butter bepinseln. Auf dem Gitter im Ofen (Fettpfanne darunter) 1,5–2 Stunden garen.
Für den Rotkohl den Kohl putzen, hobeln, dabei vom Strunk befreien. Die Zwiebel und Äpfel schälen und fein würfeln. In einem weiten Topf das Butterschmalz erhitzen und den Zucker im Fett hell bräunen. Die Zwiebel- und Apfelwürfel zugeben und kurz andünsten. Den Kohl zufügen, dünsten, sofort etwas Essig darüberträufeln, salzen und gut durchmischen. Die restlichen Gewürze zugeben und etwas Flüssigkeit angießen. Das Gemüse bei mäßiger Hitze ca. 45 Minuten weich dünsten. Nach Bedarf etwas Flüssigkeit nachgießen. Vor dem Servieren mit Preiselbeeren, Essig, Salz und Pfeffer abschmecken.
Die Äpfel waschen, einen Deckel abschneiden und das Kerngehäuse mit einem Kugelausstecher entfernen. Die Äpfel am Boden für einen guten Stand leicht abflachen. Die Feigen waschen und vier schöne Scheiben herausschneiden. Übrige Feigen klein würfeln, mit der Marmelade vermengen und in die Äpfel füllen. Die Äpfel mit der Butter (in Flöckchen) belegen und zur Ente in den Ofen schieben.
Für die Frittata den Speck klein würfeln. Die Zwiebeln abziehen und fein würfeln. Mit dem Speck im heißen Öl in einer ofenfesten Pfanne glasig schwitzen. Die Eier mit Salz, Pfeffer, Muskat und Parmesan vermengen. Über die Speck-Zwiebeln gießen, durch Schwenken in der Pfanne verteilen und bei milder Hitze 10–15 Minuten stocken lassen.
Die fertige Ente herausnehmen und kurz ruhen lassen. Die Sauce nach Belieben passieren und abschmecken. Aus der Frittata kleine Sterne ausstechen. Die Ente tranchieren, nach Belieben die Brust auslösen und in Scheiben schneiden. Die Ente mit der Sauce, der Frittata, dem Rotkohl und den Äpfeln auf Tellern anrichten.

DUCANA IM BANANENBLATT

Zutaten für 4 Portionen:
100 g Mehl | 150 g Maismehl | 60 g brauner Zucker
2 TL Zimtpulver | 1 Prise geriebener Muskat | 150 g Süßkartoffeln
100 g Kokosnussfruchtfleisch | 120 ml Mandelmilch oder Kokosmilch
1 TL Vanilleextrakt | 2 EL weiche, vegane Margarine | 50 g Rosinen
Außerdem
frische Bananenblätter zum Einwickeln
3 EL Pflanzenöl zum Bestreichen und zum Arbeiten

Aus den Bananenblättern vier ca. 20 x 30 cm große Stücke schneiden, abbrausen und trockentupfen. Mehl, Maismehl, Zucker, Zimt und Muskat in einer Schüssel vermischen. Die Süßkartoffel schälen, waschen und wie das Kokosnussfruchtfleisch fein reiben. Beides unter die Mehlmischung mengen. Die Pflanzenmilch etwas erwärmen (nicht kochen), dann nach und nach unterrühren. Vanilleextrakt, Margarine und Rosinen dazugeben und unterheben. Alles zu einer feuchten, klumpigen Mischung verarbeiten. Bei Bedarf noch etwas Pflanzenmilch oder Mehl einarbeiten.
Die Bananenblätter auf einer Arbeitsfläche ausbreiten und leicht ölen. Jeweils ¼ der Süßkartoffelmasse abnehmen, mit leicht geölten Händen zu einem Kloß formen und mittig auf das Blatt setzen. Die seitlichen Ränder zur Mitte hin einschlagen, diese Päckchen dann mit Küchengarn verschließen. In einem Wok (oder einem großen Topf mit Dämpfeinsatz) 2–3 cm hoch Wasser einfüllen und aufkochen. Ein Bambus-Dämpfkörbchen hineinstellen, die Päckchen einlegen und 30–40 Minuten dämpfen. Wenn die Masse leicht fest ist, die Ducana-Päckchen herausnehmen, öffnen und servieren.

PRISTINOS *(Foto: S. 85)*

Zutaten für 45–50 Stück:

500 g Mehl | 2 EL fein geriebener Pecorino | 1 TL Salz
125 g weiche Butter | 250 g gekochter Hokkaido-Kürbis (ohne Schale)
Öl zum Frittieren | Zucker zum Bestreuen

Mehl, Pecorino und Salz mischen, Butter mit den Fingern einarbeiten. Das gekochte Kürbisfleisch mit einer Gabel untermischen und den Teig 2 cm dick ausrollen, dann in Streifen von ca. 2 cm Breite und 5 cm Länge schneiden. Öl erhitzen und die Teigstreifen portionsweise frittieren, bis sie goldgelb sind. Auf einem Küchentuch abtropfen lassen, mit etwas Zucker bestreuen. Traditionell werden die Pristinos warm und mit Zimtsirup serviert.

GARNELEN-ARTISCHOCKEN-LASAGNE
(Foto: S. 86)

Zutaten für 4 Portionen:

5 Baby-Artischocken | 3 EL Zitronensaft | 5 EL Olivenöl
2 Knoblauchzehen | 1 TL Abrieb von einer Bio-Orange
1 TL Abrieb von einer Bio-Zitrone | Salz | Pfeffer aus der Mühle
24 küchenfertige Garnelen mit Schale | 1 EL Tomatenmark
4 Stängel Thymian | 2 frische Lorbeerblätter | 50 g Butter
50 g Mehl | 450 ml Milch | 250 g Spinat
1 EL Butter für die Form | 250 g frische, runde Lasagneblätter,
ca. 22 cm Ø, aus der Kühltheke | 50 g Parmesan

Die Artischocken putzen, in feine Scheiben schneiden, kurz in mit Zitronensaft versetztes Wasser legen, anschließend abgießen, abtropfen lassen und trockentupfen. In einer beschichteten Pfanne 2 EL Olivenöl erhitzen und die Artischocken darin kurz braten. Knoblauch abziehen und halbieren, mit dem Orangen- und Zitronenabrieb dazugeben und alles noch 2–3 Minuten unter Wenden braten. Den Knoblauch wieder entfernen, die Artischocken mit Salz und Pfeffer würzen und vom Herd nehmen.
Garnelen abbrausen, abtropfen lassen und schälen. In einem Topf 1 EL Öl erhitzen und die Garnelenschalen darin ca. 3 Minuten anbraten. Das Tomatenmark hinzugeben und 1 Minute mit angehen lassen, dann 600 ml lauwarmes Wasser angießen. Thymian und Lorbeerblätter einlegen und alles ca. 30 Minuten köcheln lassen. Anschließend den Fond durch ein feines Sieb in einen sauberen Topf passieren und auf ca. 100 ml einkochen lassen.
In einer beschichteten Pfanne 1 EL Öl erhitzen und die Garnelen darin ca. 2 Minuten braten, leicht salzen, pfeffern und beiseitestellen.
In einem Topf die Butter erhitzen, das Mehl einstreuen und darin hell anschwitzen. Nach und nach die Milch unter ständigem Rühren angießen. Die Garnelenreduktion hinzugeben und alles unter Rühren zu einer dickflüssigen Béchamelsauce einköcheln lassen. Von der Hitze nehmen, die Sauce mit Salz und Pfeffer würzen und abschmecken.
Den Spinat verlesen, abbrausen und trockenschütteln. In einer Pfanne das restliche Öl erhitzen und den Spinat darin kurz zusammenfallen lassen.
Den Backofen auf 200 °C Ober- und Unterhitze vorheizen. Eine ofenfeste Form (ca. 22 cm Ø) mit Butter fetten und etwas Béchamelsauce einfüllen. Ein Lasagneblatt einlegen, mit Béchmelsauce, Spinat, Garnelen, Artischocken und Parmesan belegen. Diesen Vorgang wiederholen, bis alle Zutaten aufgebraucht sind, dabei mit einer Schicht Béchamel, Garnelen, Artischocken und Parmesan abschließen.
Die Lasagne im Ofen ca. 15 Minuten backen und leicht bräunen. Herausnehmen und in Stücke geschnitten servieren.

CAPPELLACCI DI ZUCCA

Zutaten für 4 Portionen:

Für den Nudelteig
400 g Mehl, auch zum Arbeiten | 3 Eier | 2 Eigelb | 1 EL Olivenöl
1 TL Salz
Für die Füllung
800 g Kürbis, z. B. Hokkaido | Salz | 2 TL Olivenöl
70 g geriebener Parmesan | 1 EL Semmelbrösel | Pfeffer aus der Mühle
geriebener Muskat
Außerdem
1 Stange Lauch | 50 g Rohschinken | 2 EL Olivenöl
30 ml trockener Weißwein | Salz | Pfeffer aus der Mühle

Für den Nudelteig das Mehl auf eine Arbeitsfläche häufen, in die Mitte eine Mulde drücken, Eier, Eigelb, Öl und Salz hineingeben. Alles mit einer Gabel verrühren und anschließend kräftig mit den Händen zu einem glatten Teig verkneten. In Frischhaltefolie wickeln und mindestens 30 Minuten ruhen lassen.
Den Backofen auf 180 °C Ober- und Unterhitze vorheizen. Ein Backblech mit Backpapier belegen.
Für die Füllung den Kürbis waschen, in Spalten schneiden, entkernen und auf dem Blech verteilen. Die Spalten leicht salzen, mit Öl beträufeln und im Ofen 30–40 Minuten backen. Anschließend herausnehmen, das Kürbisfruchtfleisch von der Schale schneiden, grob würfeln und in einer Schüssel fein zerdrücken. Den Parmesan und die Brösel unterrühren. Die Masse mit Salz, Pfeffer und Muskat würzen und abschmecken. Die Füllung lauwarm oder vollständig abkühlen lassen.
Den Teig auf einer bemehlten Arbeitsfläche dünn ausrollen. Auf die eine Hälfte des Teiges jeweils 1 TL der Kürbisfüllung im Abstand von etwa 5 cm setzen. Dann die zweite Teighälfte darüber schlagen, um die Füllung herum gut andrücken und mit einem Teigrädchen Quadrate ausschneiden. Die Teiglinge diagonal zum Dreieck falten und die beiden äußeren Spitzen aufeinanderlegen und festdrücken (sollte der Teig zu

trocken sein ggf. mit wenig Wasser bepinseln, damit er besser klebt). Bis zum Garen mit etwas Abstand zueinander auf einer leicht bemehlten Fläche auslegen.
Den Lauch putzen, waschen, vom hellgrünen Teil ein Stück (5–6 cm lang) abschneiden und dieses längs in feine Streifen schneiden. Übrigen Lauch in Ringe schneiden. Den Rohschinken in feine Streifen schneiden. In einer Pfanne 1 EL Öl erhitzen und die Lauch- und Schinkenstreifen darin kurz knusprig braten, herausnehmen und auf Küchenpapier legen. Das restliche Öl erhitzen und die Lauchringe darin hell anschwitzen, mit dem Weißwein ablöschen und leicht salzen und pfeffern. Die Cappellacci in reichlich Salzwasser ca. 3 Minuten kochen, abgießen und zu den Lauchringen geben. Lauch- und Schinkenstreifen hinzufügen, alles gut vermengen, abschmecken, auf Tellern anrichten und servieren.

GEBACKENES CAMEMBERT-CIABATTA MIT HONIGFEIGEN

Zutaten für 1 Brot:
Für das Brot
1 Ciabatta | 120 g Camembert (1 runder Laib) | 4 Stängel Rosmarin, auch zum Garnieren | 8 Stängel Thymian | 80 g flüssige Butter
1 Knoblauchzehe
Außerdem
2 Feigen | 2 TL flüssiger Honig | 1 TL Thymianblättchen, auch zum Garnieren

Den Backofen auf 180 °C Ober- und Unterhitze vorheizen. Ein Backblech mit Backpapier belegen. Aus dem Ciabatta mittig ein Loch in Größe des Camemberts ausschneiden. Das Loch aushöhlen, sodass der Camembert später hineinpasst und das übrige Ciabatta gitterartig kreuzweise einschneiden. Den Käse ebenfalls gitterartig einschneiden und einsetzen.
Die Kräuter abbrausen, trockenschütteln, die Nadeln und Blättchen abzupfen, fein hacken und mit der Butter vermischen. Den Knoblauch abziehen, fein würfeln und dazugeben. Das Brot großzügig mit der Würzbutter bestreichen und im Ofen in 15–20 Minuten goldbraun backen.
Inzwischen die Feigen waschen, trockentupfen und vierteln. Auf einen Teller geben, mit dem Honig beträufeln und mit Thymian bestreuen und garnieren.
Das Ciabatta auf eine Platte setzen und mit Rosmarin garniert servieren. Die Honigfeigen separat dazu reichen.

CAVALLUCCI DI SIENA *(Foto: S. 87)*

Zutaten für 15–20 Stück:
250 g Zucker | 70 g Honig | 300 g Mehl, auch zum Arbeiten
½ TL Backpulver | 1 TL Zimtpulver | ½ TL zerstoßener Anis
50 g Orangeat | 100 g Walnüsse

Den Zucker mit dem Honig und 80 ml Wasser aufkochen und bei geringer Hitze ca. 5 Minuten sirupartig einköcheln lassen, anschließend von der Hitze nehmen. Mehl, Backpulver, Zimt und Anis in einer Schüssel mischen. Das Orangeat klein würfeln, die Nüsse hacken und beides untermischen. Den Sirup zugießen und alles mit einem Löffel zu einem homogenen, klebrigen Teig vermengen. Bei Bedarf noch einige Spritzer heißes Wasser einarbeiten. Den Backofen auf 160 °C Ober- und Unterhitze vorheizen. Ein Backblech mit Backpapier belegen. Aus dem Teig auf einer bemehlten Arbeitsfläche eine Rolle (ca. 4 cm Ø) formen und davon 2 bis 2,5 cm dicke Stücke abschneiden. Diese zu Kugeln formen, leicht flach drücken und mit ausreichend Abstand auf das Blech legen. Die Cavallucci im Ofen 15–20 Minuten backen, herausnehmen und vor dem Servieren auf einem Kuchenblech auskühlen lassen.

SCHWEDISCHER WEIHNACHTSSCHINKEN
(Foto: S. 88)

Zutaten für 8 Portionen:
3 l Fleischbrühe | 2 kg Schweinebraten, Schinken oder Nacken
2 Lorbeerblätter | 2 EL Wacholderbeeren | Salz
3–4 Scheiben altbackenes Weißbrot | schwarzer Pfeffer aus der Mühle
1 Ei | 80 g Senf | Grünkohl zum Garnieren
Orangenscheiben zum Garnieren

Die Brühe zum Kochen bringen. Den Schweinebraten hineingeben, Lorbeer und Wacholder dazugeben, salzen und ca. 2,5 Stunden zugedeckt leise köcheln lassen, bis er sich leicht einstechen lässt.
Backofen auf 200° C Ober- und Unterhitze vorheizen. Den Braten aus der Brühe heben (die Brühe für ein anderes Gericht heiß in Schraubgläser füllen und abkühlen lassen), gut abtropfen lassen und auf ein Backblech legen. Das Weißbrot zu Bröseln reiben oder im Mixer zerkleinern. Das Fleisch kräftig salzen und pfeffern.
Das Ei mit dem Senf verrühren und das Fleisch damit einstreichen. Mit den Bröseln bestreuen und im Ofen ca. 20 Minuten backen, bis es goldbraun ist. Auf einer Platte anrichten und mit Grünkohlblättern und halbierten Orangenscheiben garnieren.

SAFRANKOHL MIT WALNÜSSEN *(Foto: S. 88)*

Zutaten für 4 Portionen:
600 g Weißkohl | Salz | 40 g Butter | 1 Msp. Safranpulver
100 ml trockener Weißwein | 2 Msp. Kümmelpulver
50 g getrocknete Cranberrys | schwarzer Pfeffer aus der Mühle
60 g Walnusskerne

Den Weißkohl putzen und in Streifen hobeln oder schneiden. In wenig kochendem Salzwasser 10 Minuten blanchieren, dann eiskalt abschrecken und gut abtropfen lassen. Die Butter in einem großen Topf erhitzen. Den Weißkohl dazugeben und anschwitzen. Safran, Weißwein, Kümmel und Cranberrys dazugeben und unter gelegentlichem Rühren ca. 10 Minuten schmoren lassen. Mit Salz und Pfeffer abschmecken. Die Walnusskerne etwas kleiner brechen und den Kohl damit bestreuen.

WILDSCHWEINHACKBÄLLCHEN UND APFELSENF *(Foto: S. 88)*

Zutaten für 8 Portionen:

Für den Apfelsenf

130 ml Apfelessig | 40 ml Apfelsaft | 30 g getrocknete Apfelringe
30 g Zucker | 80 g gelbes Senfpulver | 1 Prise Salz
1 Msp. Cayennepfeffer

Für die Wildschweinhackbällchen

2 altbackene Brötchen | 1,2 kg Wildschweinhackfleisch, halb Nacken, halb Bauchfleisch | Salz | schwarzer Pfeffer aus der Mühle | 3 Msp. Macis | 1 TL geräuchertes Paprikapulver | ½ TL Knoblauchpulver
½ TL Zwiebelgranulat | 6 fein gemörserte Wacholderbeeren
½ TL Rosmarinpulver | 100 ml Milch | 1 Ei

Außerdem

Rapsöl zum Braten

Für den Apfelsenf den Essig und den Apfelsaft lauwarm erhitzen (nicht zu heiß, sonst wird der Senf bitter). Die Apfelringe kleinschneiden, mit Zucker, Senfpulver, Salz und Cayennepfeffer vermengen. In die Essigmischung rühren und im Mixer fein pürieren.
Für die Hackbällchen die Brötchen in lauwarmem Wasser einweichen, danach ausdrücken und zerzupfen. Mit dem Hackfleisch verkneten. Salzen, pfeffern und die Gewürze hinzufügen. Mit der Milch und dem Ei in einer Küchenmaschine verrühren, bis die Masse Bindung hat. Die Fleischmasse zu kleinen Bällchen (à ca. 50 g) formen und im heißen Rapsöl von allen Seiten gut gebräunt braten. Den Apfelsenf dazu reichen.

GEBRATENER GRÜNKOHL *(Foto: S. 88)*

Zutaten für 4 Portionen:

1 kg zarte Grünkohlblätter | Salz | 2 Msp. Natron
60 g Cashewkerne | 6 Knoblauchzehen | 3 TL Butter
schwarzer Pfeffer aus der Mühle

Den Grünkohl waschen und zerzupfen. In kochendem Salzwasser mit dem Natron 12–15 Minuten kochen, dann in Eiswasser abschrecken und gut abtropfen lassen. Die Cashewkerne grob hacken. Den Knoblauch abziehen und kleinschneiden. Cashews und Knoblauch in einer Pfanne in 1 TL Butter goldbraun braten und wieder aus der Pfanne nehmen. Restliche Butter in der Pfanne erhitzen und den Grünkohl darin unter gelegentlichem Schwenken 10–15 Minuten braten. Nüsse und Knoblauch unterheben, mit Salz und Pfeffer abschmecken.

JANSSONS FRESTELSE (KARTOFFELAUFLAUF MIT WURZELGEMÜSE) *(Foto: S. 88)*

Zutaten für 4–6 Portionen:

400 g Möhren | 700 g festkochende Kartoffeln | 2 Gemüsezwiebeln
Salz | schwarzer Pfeffer aus der Mühle | 250 g Sardellenfilets in Öl
350 g Sahne | 3 EL Paniermehl | 50 g Butter

Den Backofen auf 180° C Ober- und Unterhitze vorheizen. Möhren und Kartoffeln schälen und zu Stiften mit ca. 4 mm Ø hobeln oder schneiden. Die Zwiebeln abziehen und in Streifen schneiden. Alles vermengen, mäßig salzen, pfeffern und in eine Auflaufform füllen. Die Sardellenfilets darauf auslegen und mit der Sahne übergießen.
Mit dem Paniermehl bestreuen und die Butter in kleinen Flöckchen darauf verteilen. Im Ofen 40–45 Minuten goldbraun backen.

LACHSTARTE MIT SHRIMPS

Zutaten für 1 Tarteform, 20 cm Ø

Für den Tarteboden

300 g Weizenmehl | 1 Prise Backpulver | 1 Prise Zucker
2 Prisen Salz | 150 g Butter, auch für die Form | 1 Ei

Für die Füllung

300 g Frischkäse | 100 g Sahne
1 Handvoll Kräuter, z. B. Schnittlauch, Petersilie, Dill
Salz | weißer Pfeffer aus der Mühle | 1 Blattsalat
150 g Tiefseegarnelen | 250 g Räucherlachs
1 Limette zum Garnieren | Gartenkresse zum Bestreuen

Für den Tarteboden das Mehl mit Backpulver, Zucker und Salz vermischen. Die Butter in kleinen Stücken darüber verteilen und alles zu Streuseln zerreiben. Das Ei hinzufügen und rasch zu einem glatten Teig verkneten. Zwischen zwei Lagen Backpapier ca. 3 mm dick ausrollen und 30 Minuten kalt stellen.
Den Backofen auf 180 °C Ober- und Unterhitze vorheizen. Eine Tarteform (ca. 20 cm Ø, mit Hebeboden) buttern, den Teig vom Backpapier abziehen und die Form damit auskleiden. Mit einer Gabel mehrmals ein-

stechen, mit Backpapier bedecken und mit Backbohnen beschweren. Im Ofen 20–25 Minuten goldbraun backen, auskühlen lassen und aus der Form heben.
Für die Füllung den Frischkäse mit der Sahne verrühren. Die Kräuter waschen, trockenschütteln und hacken bzw. kleinschneiden. Mit Salz und Pfeffer abschmecken. Den Salat in seine Blätter zerteilen, waschen und trockenschleudern. Die Garnelen abtropfen lassen.
Die Salatblätter auf dem Tarteboden auslegen und die Frischkäsecreme darauf verteilen. Garnelen und den Räucherlachs darauf anrichten. Dafür den Lachs nach Belieben zu Röschen rollen. Die Limette waschen und in dünne Spalten schneiden. Die Tarte mit Limettenspalten garnieren, mit Kresse bestreuen und mit Pfeffer übermahlen.

ROTKOHL-ORANGEN-SALAT MIT KARAMELLISIERTEN WALNÜSSEN

Zutaten für 2 Portionen oder viele kleine Happen:
½ kg Rotkohl | 1 EL fruchtiger Essig | ½ EL Ahornsirup | ½ TL Salz
1 EL Orangensaft | 1 EL Olivenöl | Pfeffer
100 g Zucker | 100 ml Wasser | 150 g Walnüsse (halbiert) | Orange

Den Rotkohl waschen und putzen, vierteln, den Strunk herausschneiden. Dann mit einem Gemüsehobel oder mit einer entsprechenden Küchenmaschine in feine Streifen hobeln. Rotkohlstreifen in eine Schüssel geben, mit Essig, Ahornsirup und Salz vermengen. Mit den Händen ein paar Minuten lang durchkneten, bis Saft austritt. Orangensaft, Olivenöl und Pfeffer zum Rotkohl geben und gut vermischen. Den Krautsalat abgedeckt und gekühlt 2–3 Stunden durchziehen lassen.
Für die Walnüsse: Wasser mit Zucker aufkochen, bis der Zucker leicht braun wird. Achtung, nicht zu dunkel, sonst wird er bitter. Die Walnüsse in den Topf geben, Hitze wegnehmen und die Walnusshälften im Karamell wenden bis sie mit Karamell überzogen sind. Rühren nicht vergessen, damit keine Stelle anbrennt. Die Walnüsse aus dem Topf nehmen und auf einem Backpapier auskühlen lassen.
Zum Anrichten Orangenfilets schneiden. Rotkohlsalat auf die Löffel geben, darauf je ein Orangenfilet und eine halbe Walnuss legen.

FRITTIERTE REISBÄLLCHEN MIT KÄSE AUF RADICCHIO *(Foto: S. 93)*

Zutaten für 4 Portionen:
1 Schalotte | 1 Knoblauchzehe | 1 TL Butter | 100 g Risottoreis
350 ml Gemüsebrühe | 60 g geriebener Pecorino | 1 Eigelb, L
1 EL gehackte Petersilie | 1 TL Abrieb von einer Biozitrone | Salz
Pfeffer, schwarz, aus der Mühle | 1 Ei, L | 2 EL Mehl
4 EL Semmelbrösel | Pflanzenöl zum Frittieren
Lorbeerblätter für die Garnitur
1 Radicchio | 4 EL Olivenöl | 2 EL dunkler Balsamico | Salz

Schalotte und Knoblauch abziehen und in einem Topf in der Butter andünsten. Den Reis zugeben und mit der Brühe auffüllen. Bei milder Hitze ca. 25 Minuten garen, dabei gelegentlich umrühren. Gegen Ende Pecorino, Eigelb, Petersilie und Zitronenschale zugeben und mit Salz und Pfeffer würzen. Abkühlen lassen und ca. 1 Stunde kalt stellen.
Das Ei verquirlen, Mehl und Semmelbrösel in je eine kleine Schale geben. Aus der Reismasse vier große Bällchen formen und im Mehl wenden. Dann durch das Ei ziehen und zum Schluss in den Bröseln panieren.
Für den Salat den Radicchio halbieren, Strunk entfernen und die Blätter in Streifen schneiden. Zuerst in warmem Wasser kurz waschen, um die Bitterstoffe etwas auszuspülen, dann sofort ein zweites Mal in eiskaltem Wasser waschen. Abgießen und trockenschütteln.
Öl, Essig, etwas Salz und Pfeffer verrühren.
In einem Topf oder einer Pfanne reichlich Öl erhitzen und die Reisbällchen darin 4–5 Minuten knusprig ausbacken. Auf Küchenpapier abtropfen lassen.
Den Salat mit dem Dressing auf Teller verteilen und die Reisbällchen darauf anrichten. Nach Belieben mit Lorbeerblättern garnieren und servieren.

GEFÜLLTES HÄHNCHEN *(Foto: S. 100/101)*

Zutaten für 4–6 Portionen:
½ Zwiebel | ½ Zucchini | 2 Knoblauchzehen
20 g getrocknete Tomaten | 1 Zweig Rosmarin | 2 Zweige Thymian
1 Hähnchen (ca. 1,5 kg) | Salz | schwarzer Pfeffer aus der Mühle
3 EL Olivenöl | 5 Zweige Gartenkräuter, Hagebutten

Den Backofen auf 200 °C Ober- und Unterhitze vorheizen.
Für die Füllung Zwiebel, Zucchini und Knoblauch putzen und fein würfeln. Tomaten fein würfeln. Kräuter von den Stängeln zupfen, grob hacken und alles unter das Gemüse mischen.
Das Hähnchen abbrausen, trockentupfen, innen mit Salz und Pfeffer würzen und die Füllung hineingeben. Die Bauchöffnung zustecken und die Schenkel mit Küchengarn in Form binden. Das Hähnchen außen mit 1–2 EL Olivenöl einreiben, salzen und pfeffern. Mit der Brustseite nach unten in einen großen Bräter legen und im Ofen etwa 30 Minuten braten. Kurz aus dem Ofen nehmen, salzen, wenden, mit dem Bratensaft begießen und wieder für 30 Minuten in den Ofen stellen.

Dann mit dem übrigen Olivenöl bepinseln und weitere 30–40 Minuten garen, bis das Fleisch durch ist. Das Hähnchen auf einer Platte anrichten und nach Belieben mit Kräutern (z. B. Lorbeer, Rosmarin, Thymian) und Hagebutten garnieren.

Tipp:
Mit einer scharfen Messerspitze die Garprobe zwischen Keule und Brust machen: Messer einstechen und herausziehen, ist der austretende Saft klar, ist das Hähnchen fertig.

PETTOLE (FRITTIERTE TEIGBÄLLCHEN MIT GEMÜSEFÜLLUNG)

Zutaten für 4-6 Portionen:
400 g Mehl, auch zum Arbeiten | 1 Päckchen Trockenhefe
½ TL Salz | 250 g Brokkoli | 1 Stange Staudensellerie
125 g rote Schalotten | 1 l Frittieröl

Das Mehl in eine Schüssel sieben. Mit der Hefe und dem Salz vermischen, 250 ml lauwarmes Wasser zugeben und alles zu einem weichen Hefeteig verkneten.
Die Schüssel mit einem feuchten Tuch abdecken und den Teig ca. 1,5 Stunden gehen lassen, bis er etwa das doppelte Volumen hat.
Brokkoli putzen, waschen und in mundgerechte Röschen bzw. Stücke teilen. In kochendem Salzwasser 1 Minute blanchieren, mit einem Schaumlöffel herausnehmen, abschrecken und gut abtropfen lassen. Staudensellerie putzen, waschen und in 2 cm lange Stücke schneiden. Schalotten abziehen, mit dem Staudensellerie in das kochende Salzwasser geben und 2 Minuten blanchieren, dann abgießen und gut abtropfen lassen. Schalotten halbieren oder vierteln.
Den Teig auf einer bemehlten Arbeitsfläche möglichst dünn ausrollen und Kreise à ca. 8 cm Ø ausstechen. Mittig Brokkoli oder Schalotte und Staudensellerie daraufsetzen, den Rand leicht mit Wasser bepinseln, über dem Gemüse zusammennehmen und festdrücken. Das Öl in einem weiten Topf auf 170 °C erhitzen. Teigbällchen portionsweise ins heiße Öl geben und 3–4 Minuten goldbraun frittieren. Auf Küchenpapier kurz entfetten und servieren.

FRANZÖSISCHES KÄSEFONDUE *(Foto: S. 117)*

Zutaten für 6–8 Personen:
2 Knoblauchzehen | 600 ml trockener Weißwein
Käsesorten: 1000 g Beaufort | 800 g Comté | 600 g Tomme de Savoie | 100 g Reblochon | 20 ml Kirschwasser | 2 TL Speisestärke
luftiges Brot mit Kruste, Schinken, saure Gürkchen, Pellkartoffeln

Die festen Käsesorten mit der Reibe klein reiben, weicheren Käse in feine Stücke zupfen oder schneiden. Alles mischen und bereitstellen.
Den Caquelon auf die Wärmequelle stellen und, sobald er warm ist, mit den geschälten Knoblauchzehen einreiben. Den Weißwein und die in feine Stückchen geschnittenen Knoblauchzehen hineingeben. Wenn der Wein kocht, peu à peu den Käse zugeben. Immer weiter rühren, bis eine gleichmäßige Substanz entsteht. Noch geschmeidiger wird die Masse, wenn man Stärke im Kirschwasser auflöst und hineinrührt. Kurz aufkochen lassen. Auf den Rechaud stellen, immer wieder umrühren.
Zum Tunken: Brot mit Kruste in mundgerechten Stücken oder Essiggürkchen. Pellkartoffeln als Beilage. Profi-Tipp: Brot erst in Kirschwasser tauchen, dann in den Käse. Nicht zu oft wiederholen.

ITALIENISCHES VIER-KÄSE-FONDUE *(Foto: S. 118)*

Zutaten für 4–6 Personen:
Käsesorten: 200 g Fontina | 100 g Parmesan | 200 g Provolone
1 Knoblauchzehe | 300 ml Weißwein, z. B. Grillo
200 g Mascarpone | 2 TL Speisestärke
40 ml Zwetschgenwasser | Muskatnuss
Ciabatta, Salami, Kirschtomaten, Champignons, Fenchel

Käse grob reiben, mischen und die Hälfte zur Seite stellen. Die Knoblauchzehe halbieren und das Innere des Fonduetopfs einreiben. Wein in den Topf gießen und erwärmen. Die Hälfte jeder Käsesorte und Mascarpone zufügen. Rühren und schmelzen lassen, dann den übrigen Käse zugeben. Nicht aufkochen. Stärke im Zwetschgenwasser auflösen und dazugeben. Mit Pfeffer und Muskatnuss abschmecken, in einem Fonduetopf servieren.

ASIATISCHES FONDUE *(Foto: S. 118)*

Zutaten für 4–6 Personen:
2 Bund Frühlingszwiebeln | 220 ml helle Sojasauce
50 ml Reisessig oder milder Weinessig | 1 Spritzer geröstetes Sesamöl
15 g Ingwer | 1 Knoblauchzehe | 1 kleine rote Chilischote
250 g Shimeji-Pilze | 300 g Brokkoli | 300 g Zuckerschoten
800 g Schweinebauch | 2 ½ l Geflügelbrühe (nicht mit Wurzelgemüse gekocht)

Für den ersten Dip: Frühlingszwiebeln putzen und waschen. Ein 5 cm langes Stück sehr fein hacken und in 150 ml Sojasauce geben, dazu kommen der Reisessig und das Sesamöl.

Für den zweiten Dip: Ingwer schälen und fein reiben. Knoblauch schälen und fein hacken. Chilischote waschen, halbieren, entkernen, eventuell noch einmal abspülen und sehr fein hacken. Alles mit der restlichen Sojasauce und 2 EL Wasser in einem Schälchen verrühren.
Shimeji-Pilze und Zuckerschoten waschen und putzen. Brokkoli putzen, waschen und in kleine Röschen teilen. Restliche Frühlingszwiebeln in 3 cm lange Stücke schneiden. Schweinebauch abspülen und trockentupfen, in dünne Scheiben schneiden.
Geflügelbrühe in einem Topf aufkochen lassen. Einen Fonduetopf gut zur Hälfte damit füllen und auf eine Wärmequelle stellen. Die Brühe soll während des gesamten Essens leicht kochen; wenn sie zu stark reduziert ist, Brühe nachgießen.

FONDUE MIT SPECK UND CHAMPIGNONS

Zutaten für 4 Portionen:
1 Knoblauchzehe | 75 g geräucherter Bauchspeck | 200 ml trockener Weißwein | 200 g geriebener Greyerzer | 200 g geriebener Emmentaler
2 EL Kirschwasser | 1 Msp. Muskatpulver
1 Msp. Paprikapulver, edelsüß | Salz | Pfeffer, schwarz
1 EL Speisestärke | 1 Baguette | 200 g Champignons

Den Knoblauch abziehen und fein würfeln, auch den Speck in kleine Würfel schneiden. In einer Pfanne auslassen, den Knoblauch zugeben und mitbraten, mit Weißwein ablöschen und den Käse darin nach und nach unter Rühren schmelzen lassen. Mit Kirschwasser, Muskat, Paprika, Salz und Pfeffer abschmecken. Die Stärke in etwas kaltem Wasser auflösen und die Käsesauce damit binden.
Das Baguette in mundgerechte Würfel schneiden. Die Champignons putzen und vierteln. Die Käsesauce in vorgewärmten kleinen Fondue-Töpfchen anrichten. Zusammen mit den Baguettewürfeln und Pilzen zum Eintunken servieren.

BRIOCHE-SCHNECKEN MIT TRÜFFEL *(Foto: S. 122)*

Zutaten für 8 Portionen:
Für den Teig
200 g Mehl, auch und zum Arbeiten | 50 g Manitoba-Mehl | 7 g Hefe
20 g Zucker | 2 Eier | 200 ml Milch | 5 g Salz
120 g weiche Butter in Würfeln
Für die Füllung
20 g schwarzer Trüffel | 30 g Butter | 300 ml Milch | 40 g Mehl
30 g geriebener Parmesan | Salz
Außerdem
1 Eigelb | 1 EL Milch | 10 g schwarze Trüffel

Für den Teig beide Sorten Mehl in die Rührschüssel der Küchenmaschine sieben und die Hefe dazu bröckeln. Zucker, Eier und die Milch dazugeben und alles 2–3 Minuten vermischen. Das Salz zufügen und alles mit dem Knethaken zu einem glatten Teig verarbeiten. Nach und nach die weichen Butterwürfel einarbeiten und weiterkneten, bis der Teig homogen und die Butter gut eingearbeitet ist. In eine Schüssel umfüllen und den Teig abgedeckt an einem warmen Ort ca. 2 Stunden gehen lassen.
Inzwischen für die Füllung die Trüffel putzen und sehr fein hacken. Die Butter in einem Topf erhitzen, das Mehl einstreuen und unter Rühren hell anschwitzen. Nach und nach die Milch zugießen und die Béchamel 7–8 Minuten unter ständigem Rühren köcheln lassen. Den Parmesan und die gehackten Trüffel unterrühren, die Sauce salzen, abschmecken und abkühlen lassen.
Den Teig auf einer leicht bemehlten Arbeitsfläche ca. 5 mm dick rechteckig (ca. 20 x 30 cm) ausrollen. Den Teig quer halbieren, jeweils mit der Hälfte der Trüffel-Béchamel bestreichen und von der langen Seite her eng aufrollen. Die Rollen ca. 1 Stunde in den Kühlschrank stellen.
Ein Backblech mit Backpapier belegen. Die Teigrollen jeweils in ca. 1 cm dicke Scheiben schneiden, mit ausreichend Abstand auf das Blech legen und abgedeckt nochmals ca. 30 Minuten gehen lassen.
Den Backofen auf 180 °C Ober- und Unterhitze vorheizen.
Das Eigelb mit der Milch verquirlen, die Schnecken damit bestreichen und im Ofen ca. 20 Minuten backen. Herausnehmen und kurz abkühlen lassen.
Die Trüffel in feine Scheiben hobeln. Die Brioche-Schnecken damit bestreuen und am besten noch warm servieren.

PUMPERNICKEL MIT BLAUSCHIMMELKÄSE

(Foto: S. 122)

Zutaten für 12–18 Stücke:
3 Scheiben kastenförmiges Pumpernickel oder 12 Pumpernickel-Taler
150 g Blauschimmelkäse | Mandarinen aus der Dose
Späne von einer Salatgurke

Käse ca. 30 Minuten vor dem Verarbeiten aus dem Kühlschrank nehmen. Große eckige Scheiben Pumpernickel in je 4–6 Stücke schneiden oder die 12 Pumpernickel-Taler bereitlegen. Blauschimmelkäse daraufstreichen. Die Mandarinen abgießen und ggf. kurz kalt abspülen. In kleine Würfel schneiden, die Würfel auf den Käse geben. Von der gewaschenen Gurke mit dem Sparschäler feine Späne abschälen, kleine Rollen formen und auf den Häppchen verteilen.

HERZHAFTE CANNONCINI

Zutaten für 8 Portionen:
1 Rolle Blätterteig | 4 Eigelb | 260 ml Milch | 1 kleine Stange Lauch
80 g geräucherter Kochschinken in Scheiben | 20 g Butter | 20 g Mehl
Salz | Pfeffer aus der Mühle | geriebener Muskat
80 g geriebener Parmesan

Den Backofen auf 200 °C Ober- und Unterhitze vorheizen. Ein Backblech mit Backpapier belegen.
Den Blätterteig entrollen und von der langen Seite her in ca. 2,5 cm breite Streifen schneiden. Zwei Eigelb mit 2 EL Milch verquirlen und die Teigstreifen längs zur Hälfte mit Eigelb bestreichen.
Den Teig um kegelförmige Metallformen (z. B. Schillerlockenformen) wickeln, dabei an der Spitze beginnen und die Streifen jeweils ca. 1 cm überlappen lassen. Die Formen auf das vorbereitete Blech legen, mit verquirltem Ei bestreichen und im Ofen in 15–20 Minuten goldbraun backen. Herausnehmen, einige Minuten abkühlen lassen und die Metallformen entfernen.
Den Lauch waschen, putzen und in Ringe, den Schinken in kleine Würfel schneiden. In einem Topf die Butter erhitzen, das Mehl einstreuen und unter Rühren hell anschwitzen. Nach und nach die übrige Milch zugießen und alles unter ständigem Rühren ca. 5 Minuten köcheln lassen. Die Béchamel mit Salz, Pfeffer und Muskat würzen, Lauch und Schinken untermischen und unter Rühren ca. 5 Minuten mitgaren. Dann den Parmesan unterziehen und unter Rühren schmelzen.
Alles dick einköcheln lassen, die Cannoncini damit füllen, kurz abkühlen lassen und servieren.

Tipp:
Alternativ 200 g Ziegenweichkäse und 185 g abtropften Thunfisch (in Öl) in einer Schüssel mit einer Gabel zerdrücken und fein zerkleinern. Bei Bedarf noch ein wenig Olivenöl unterrühren und die Mischung mit Salz und Pfeffer würzen. Nach Belieben noch 40 g geriebenen Pecorino unterrühren und die Masse in die Blätterteigröllchen füllen.

HERZHAFTE KNALLBONBONS

Zutaten für 15–16 Stück:
Für den Teig
125 g weiche Butter | 250 g Mehl, auch zum Arbeiten
¼ TL Backpulver | 100 g Sauerrahm | ½ TL Salz
Für die Füllung
1 kleine Zwiebel | 1 TL Butter | 200 g Frischkäse
1 TL Bio-Zitronenabrieb | 1 EL körniger Senf | Salz
weißer Pfeffer aus der Mühle | 1 Prise Cayennepfeffer
Außerdem
1 Eigelb | 1 EL Milch | 30–32 Halme Schnittlauch
Kräuterblättchen zum Garnieren, z. B. rotes Basilikum

Für den Teig die Butter in Stücken in eine Rührschüssel geben. Mehl, Backpulver, Sauerrahm und Salz zufügen und alles mit dem Knethaken der Küchenmaschine zu einem glatten Teig verarbeiten. Bei Bedarf noch etwas Mehl oder Wasser einarbeiten. Den Teig abgedeckt kurz kühlstellen. Für die Füllung die Zwiebel abziehen, fein würfeln, in der Butter hell anschwitzen, beiseitestellen und abkühlen lassen. Den Frischkäse mit dem Zitronenabrieb und dem Senf verrühren. Die Zwiebelwürfel untermischen und die Masse mit Salz, Pfeffer und Cayennepfeffer abschmecken.
Den Backofen auf 180 °C Ober- und Unterhitze vorheizen. Ein Backblech mit Backpapier belegen. Den Teig in 15–16 Portionen teilen, jeweils zu einem Rechteck (ca. 8 x 10 cm) ausrollen und mittig 1,5 TL Füllung daraufsetzen. Die langen Teigseiten über die Füllung schlagen und die Rolle mit der Naht nach unten auf das Blech setzen. Den Teig links und rechts neben der Füllung etwas zusammendrücken, damit die Rolle eine bonbonartige Form erhält.
Das Eigelb mit der Milch verquirlen, die Teigbonbons damit bestreichen und im Ofen 20–25 Minuten goldbraun backen. Herausnehmen und abkühlen lassen.
Die Schnittlauchhalme einige Sekunden in kochendem Wasser blanchieren, abschrecken und trockenschütteln. Die Teigbonbons an den dünnen Stellen jeweils mit einem Schnittlauchhalm umwickeln und diesen verknoten. Auf einer Platte anrichten, mit Kräutern garnieren und servieren.

CHAMPAGNER MIT HIMBEERPÜREE UND ZUCKERWATTE

Zutaten für 4 Gläser:
40 g Himbeeren (frisch oder gefroren)
2 TL Zucker | Champagner | Zuckerwatte

Gefrorene Himbeeren auftauen lassen, wer frische Himbeeren hat: diese waschen und verlesen. Mit dem Zucker vermischen und mit einem Stabmixer pürieren. Durch ein feines Sieb streichen, um die Kerne zu entfernen. Das Himbeerpüree auf vier Champagnergläser verteilen, mit Champagner auffüllen. Zuckerwatte kann man mit einem Gerät selbstmachen, es gibt sie aber auch fertig. Pro Glas eine „Wolke“ hinzugeben. Funktioniert auch mit Prosecco Rosé.

CRANBERRY-PUNSCH *(Foto: S. 127)*

Zutaten für ca. 1,5 Liter Punsch:
1500 ml Cranberrysaft | 20 EL Zucker (braun) | 30 Nelken
Zimtstange | Orange | 40 cl Rum

Den Cranberrysaft mit dem braunen Zucker, den Nelken und der Zimtstange aufkochen. Vom Herd nehmen und einige Minuten ziehen lassen. Die Orange auspressen und den Saft unterrühren, mit Rum verfeinern.

Tipp:
Mit Hibiskustee statt Rum wird der Punsch alkoholfrei. Apfel- oder Orangensaft mildern den herben Cranberry-Geschmack ab, dann braucht man nicht so viel Zucker.

WINTERLICHE FRUCHTSCHNITTEN

Zitaten für 12–16 Stück:
Für den Teig
400 g Mehl, auch zum Arbeiten | 6 EL Zucker | 20 g Hefe
125 ml lauwarme Milch | 40 g Butter, auch für das Blech | 1 Ei
1 Prise Salz
Für den Belag
50 g Mandeln | 50 g Haselnüsse | 350 g Mehl | 225 g Zucker
1 TL Zimtpulver | 225 g Butter | 250 g Himbeerkonfitüre
1 Apfel | 100 g Erdbeeren | 1 Kiwi

Das Mehl in eine Schüssel sieben und eine Mulde eindrücken. 2 EL Zucker einstreuen und die Hefe darauf bröckeln, mit 3 EL lauwarmer Milch verrühren, abdecken und den Vorteig ca. 15 Minuten an einem warmen Ort gehen lassen.
Anschließend restlichen Zucker, Butter, Ei und Salz zugeben und alles unter Zugabe der übrigen Milch zu einem weichen Hefeteig verkneten, der sich vom Schüsselrand löst. Abdecken und ca. 1 Stunde gehen lassen, bis der Teig etwa das doppelte Volumen hat.
Inzwischen für die Streusel die Mandeln und Nüsse hacken. Das Mehl mit Zucker, Mandeln, Nüssen und Zimt in einer Schüssel vermischen. Die Butter in Stückchen zugeben und alles zwischen den Händen zu Streuseln verreiben. Bis zur Verwendung kalt stellen.
Den Teig auf eine bemehlte Arbeitsfläche geben, kurz durchkneten und anschließend auf Blechgröße (ca. 30 x 40 cm) ausrollen. Auf das gefettete Blech geben und am Rand ein wenig hochdrücken.
Die Konfitüre verrühren, auf den Teig streichen und mit den Streuseln bedecken. Mit einem Küchentuch abgedeckt nochmals ca. 15 Minuten ruhen lassen. Den Backofen auf 180 °C Umluft vorheizen.
Apfel waschen, vierteln, putzen und in schmale Spalten schneiden. Erdbeeren putzen, waschen, trockentupfen und in dünne Scheiben schneiden. Kiwi schälen und ebenfalls in dünne Scheiben schneiden.
Früchte auf dem Kuchen verteilen, den Streuselkuchen in den Ofen schieben und in 30–35 Minuten leicht gebräunt backen.

BONBONS AUS FILOTEIG MIT SÜSSKARTOFFEL-FÜLLUNG

Zutaten für 8 Bonbons:
250 g Süßkartoffeln | 1 Knoblauchzehe | 4 EL Olivenöl
100 ml Apfelsaft | Salz | Pfeffer | ½ TL Ras el-Hanout
1 TL gehackter Rosmarin | 2 Blätter Filo-Teig
1 TL schwarzer Sesam oder Schwarzkümmel

Süßkartoffeln schälen und in kleine Würfel schneiden. Öl in einem heißen Topf mit dem Knoblauch aromatisieren, dann die Süßkartoffeln darin anschwitzen. Den Apfelsaft dazugeben, mit Salz, Pfeffer, Ras el-Hanout und Rosmarin abschmecken. Etwa 10 Minuten köcheln lassen, verbleibende Flüssigkeit ggf. abgießen.
Den Backofen auf 200 °C Ober- und Unterhitze vorheizen. Ein Backblech mit Backpapier belegen, Filoteig in je 4 Quadrate schneiden. Die Süßkartoffelmischung auf jedem Stück verteilen und den Teig aufrollen. Die Enden so zusammendrücken, dass eine Bonbonform entsteht. Mit etwas Öl bestreichen, Sesam oder Schwarzkümmel darüber streuen. Ca. 15 Minuten backen, bis sie goldbraun sind.

EISSANDWICHES MIT LEBKUCHENWAFFELN, EGGNOG-EIS UND AHORNSIRUP

Zitaten für 8 Stück:
Für die Waffeln
2 Eier | 1 EL Vanillezucker | 3 EL brauner Zucker | 1 Prise Salz
50 g Butter | 150 g Mehl | 1 TL Kakao | 1 TL Lebkuchengewürz
1 TL Backpulver | 50 ml Milch | Öl, auch für das Waffeleisen
Für das Eis
1 Msp. Vanillemark | 125 ml lauwarme Milch | 60 ml Whisky
1 Msp. Zimt | 1 Prise Muskatnuss | 100 g Zucker | 1 Ei | 2 Eigelb
200 g Sahne
Außerdem
2 EL Ahornsirup

Die Eier mit Vanillezucker und Zucker schaumig schlagen, das Salz zugeben. Die Butter zerlassen und unterziehen, Mehl mit Kakao, Lebkuchengewürz und Backpulver mischen, daraufsieben und mit der Milch unterrühren.

Ein Waffeleisen vorheizen und leicht einfetten. Den Teig nacheinander je ca. 5 Minuten zu 8 Waffeln ausbacken und diese auf einem Gitter abkühlen lassen.
Für das Eis Vanillemark mit Milch, Whisky, Zimt, Muskatnuss, Zucker, Ei und Eigelb über dem heißen Wasserbad weiß-cremig schlagen. Anschließend die Masse auf einem Eiswasserbad kaltrühren. Sahne steifschlagen und unterheben, Masse in die Eismaschine geben und ca. 30 Minuten cremig gefrieren lassen.
Das Eis zwischen je zwei Waffeln geben und glattstreichen. Die Eiswaffeln für ca. 30 Minuten ins Gefrierfach geben. Zum Servieren die Eissandwiches diagonal halbieren, auf eine Platte stapeln und mit dem Ahornsirup beträufeln.

REZEPTREGISTER

P

R

S

T

V

W

BILDNACHWEIS

Vorsatz und S. 1 Chad Madden/Unsplash, S. 2 Bob Canning/Unsplash, S. 4 Future Publishing Ltd/futurecontenthub.com, S. 5 Libby Penner/Unsplash, S. 6 Galina/Unsplash, S. 8 Future Publishing Ltd/futurecontenthub.com, S. 10 Nine Kopfer/Unsplash, S. 11 Jody Stewart/living4media, S. 12 Marc Markstein/Unsplash, S. 14 Cassidy Dickens/Unsplash, S. 15 Alsu Verschinina/Unsplash, S. 16 Stile Italia Edizioni/StockFood, S. 18 Örnberg Durath/House of Pictures/living4media, S. 19 Lise Mari Stang-Jacobsen/living-4media, S. 20 Mondadori Porkolio/living4media, Polly Eltes/Narratives/living4media, Libby Penner/Unsplash, S. 21 Jenny Brandt/living4media, S. 22 Polly Wreford/Narratives/living4media, S. 23 Polly Wreford/Narratives/living4media (2), S. 24 Are Media/living4media, Polly Wreford/Narratives/living4media (2), S. 25 Polly Wreford/Narratives/living4media, S. 26 Polly Wreford/Narratives/living4media, S. 26 Andreas von Einsiedel/living4media, S. 27 Susan Brooks-Dammann/mauritius images, Flavia Morlachetti/mauritius images, S. 28 Markus Spiske/Unsplash, S. 29 Modeste Herwig/living4media (3), S. 30 Georgia de Lotz/Unsplash, Al Elmes/Unsplash, S. 31 Future Publishing Ltd/futurecontenthub.com, Daylight LeVers/Unsplash, S. 32 Future Publishing Ltd/futurecontenthub.com, S. 33 Switlana Sonyashna/mauritius images (2), S. 34 Jan Romero/Unsplash, Markus Spiske/Unsplash, S. 35 Dari LLi/Unsplash, S. 36 Johnér/mauritius images, S. 37 Örnberg Durath/House of Pictures/living4media S. 38 Johnér/mauritius images, Andreas von Einsiedel/living4media, S. 39 Johnér/maurtius images, S. 40 Jan-Peter Westermann/StockFood, S. 41 Eising Studio/StockFood, Clive Shalice/StockFood, S. 42 Natasa Danubic/StockFood, Julie Taras/StockFood, Olive/Immediate Media/StockFood, S.43 Kramp&Gölling/StockFood, Brigitte Sporrer/StockFood, S. 44 Monika Grabkowka/Unsplash, S. 45 Polly Eltes/Narratives/living4media, Jonathan Pielmayer/Unsplash, S. 46 Charity Beth Long/Unsplash, Andreea Mahalean/Unsplash, Serghei Savchiuc/Unsplash, S. 47 Marya Volk/Unsplash, Monika Grabkowka/Unsplash, S. 48 Anke Schütz/living4media, S. 49 Are Media/living4media, Peter Raider/living4media, S. 50 Anke Schütz/living4media, patsy&christian@living4media (2), Polly Wreford/Narratives/living4media, S. 51 Future Publishing Ltd/futurecontenthub.com, S. 52 Flavia Morlachetti/mauritius images, Katrin Winner/StockFood, S. 53 Martina Schindler/living4media, Julia Hoersch/StockFood, S. 54 Rita Newman/StockFood, Bruna Branco/Unsplash, S. 55 Regina Hippel/living4media, Sporrer/Skowronek/living4media, S. 56 Tung Hoang/Unsplash, S. 57 Brett Stevens/mauritius images (2), Julia Hoersch/StockFood, S. 58 Anke Schütz/living4media (2), S. 59 Are Media/living4media, Anke Schütz/living4media, Thordis Rüggeberg/living4media, S. 60 Jan-Peter Westermann/StockFood, S. 62 Alexander van Steengere/Unsplash, S. 63 Matteo Manduzio/living4media (2), S. 64 Are Media/living4media, Matteo Manduzio/living4media (2), S. 65 Lise Mari Stang-Jacobsen/living4media, S. 66 Andreas von Einsiedel/living4media, Matteo Manduzio/living4media, S. 67 Matteo Manduzio/living4media (3), S. 68 Brooke Cagle/Unsplash, Erica Marsland/Unsplash, S. 69 Paige Janiszewski/Unsplash, S. 70 Future Publishing Ltd/futurecontenthub.com, S.71 Camilla Isaksson/living4media, Matteo Manduzio/living4media, S. 72 Minna Mercke Schmidt/living4media, Camilla Isaksson/living4media, S. 73 Future Publishing Ltd/futurecontenthub.com, Libby Penner/Unsplash, Martin Solyst/living4media, S. 74 Polly Eltes/Narratives/living4media, S. 75 Future Publishing Ltd/futurecontenthub.com, Jody Stewart/Narratives/living4media, Markus Spiske/Unsplash, S. 76 Andreas von Einsiedel/living4media, S. 77 Future Publishing Ltd/futurecontenthub.com, S.78 Christine Bauer/living4media, Sunorwind/Unsplash, S. 79 Thorsten Suedfels/StockFood, Photoart/StockFood, S. 80 Stile Italia Edizioni/StockFood, S. 81 Stile Italia Edizioni/StockFood, Mikkel Adsbol/

StockFood, S. 82 Mgg Vitchakorn/Unsplash (2), Clive Shalice/StockFood, S. 83 Mathias Neubauer/StockFood, Jennifer Pallian/Unsplash, S. 84 Olive/Immediate Media/StockFood, S. 85 Matteo Torri/StockFood, S. 86 Stile Italia Edizioni/StockFood (2), Great Stock/StockFood, S. 87 Marie Sjoberg/StockFood, Are Media/living4media, Mondadori Portfolio/living4media, S. 88 Hannah Kompanik/StockFood, S. 89 Hannah Kompanik/StockFood, Per Magnus Persson/StockFood, S. 90 Joerg Lehmann/StockFood, Irina Meliukh/StockFood, S. 91 Good Food/StockFood, Jan-Peter Westermann/StockFood, S. 92 Heather Gill/Unsplash, S.93 Thorsten Suedfels/StockFood, Future Publishing Ltd/futurecontenthub.com (2), S. 94 Markus Bassler/StockFood, Reiand/StockFood, S. 95 Grossmann.Schuerle/StockFood, Ulrike Holsten/StockFood, Lars Ranek/StockFood, S. 96 Susan Brooks-Dammann/mauritius images, Monika Rosa/StockFood, S. 97 Rita Newman/StockFood, Ulrike Holsten/StockFood, S 98 Profimedia/StockFood, S. 99 Thorsten Suedfels/StockFood, Julia Bogdanova/StockFood, S. 100 Stile Italia Edizioni/StockFood, S. 102 Future Publishing Ltd/futurecontenthub.com, 103 Future Publishing Ltd/futurecontenthub.com, Pure Julia/Unsplash, S. 104, 105, Future Publishing Ltd/futurecontenthub.com, Are Media/living4media, Andreas von Einsiedel/living4media,S.106 Caroline Arber/living4media, S. 107 Robert Sanderson/living4media, S. 108 Michal Janek/Unsplash, S.109 Annette Nordstrom/living4media, Biglife/living4media, Polly Wreford/Narratives/living4media, S. 110 Future Publishing Ltd/futurecontenthub.com, Stephanie McCabe/Unsplash, S. 111 Nicky Maier/living4media, S. 112 TT News Agency/StockFood, Hannah Kompanik/StockFood, Jan Wischnewski/StockFood, Julia Skowronek/StockFood, S. 113 Thorsten Suedfels/StockFood (2), S. 114 Alena Hrbkova/StockFood, Anika Takacs/StockFood, S. 115 Armin Zogbaum/StockFood (2), S. 116 Eva Hilden Smith/StockFood, S. 117 Nikolai Burgh/StockFood, Rafael Pranschke/StockFood, S. 118 Are Media/living4media, Great Stock/StockFood, Thorsten Suedfels/StockFood, S. 119 Martina Schindler/living4media, Grossmann.Schuerle/StockFood, S. 120 TT News Agency/StockFood, S. 121 Karolina Polkowska/StockFood, Good Food/StockFood, S. 122 Stile Italia Edizioni/StockFood, S. 123 Frédéric Jacques/StockFood, Photoart/StockFood, S. 124 Michael Paul/StockFood, Hannah Kompanik/StockFood, S. 125 Philippe Barret/StockFood, Wolfgang Schardt/StockFood, S. 126 Tom Swalens/Stockfood, S. 127 Good Food/StockFood, Are Media/living4media, S. 128 Luca Parissi/StockFood, Stephanie Syfus/StockFood, S. 129 Gorobina/StockFood, Jonathan Gregson/StockFood, S. 130 Brooke Lark/Unsplash, S. 132 Thorsten Suedfels/StockFood, S. 133 Jasmin Lehmann/Stockfood (2), S. 134 Stile Italia Edizioni/StockFood, Profimedia/StockFood, Dirk Przibylla/StockFood, S. 135 Jan Wischnewski/StockFood, Terry Benson/StockFood, S.136 Jan Baldwin/StockFood, Jan Wischnewski/StockFood, S. 137 Maryam Schindler/StockFood, Victoria Shes/Unsplash, S. 138 Great Stock/StockFood, S. 139 Calum Lewis/Unsplash, S. 140 Olive/Immediate Media/StockFood, S. 141 Stile Italia Edizioni/StockFood, S. 142 Great Stock/StockFood, S. 143 Per Magnus Persson/StockFood, S. 144 Hannah Kompanik/StockFood, S. 145 Stile Italia Edizioni/StockFood, S. 146 Grossmann.Schuerle/StockFood, S. 147 Stile Italia Edizioni/StockFood, Photoart/StockFood, S. 148 Jasmin Lehmann/Stockfood, Tom Swalens/Stockfood, S. 149 Maryam Schindler/StockFood, Great Stock/StockFood, S. 154 Sylvia E.K Photography/living4media, S. 155 Dan Duchars/living4media, S. 156 Jon Tyson/Unsplash, S. 157 Judith Prins/Unsplash, S. 158 Medri - Szczepaniak/living4media, S. 159 Iben Bolling Kaufmann/living4media, Nachsatz Marc Markstein/Unsplash

Polska
50 gr
Frohe
Weihnachten
und ein gutes neues Jahr
Ochrona środowiska
POLSKA
50
DDR
FALCO VESPERTINUS
1.50
POLSKA
Kenya 2/50
MADE WITH
MADE WITH

Collections

und ein neues Jahr
steht vor der Tür
Allen ein frohes
Weihnachtsfest
und einen sanften
Rutsch ins neue Jahr

IMPRESSUM

CALLWEY 1881

Klenzestraße 36
80469 München
buch@callwey.de
Tel.: +49 89 8905080-0
www.callwey.de

Wir sehen uns auf Instagram:
www.instagram.com/callwey

ISBN 978-3-7667-2671-1
1. Auflage 2023

Bibliografische Information der Deutschen Nationalbibliothek
Die Deutsche Nationalbibliothek verzeichnet diese Publikation in der Deutschen Nationalbibliografie; detaillierte bibliografische Daten sind im Internet über <http://dnb.d-nb.de> abrufbar.

DIESES BUCH WURDE IN CALLWEY-QUALITÄT FÜR SIE HERGESTELLT:
Beim Inhaltspapier haben wir uns für ein Galerie Art Matt in 150 g/m² entschieden – ein matt gestrichenes Bilderdruckpapier. Die gestrichene, mattierte Oberfläche gibt dem Inhalt einen edlen und hochwertigen Charakter. Für den Hardcover-Bezug wurde ein feierlich schimmerndes Papier ausgewählt, das unser weihnachtliches Motiv besonders gut zur Geltung bringt. Gedruckt und gebunden bei C&C in China.

VIEL FREUDE MIT DIESEM BUCH WÜNSCHEN IHNEN:
Idee, Konzept und Bildredaktion:
Heide Christiansen
Gestaltung, Satz und Texte: Eva Stadler
Projektleitung: Anna Seidel
Schlusskorrektur: Victoria Wegner
Art-Director: Mario Lombardo
Herstellung: Erasmus Winter

HEIDE CHRISTIANSEN
arbeitet als Fotoredakteurin und Fotoproduzentin in München und hat für viele bekannte Verlage gearbeitet (Condé Nast, Pro Futura, Burda, Bauer, teNeues). Als Kanadierin liebt sie die Natur und den Winter. Weihnachten ist die Zeit im Jahr, mit der sie die schönsten Kindheitserinnerungen verbindet. Wichtig war ihr für dieses Buch zu zeigen, wie man entspannt eine stimmungsvolle Atmosphäre für Familie und Freunde kreiert und nicht zuletzt, wie man mit viel guter Laune ins neue Jahr startet.
Von ihr stammt auch das Konzept des Callwey-Titels „Weihnachten in den Bergen".

Hinweis: Uns ist es ein Anliegen, dass sich alle Geschlechter wahrgenommen und wertgeschätzt fühlen. Im Sinne einer besseren Lesbarkeit der Texte verzichten wir jedoch auf die gleichzeitige Verwendung der Sprachformen männlich, weiblich und divers (m/w/d). Wo dies möglich ist, bemühen wir uns darum alle Formen miteinzubeziehen oder um neutrale Formulierungen. Sämtliche Personenbezeichnungen gelten gleichermaßen für alle Geschlechter.

Liebevoll begleitet von